ガイドヘルパー研修テキスト

全身性障害編 第2版

ガイドヘルパー技術研究会／監修

中央法規

はじめに

　少子・高齢化が進展し，家族の構造や経済状況，地域社会の変容等に伴い，多様化，増大化する国民の福祉ニーズに応えるために，個人の主体性を尊重し，利用者自らがサービスを選択して，福祉サービスを提供する事業者と対等の関係において，個人が尊厳をもってその人らしい生活を送れるよう支援するという理念のもとに，社会福祉基礎構造改革が進められました。

　これを受け，平成15（2003）年度からは支援費制度が施行され，ホームヘルプサービスも利用契約によるサービスの仕組みに変わりました。ホームヘルプサービスのなかの一類型であった移動介護サービスも，障害者の社会参加を保障する重要な役割を担い，一定の研修を受講し研修課程を修了した移動介護従業者により，サービスが提供されてきました。

　そして，平成17（2005）年11月に障害者自立支援法が制定されました。利用者の立場に立った制度改革を目指し，地域生活支援という懸案の課題を解決するべく，幅広い改革が行われています。その領域も，相談支援，障害福祉サービスの体系，就労支援，障害者医療等，障害者福祉全般にわたる制度改革といえます。

　重度の障害のある人に対しては，自立支援給付により移動介護を始めとする生活全般の介護サービスが提供されることとなりますが，従来の移動にかかるサービスについては，平成18（2006）年10月より，市町村の地域生活支援事業の必須事業である「移動支援事業」に位置づけられ，地域の実情に応じた事業が柔軟に運営されることとなりました。また，国の示す通知において，「サービスを提供する者」については，「サービスを提供するに相応しい者として市町村が認めた者とする」とされていますが，同通知の留意事項において，「サービス提供者については，厚生労働省社会・援護局長通知「障害者（児）ホームヘルパー養成研修事業の実施について」を活用するなど，その資質の向上に努めること」と呼びかけており，従来と変わらないサービス提供者の専門性が求められているといえます。

　また，平成25（2013）年4月から障害者自立支援法が「障害者の日常生活及び社会生活を総合的に支援するための法律」（障害者総合支援法）に改正されるなど，旧版発行以降に行われた障害者福祉制度の改正も多くあります。本書はこうした動向を踏まえ，制度面の内容の全面的な見直しを図るとともに，技術面の内容においても新たな知見を盛り込み，第2版として発行するものです。

　本書が，ガイドヘルプサービスを提供する方の技術向上のために広く活用され，ひいては障害のある人が安心して地域で生活し，社会参加のさらなる促進に寄与できれば幸いです。

　　平成27年2月

　　　　　　　　　　　　　　　　　　　　　　　　　　　ガイドヘルパー技術研究会

ガイドヘルパー研修テキスト 全身性障害編 第2版　●目次

はじめに

I 基礎編

第1章　移動支援サービスに関する基礎知識―――2

1 ホームヘルプサービス制度と移動支援サービスの概要……………2
    1 ホームヘルプサービス制度の概要／2
    2 移動支援サービスの概要／6
    3 ガイドヘルパーの業務／13
2 ガイドヘルパーの職業倫理…………………………………14

第2章　障害者（児）福祉の制度とサービス―――19

1 障害の概念と定義………………………………………19
    1 WHOの国際生活機能分類による定義／19
    2 わが国における障害者の定義／21
2 障害者の現状……………………………………………23
3 障害者福祉の基本理念…………………………………30
4 障害者福祉の最近の動向………………………………32
    1 障害者基本計画と障害福祉計画に係る基本指針／32
    2 障害者総合支援法の成立／36
    3 障害者虐待防止法の施行／38
    4 障害者差別解消法の制定／38
    5 障害者権利条約の批准／41
5 障害者総合支援法による障害者保健福祉施策の概要……………42
    1 障害者総合支援法におけるシステムの全体像／42
    2 障害福祉サービスの体系／42
    3 障害福祉サービスに係る利用者負担／43
    4 障害福祉サービスの利用の流れ／47
    5 自立支援医療／51
    6 補装具／55
    7 地域生活支援事業／59
6 障害年金等の概要………………………………………72

II 実践編

第3章 障害・疾病の理解 ――――――――――――――76

1 脳性まひおよび脳炎など ―――――――――――― 76
1 脳性まひ／76
2 脳炎／80

2 脳血管障害 ―――――――――――――――― 81

3 頚椎後縦靭帯骨化症および腰椎脊柱管狭窄症等 ――― 84
1 頚椎後縦靭帯骨化症／84
2 腰椎脊柱管狭窄症／88
3 脊椎分離症，脊椎すべり症／89

4 その他 ――――――――――――――――― 89
1 関節リウマチ／89
2 パーキンソン病／91
3 筋ジストロフィー症／92
4 筋萎縮性側索硬化症（ALS）／94

5 言語障害とコミュニケーション ―――――――――― 95
1 言語障害とは何か／95
2 コミュニケーションの方法／99

第4章 障害者（児）の心理 ――――――――――――― 103

1 中途障害者の心理 ―――――――――――――― 103
1 中途障害者の心の様相／103
2 中途障害者の心のケア／105

2 先天性障害者の心理 ――――――――――――― 106
1 先天性障害者の心の様相／106
2 先天性障害者の心のケア／107

3 家族の心理 ――――――――――――――――― 108
1 家族の心の様相／108
2 家族の心のケア／109

4 障害者を取り巻くバリア ―――――――――――――― 110

第5章 移動介助の基礎知識 ―――――――――――― 113

1 全身性障害者への接し方 ―――――――――――― 113
2 全身性障害者の社会参加 ―――――――――――― 115
3 姿勢保持 ―――――――――――――――――― 123

        1 良好な姿勢の必要性／123
        2 良好な姿勢保持の方法／126
        3 姿勢保持の留意点／130
    4 介助に関わる車いすおよび装具等の理解……………………………131
        1 車いすの構造と機能／131
        2 電動車いすの構造と機能／138
        3 装具や自助具等の機能／140
    5 外出に向けた移動介助の心がけ……………………………………147
    6 事故防止に関する心がけと対策……………………………………149
        1 事故防止のための移動の留意点／149
        2 外出に伴う緊急時の対応／151
        3 事故時の対応／161
        4 介助者の心がけ／164

Ⅲ 演 習

第6章 移動介助の基本技術 ―――――――――――――― 166

    1 抱きかかえ方および移乗の方法……………………………………166
        1 床と車いす間の移乗／166
        2 ベッドと車いす間の移乗／173
    2 車いすの移動介助……………………………………………………180
        1 車いすの取り扱い方／180
        2 平地での移動／184
        3 坂道・段差・溝における移動／187
        4 階段における移動／189
        5 エレベーター，エスカレーターの利用／191
        6 乗り物の利用／194
        7 雨天時の移動／196
        8 歩行介助の留意点／197

第7章 生活行為の介助 ―――――――――――――――― 199

    1 食事の介助方法………………………………………………………199
        1 食事姿勢／199
        2 摂食機能に応じた食物形態／201
        3 安全な食事介助／205
        4 外出時の準備／208
        5 外出時の食事／210
    2 衣服着脱の介助方法…………………………………………………212
        1 "服を着る"こと／212

2　外出に向く衣服／213
　　　3　外出支援に際しての留意点／219
　3　排泄の介助方法……………………………………………………… 220
　　　1　排泄に関わる施設，器具・用具など／221
　　　2　排泄介助の方法／226
　　　3　外出時の留意点／229

執筆者一覧および執筆分担

I

基礎編

第1章
移動支援サービスに関する基礎知識

第2章
障害者(児)福祉の制度とサービス

第1章 移動支援サービスに関する基礎知識

1 ホームヘルプサービス制度と移動支援サービスの概要

1 ホームヘルプサービス制度の概要

1　ホームヘルプサービス制度の始まり

　ホームヘルプサービス事業は厚生省（現・厚生労働省）の国庫補助対象事業として昭和37（1962）年度に，250人分の家庭奉仕員活動費が予算化されました。それ以前には，昭和31（1956）年に長野県の上田市，諏訪市など13市町村による「家庭養護婦派遣事業」，昭和33（1958）年に大阪市による「臨時家政婦派遣事業」，昭和34（1959）年に布施市（現・東大阪市）による「独居老人家庭巡回奉仕員制度」が実施される等，増加する一人暮らしの高齢者や高齢者のみの世帯に対する在宅福祉サービスが，地方自治体で導入される動きが広がっていました。

　こうした動きを受けて，昭和38（1963）年に制定された老人福祉法に，老人家庭奉仕員派遣事業が盛り込まれ，それまでの施設福祉事業に加えて在宅福祉事業が国の施策として確立されることになりました。

2　障害児・者ホームヘルプサービス事業の始まり

　身体障害者を対象とする家庭奉仕員派遣事業は，昭和42（1967）年に身体障害者福祉法が改正され，「身体障害者家庭奉仕員制度」が創設されたことが始まりです。派遣対象は重度で低所得の身体障害者で，その家族が身体障害者の介護を行えない状況にある場合とされ，実施主体は市町村，事業の委託先は市町村社会福祉協議会等とされていました。

　また，昭和45（1970）年には，「心身障害児家庭奉仕員派遣制度」が身体障害者と同様の内容で創設されました。

3　派遣対象の拡大等

高齢者人口の増加や核家族化が進行するなかで，昭和57（1982）年に老人家庭奉仕員派遣制度が改正され，身体障害者家庭奉仕員派遣制度についても同様の改正が行われました。主な改正点は次のとおりです。

(1) 派遣対象の拡大

従来の派遣対象は低所得の家庭のみでしたが，所得税課税世帯にも有料で派遣できるようになりました。

(2) 臨時的な介護需要への対応

従来の家庭奉仕員派遣制度は，常時介護を必要とする家庭を対象とし，疾病等による一時的な介護が必要な者に対しては介護人派遣制度により対応することになっていましたが，両制度を統合するとともに，臨時的な介護需要にも対応できるように，新たに時間給の家庭奉仕員が設置できるようになりました。

(3) 派遣回数・派遣時間数の拡大

派遣回数については，これまで週2回以上とされてきましたが，原則として1日4時間，1週6日間，1週当たり延べ18時間を目安としてサービス量を調整し，これに対応できる派遣体制の整備を行うこととされました。

4　主任家庭奉仕員（チーフ・ヘルパー）と段階的研修制度の導入

家庭奉仕員の派遣対象が拡大され，また介護需要が多様化するなかで，制度の効率的運営とサービスの質の向上が課題となりました。

こうしたなかで，昭和60（1985）年には主任家庭奉仕員（チーフ・ヘルパー）制度が導入されました。主任家庭奉仕員は家庭奉仕員の業務のほかに，家庭奉仕員に対する指導や助言，利用者が必要とするサービスについての事前の調整や関係分野との連絡調整を行うこととされました。

また，家庭奉仕員の資質向上のための研修については，昭和57（1982）年に，それまでの年1回以上行う定期研修に加えて70時間の採用時研修を実施することとされ，さらに昭和62（1987）年度からは，70時間の採用時研修に代わって360時間の研修制度が導入されました。

5　民間事業者の参入と，「ホームヘルパー」に名称変更

平成元（1989）年に老人家庭奉仕員派遣事業運営要綱，身体障害者家庭奉仕員派遣事業運営要綱等が改正されました。主な改正点は次のとおりです。

(1) 従来は，対象者，サービスの内容および費用負担区分の決定を除き，市町村の

社会福祉協議会等に委託することができましたが，特別養護老人ホーム等（身体障害者家庭奉仕員派遣事業では身体障害者療護施設等）を経営する社会福祉法人や「在宅介護サービスガイドライン」の内容を満たす民間事業者等にも委託することができるようになりました。

(2) 派遣対象について，従来つけられていた「その家族が介護を行えないような状況にあるものとする」という条件がなくなりました。

(3) サービスの内容が，「身体の介護に関すること」と「家事に関すること」に区分され，内容が整理されました。

(4) 利用者の利便を図るため，市町村長は，家庭奉仕員派遣事業を実施している市町村社会福祉協議会等を経由して「派遣申請書」を受理することができるようになりました。

そして，平成3（1991）年には，「家庭奉仕員」という名称が「ホームヘルパー」に改められ，身体障害者ホームヘルプサービス事業では「原則として1日4時間，1週6日間，1週当たり延べ18時間」という派遣回数，派遣時間についての上限がなくなりました。

6　介護保険制度の実施と身体障害者ホームヘルプサービス事業

平成12（2000）年4月に介護保険制度が開始され，障害者についても40歳以上の者は，身体障害者療護施設等の入所者を除いて介護保険の被保険者となりました。そして，65歳以上（特定疾病による場合は40歳以上）の障害者が介護保険制度における要介護または要支援状態となった場合には，介護保険法に定める保険給付を受けることになりました。

その際，障害者福祉制度と介護保険制度で共通するサービスについては，障害者福祉制度ではなく介護保険制度の給付を受けることが原則となりました。例えば，ホームヘルプサービスについては，ガイドヘルパー（現在の同行援護）や行動援護などの障害者福祉制度独自のサービスを除いて，介護保険制度から給付を受けられる場合は介護保険が優先されます。

7　支援費制度におけるホームヘルプサービス

平成15（2003）年4月から施行された支援費制度においては，ホームヘルプサービスは「居宅介護」として支援費の対象となりました。支援費制度以前は，行政の措置によるサービスを受けていましたが，支援費制度では行政はサービスの種類と量を決定し，その範囲で利用者が指定事業者と契約を結び，サービス提供を受けることになりました。利用者負担については，前年度の所得に応じた一定の自己負担

額（一定の所得以下の場合は負担はありません）をサービス提供事業者に支払います。

8　行動援護の追加

　平成17（2005）年度に，知的障害により行動上著しい困難がある者または児童に対して，外出時の危険回避等の支援を行う行動援護が創設されました。

9　障害者自立支援法におけるホームヘルプサービス

　平成17（2005）年11月に障害者自立支援法が制定され，平成18（2006）年4月からその一部が施行され，10月に本格的なサービス体系の見直しが行われました。
(1)　平成18（2006）年4月におけるサービス体系
　　支援費制度におけるサービス体系をほぼそのまま適用しましたが，精神障害者についてもサービス対象として三障害の一元化を図りました。
(2)　平成18（2006）年10月におけるサービス体系
　　障害種別に分かれていた施設体系が施設の機能に着目した体系に再編されるなど，大幅な改正が行われました。ホームヘルプサービス（居宅介護）については，居宅介護，行動援護および重度訪問介護に再編されるとともに，移動支援事業が地域生活支援事業に位置づけられました。
　　障害者自立支援法における利用者負担は，原則としてサービスに要した費用の1割となりましたが，所得に応じた上限が定められるなど様々な減免がされていました。

10　障害者自立支援法施行後の制度改正

　負担上限額について，平成19（2007）年と平成20（2008）年に軽減措置が実施され，平成22（2010）年からは低所得（市町村民税非課税世帯）の利用者負担が無料とされました。
　平成22（2010）年の障害者自立支援法の改正により，平成23（2011）年10月から，従来，地域生活支援事業の移動支援事業の一部として実施されていた重度の視覚障害者に対する移動支援が，「同行援護」として介護給付費に位置づけられました。
　平成24（2012）年4月からは，利用者負担について，所得に応じて負担する応能負担が法律上明記されました。また，サービス等利用計画作成の対象者が大幅に拡大され，障害福祉サービスを受ける前に相談支援事業者でサービス利用支援を受けることになりました（48頁参照）。

社会福祉士及び介護福祉士法の改正により，一定の研修を受けた介護職員等においては，医療や看護との連携による安全確保が図られていること等の一定の条件の下で，たんの吸引等の行為を実施できることになりました。

11　障害者総合支援法の施行

平成 24（2012）年 6 月に，「地域社会における共生の実現に向けて新たな障害保健福祉施策を講ずるための関係法律の整備に関する法律」が成立したことにより，平成 25（2013）年 4 月 1 日に障害者自立支援法は「障害者の日常生活及び社会生活を総合的に支援するための法律」（障害者総合支援法）に改正されました。

障害者総合支援法の主な改正点は次のとおりです。
(1)　障害者の範囲に難病等を加える
(2)　障害程度区分を支援の度合いを総合的に示す障害支援区分に改める
(3)　重度訪問介護の対象に重度の精神障害者と知的障害者を加える
(4)　共同生活介護（ケアホーム）を共同生活援助（グループホーム）に一本化する
(5)　地域移行支援の対象に生活保護法に基づく保護施設と矯正施設等を退所する障害者を加える

(1)については，平成 25（2013）年 4 月 1 日に施行され，従来は難病患者等居宅生活支援事業（ホームヘルプサービス）によって提供されていましたが，障害者総合支援法に基づく障害福祉サービスとして提供されることになりました。

他の項目（(2)～(5)）については平成 26（2014）年 4 月 1 日施行です。

2　移動支援サービスの概要

1　ガイドヘルパー制度の始まり

在宅の障害者の外出における支援のためのガイドヘルプサービスは，昭和 49（1974）年に身体障害者地域福祉活動促進事業の拡大により視覚障害者を対象とした盲人ガイドヘルパー派遣事業として導入されたことに始まります。昭和 54（1979）年に身体障害者地域福祉活動促進事業が全面的に改定されて障害者社会参加促進事業になると，盲人ガイドヘルパー派遣事業も障害者社会参加促進事業の一事業となり，その後，昭和 56（1981）年に，脳性まひ者等ガイドヘルパー派遣事業が加えられました。

障害者社会参加促進事業として実施された脳性まひ者等ガイドヘルパー派遣事業は，事業開始当初次のような内容でした。

① 実施主体は，都道府県および市（ただし，事業の一部を身体障害者福祉団体等に委託できる）とされていたこと。
② 派遣対象は，重度の脳性まひ者等全身性障害者であり，かつ市町村，福祉事務所等の公的機関および医療機関に赴くなど社会生活上外出が必要不可欠なときにおいて適当な付き添いが得られない者に限られ，余暇活動のための外出は派遣対象とされていなかったこと。
③ ガイドヘルパーは，派遣を必要とすると認定した障害者の推薦により実施主体が適当と認め，登録した者とされていたこと（ただし，障害者が推薦しない場合には，実施主体があらかじめ登録したガイドヘルパーのなかから選定することとされていた）。
④ 実施主体は，ガイドヘルパーの派遣を必要と認めたときは，1回半日を単位としてガイドヘルパー派遣介助券を交付することとされ，実施主体が必要と認めたときは，月10回を限度として一括交付できるものとされていました。

上記の盲人ガイドヘルパー派遣事業および脳性まひ者等ガイドヘルパー派遣事業は，平成2（1990）年に障害者社会参加促進事業のメニュー事業から身体障害者ホームヘルプサービス事業の事業に位置づけが変更となったことにより，市町村の事業実績を勘案した国庫補助を行うことができるように改善されました。

なお，知的障害者を対象としたガイドヘルパー派遣事業は平成13（2001）年に在宅心身障害者ホームヘルプサービス事業の拡大により実施されることとなりましたが，障害児を対象としたガイドヘルパー派遣事業は平成15（2003）年の支援費制度創設により，身体障害者，知的障害者，障害児の共通するサービスとして位置づけられました。

2 支援費制度におけるガイドヘルパー制度

平成15（2003）年からの支援費制度導入に伴い，従来の「ガイドヘルパー派遣事業」におけるガイドヘルプ業務は，支援費の対象サービスに位置づけられ，「居宅介護等支援」の「移動介護中心業務」というサービス単価が適用されることになりました。これにより，従来の市町村による措置制度としての派遣事業から，障害者が自らサービス提供事業者を選定し契約によりサービスを受けることとなったことから，サービスを利用しやすくなりました。

なお，支援費制度におけるガイドヘルプサービス（支援費の単価は「移動介護中心」を適用）の概要は次のとおりです。

（1）対象者
　屋外での移動に著しい制限のある視覚障害者（児），全身性障害者（児）または知的障害者（児）。

(2) サービスの対象範囲

　社会生活上不可欠な外出および余暇活動等の社会参加のための外出（通勤，営業活動等の経済活動に係る外出，通年かつ長期にわたる外出および社会通念上適当でない外出を除き，原則として1日の範囲内で用務を終えるものに限る）の際の移動介護が中心であるもの。

(3) 費用

　利用者は前年の所得等に応じた自己負担額を事業者に支払う。

(4) 移動介護従業者の要件

　サービスの提供を行うガイドヘルパーには，利用対象者の障害の種別ごとに一定の資格要件が設けられていました。

　必要な資格要件は，厚生労働省告示によって定められ，「視覚障害者（児），知的障害者（児）及び全身性障害者（児）に対する外出時における移動の介護に関する知識及び技術を習得することを目的として行われる研修であって，別表に定める内容以上のものの課程を修了し，当該研修の事業を行った者から研修を修了した旨の証明書の交付を受けた者」と規定されていました。

　なお，知的障害者（児）の移動介護については，介護福祉士，1～3級のホームヘルパーも移動介護を行えましたが，視覚障害者（児）の移動介護は，視覚障害者移動介護従業者養成研修を修了した者でなければ移動介護が行えないとされていました。

　また，全身性障害者（児）の移動介護については，全身性障害者移動介護従業者養成研修または日常生活支援従業者養成研修修了者でなければ，移動介護が行えないとされていました。

3　行動障害を伴う知的障害者に関する行動援護の追加

　知的障害者に対するガイドヘルプサービスは平成12（2000）年に開始されましたが，強度の行動障害を伴う知的障害者（児）に係る外出時の危険回避など特別な支援が課題となっていました。

　そこで，平成17（2005）年度から知的障害者居宅介護支援および児童居宅介護支援の単価に「行動援護」の単価が創設されました。

　対象者は知的障害により行動上著しい困難がある者または児童であって，行動上の困難の程度が一定以上と認められた者とされていました。

　行動援護においては知的障害により行動上著しい困難がある者に対して，外出時および外出時の前後に次のようなサービスを行います。

① 予防的対応

・あらかじめ目的地，道順，目的地での行動などを説明し，落ち着いた行動がと

れるよう理解させること
・どんな条件のときに問題行動が起こるかを熟知したうえでの予防的対応等を行うなど
② 制御的対応
・何らかの原因で本人が問題行動を起こしてしまったときに本人や周囲の人の安全を確保しつつ問題行動を適切におさめること
③ 身体介護的対応

なお，行動援護に従事するためには，以下のいずれかの要件を満たしている必要があります。

(1) 居宅介護に従事するための資格を有しているか，行動援護従事者養成研修を修了していて，かつ，知的障害者，知的障害児または精神障害者の福祉に関する事業（直接処遇に限る）に2年以上従事した経験を有する者
(2) 行動援護従事者養成研修を修了していて，かつ，知的障害者，知的障害児または精神障害者の福祉に関する事業（直接処遇に限る）に1年以上従事した経験を有する者
ただし，(2)の場合には報酬が減算されます。

4　障害者自立支援法の創設に伴うガイドヘルプサービスの再編

(1) 平成18（2006）年4月（法の第一次施行）におけるサービス体系

平成18（2006）年4月からは，支援費制度におけるサービス体系をほぼそのまま適用しましたが，精神障害者についてもサービス対象として三障害の一元化を図りました。

また，ホームヘルプサービスおよびガイドヘルプサービスを「介護給付」のサービスに位置づけるとともに，ガイドヘルプサービスについては，支援費制度では，「移動介護」「行動援護」の二つの単価を設定していましたが，「移動介護」を「外出介護」という名称に改めるとともに，「行動援護」の対象に精神障害者を加えました。

(2) 平成18（2006）年10月（法の第二次施行）におけるサービス体系

平成18（2006）年10月には法が全面施行され，サービス体系については大幅な再編が行われました。ホームヘルプサービスおよびガイドヘルプサービスは，平成18（2006）年4月から9月まではすべてのサービスを介護給付に位置づけていましたが，10月からは，大別して「介護給付」と「地域生活支援事業」に再編されました。

「介護給付」は，全国のどの地域でも同じサービスが受けられるように国が支給決定のルールや事業者の基準，報酬基準を定めるものです。一方，「地域生活支援

事業」は，地域の特性や障害者の状況に応じて柔軟に実施されることが好ましい事業を位置づけ，地方自治体の判断により事業を組み立てて実施することが可能なものとしています。

「介護給付」には，従前の①居宅介護（身体介護，家事援助），②行動援護に加えて，③脳性まひ等の全身性障害者を対象とした重度訪問介護，④重度障害者等包括支援に細分化が図られました。

また，「地域生活支援事業」には，「移動支援事業」を位置づけ，マンツーマンの支援やグループへの同時支援，突発的なニーズへの対応など柔軟性のある支援を提供することとしました。なお，行動援護，重度訪問介護を介護給付に位置づけたのは，移動支援と介護を一体的に提供する必要がある一定以上の重度障害者については，個別給付で対応することとしたためです。

5　その後の制度改正

障害者自立支援法（現・障害者総合支援法）によるサービス体系は，その後も改正が行われています。

平成23（2011）年10月からは，それまで移動支援事業によって行われていた重度の視覚障害者に対する移動支援が個別給付化され，「同行援護」として介護給付に位置づけられました。同行援護のサービス内容は以下のとおりです。

(1) 移動時およびそれに伴う外出先において必要な視覚的情報の支援（代筆・代読を含む）
(2) 移動時およびそれに伴う外出先において必要な移動の援護
(3) 排泄・食事等の介護その他外出する際に必要となる援助

障害者総合支援法が施行されたことにより，平成25（2013）年4月から難病患者も障害福祉サービス等の対象となりました。これにより，従前は障害者手帳を取得できないために難病患者等居宅生活支援事業（ホームヘルプサービス）を受けていた難病患者についても，障害者総合支援法に基づく居宅介護等のサービスが受けられるようになりました。

平成26（2014）年4月からは，重度訪問介護の対象が拡大され，常時介護を要する肢体不自由者に加えて行動上著しい困難を有する知的障害者および精神障害者が新たに対象となりました。

6　移動支援事業の概要

障害者総合支援法において，移動支援事業は市町村が実施する地域生活支援事業と規定するとともに，市町村が必ず実施しなければならない事業に位置づけていま

す。

　移動支援事業の具体的な内容は,「地域生活支援事業実施要綱」(平成18年8月1日障発第0801002号)に掲げられており,その内容は次のとおりです。

移動支援事業

1　目的
　　屋外での移動が困難な障害者等について,外出のための支援を行うことにより,地域における自立生活及び社会参加を促すことを目的とする。
2　事業内容
(1)　実施内容
　　移動支援を実施することにより,社会生活上必要不可欠な外出及び余暇活動等の社会参加のための外出の際の移動を支援する。
(2)　実施方法
　　各市町村の判断により地域の特性や個々の利用者の状況やニーズに応じた柔軟な形態で実施すること。なお,具体的には以下の利用形態が想定される。
　ア　個別支援型
　　個別的支援が必要な者に対するマンツーマンによる支援
　イ　グループ支援型
　　(ア)　複数の障害者等への同時支援
　　(イ)　屋外でのグループワーク,同一目的地・同一イベントへの複数人同時参加の際の支援
　ウ　車両移送型
　　(ア)　福祉バス等車両の巡回による送迎支援
　　(イ)　公共施設,駅,福祉センター等障害者等の利便を考慮し,経路を定めた運行,各種行事の参加のための運行等,必要に応じて支援
(3)　対象者
　　障害者等であって,市町村が外出時に移動の支援が必要と認めた者とする。
(4)　サービスを提供する者
　　サービスを提供するに相応しい者として市町村が認めた者とする。
3　留意事項
(1)　指定事業者への事業の委託
　　サービス提供体制の確保を図るため,市町村は,
　　・　法における居宅介護など個別給付のサービス提供を行う指定事業者
　　・　これまで支援費制度で移動介護のサービス提供を行っている指定事業者
　　などを活用した事業委託に努めること。
　　また,市町村が作成した委託事業者リストから利用者が事業者を選択できる

ような仕組みとすることが適当であること。
(2) 突発的ニーズへの対応
急な用事ができた場合，電話等の簡便な方法での申し入れにより，臨機応変にサービス提供を行うこと。
(3) サービス提供者については，平成13年6月20日障発第263号厚生労働省社会・援護局障害保健福祉部長通知「障害者（児）ホームヘルパー養成研修事業の実施について」を活用するなど，その資質の向上に努めること。
また，利用者の利便性を考慮し，他の市町村への外出等に支障を生じないよう配慮するとともに，代筆，代読等障害種別に配慮したサービス提供に努めること。

❶ 事業の実施方法について

移動支援事業の実施主体は市町村ですが，実施方法は市町村が直接サービスを提供する方法のほか，移動支援サービスを適切に提供できる団体に委託して実施する方法なども考えられます。

事業の実施内容についても，個別給付に限定するものではなく，グループによる同時支援や福祉バス・コミュニティバスの運行等の車両を用いた移送サービスの実施など，地域の特性に応じた効果的なサービスの提供などの方法も考えられ，今後，ボランティア活動の活用も含めた多様な事業の取組みが期待されます。

❷ 事業費について

事業の実施に係る費用および利用者負担は，介護給付のサービスのように国が基準を定めるものではなく，市町村の判断により個別に定めて実施することになります。

なお，利用者負担については，従来のサービスと比較して過大とならないよう，市町村に特段の配慮をお願いしています。

❸ サービス提供者の資格要件

移動支援のサービスを提供する者の資格要件については，国において統一的な基準は定めておらず，必ずしも障害者総合支援法における居宅介護従業者に係る資格要件を必要とするものではありません。

したがって，サービス提供者の要件は市町村の判断により定めることとなりますが，柔軟なサービスを提供するとともに，安全性の確保など質的な配慮も必要であることから，「障害者（児）ホームヘルパー養成研修事業の実施について」を参考に都道府県や各事業所において人材育成のための研修事業を実施するなど，資質向上

のための取組みなども重要です。

3 ガイドヘルパーの業務

　ガイドヘルパーは，ホームヘルプサービスのうち，外出時の移動を支援するサービスを提供します。

　外出時の移動支援は，広い意味では在宅の身体障害者，知的障害者，精神障害者および障害児が対象です。

　これらの人が，市町村や福祉事務所等の公的機関に行くときのように，外出が不可欠な場合だけではなく，映画鑑賞や観劇といった社会参加活動に必要な場合もサービスの対象となっており，障害のある人々が積極的に社会活動に参加していくうえで重要なサービスです。

　なお，移動支援事業は，個別給付として提供される介護給付とは異なり，利用対象者の範囲やサービス提供の範囲などの具体的な実施方法は，国が定める地域生活支援事業実施要綱の趣旨に沿って個々の市町村の判断により決定されることになります。したがって，サービスの提供に当たっては，事業を実施する市町村と連携をとりながら進めていく必要があります。

　では，ガイドヘルパーはどのようなことを行うのでしょうか。具体的な介護方法や心がけについては，別の章で学ぶことになりますので，ここではその概要を説明します。すべてを網羅するものではありませんが，概括的にみて基本的なサービス内容は次のようなものです。

❶　基本サービス

　ガイドヘルパーが，移動支援のサービスを希望する人に同行してサービスを提供するためには，いうまでもなく，どこかでその人と待ち合わせをする必要があります。通常はサービスを提供する人の住まいを待ち合わせの場所にします。場合によっては，ガイドヘルパーもよく知っている場所で待ち合わせをすることもあります。

　ガイドヘルパーは，外出時に支援が必要な人と待ち合わせ場所で顔を合わせたら，まず，その人の健康をチェックします。顔の表情，発汗，体温，全体の状態等をチェックし，外出に耐えられるかどうか本人に声をかけながら確認しましょう。住まいで待ち合わせをしたような場合には，家族の方にも確認しておきましょう。

❷　移動支援サービス

　健康チェックや外出の準備確認等が終わったら安全に移動できるように心がけな

❸ 利用者ごとの必要性に応じて提供されるサービス

　外出から帰宅するまでには，さまざまなことが起こり得ます。その場合，利用者ごとの障害の特性やその場での必要性に応じていろいろな介護・介助を行う必要があります。
・外出中に食事をする場合には，食事姿勢の確保，摂食介助などの食事・喫茶介助が必要になります。
・トイレへの移動による排尿・排便介助が必要になります。
・外出中に気温が急激に変化して，上着の更衣介助等が必要になる場合もあります。
・外出中には，車いすの座位姿勢を修正する必要も生じます。

2 ガイドヘルパーの職業倫理

1　移動支援サービスにおいてとるべき基本的態度

　移動支援サービスは，屋外での移動が困難な障害者を対象に，外出のための支援を行うことにより，地域における自立生活や社会参加を促すことを目的に，ガイドヘルパーがサービスを提供するものです。

　ガイドヘルパーは，障害者の外出の際の移動を支援することで，利用者の社会生活上必要不可欠な外出および余暇活動等の社会参加を保障する役割を担います。

　外出支援のための技術や知識を習得すれば，それだけで立派なガイドヘルパーになれるわけではありません。人間としての共感が根底にあって，さらに人間理解の知識を学習し，移動支援の技術を行使できなければなりません。

　移動支援サービスよりさらに広い家事や介護等の生活全般を支えるホームヘルパーの養成において，強調されている点が以下のように七つあります。これは，ガイドヘルパーにも共通の視点ですので，ガイドヘルパーに読み替えていただき，日頃のサービス提供において，心に留めながら，安全で快適な移動支援を心がけていただきたいと考えます。

(1)　利用者の人権を尊重する。
(2)　利用者に対して共感的理解をする。
(3)　利用者の個別性を尊重する。
(4)　利用者との交流により信頼関係をつくる。
(5)　利用者が必要としている支援内容を理解する。

(6) 利用者のプライバシーを守る。
(7) ホームヘルパー自身の自己研鑽。

　また，昭和48（1973）年に設立された日本ホームヘルパー協会は，ヘルパー憲章を策定し，ホームヘルパーの行動基準としてきました。

> ヘルパー憲章
> 　　　　　　　　　　　　　　　　（1982年　日本ホームヘルパー協会）
> 1．私たちホームヘルパーは，常に社会福祉に携わる者としての誇りをもって仕事にあたります。
> 1．私たちホームヘルパーは，常に愛情と熱意をもって利用者の自立を助け，その家庭の維持と発展を援助します。
> 1．私たちホームヘルパーは，利用者の尊厳を守り，常に利用者の立場に立ちながら仕事にあたり，利用世帯や地域住民から信頼されるホームヘルパーになります。
> 1．私たちホームヘルパーは，常に服装や言語に気をつけ，笑顔を忘れず，仕事上で知り得た他人の秘密は口外しないことを約束します。
> 1．私たちホームヘルパーは，常に研鑽に努め，在宅福祉の第一線にある者として自らの資質向上に努めます。

　その後，介護業務等に従事する人の国家資格に関して「社会福祉士及び介護福祉士法」（昭和62年法律第30号）が制定され，平成7（1995）年には日本介護福祉士会倫理綱領が策定されました。

　これは，介護職としてのガイドヘルパーの倫理綱領として読み替えることができますので，参考にあわせて掲載いたします。

> 日本介護福祉士会倫理綱領
> 　　　　　　　　　　　　　　　　（1995年　日本介護福祉士会）
> 前文
> 　私たち介護福祉士は，介護福祉ニーズを有するすべての人々が，住み慣れた地域において安心して老いることができ，そして暮らし続けていくことのできる社会の実現を願っています。
> 　そのため，私たち日本介護福祉士会は，一人ひとりの心豊かな暮らしを支える介護福祉の専門職として，ここに倫理綱領を定め，自らの専門的知識・技術及び倫理的自覚をもって最善の介護福祉サービスの提供に努めます。
> （利用者本位，自立支援）
> 1．介護福祉士はすべての人々の基本的人権を擁護し，一人ひとりの住民が心豊かな暮らしと老後が送れるよう利用者本位の立場から自己決定を最大限尊重し，

自立に向けた介護福祉サービスを提供していきます。
（専門的サービスの提供）
2. 介護福祉士は，常に専門的知識・技術の研鑽に励むとともに，豊かな感性と的確な判断力を培い，深い洞察力をもって専門的サービスの提供に努めます。
　　また，介護福祉士は，介護福祉サービスの質的向上に努め，自己の実施した介護福祉サービスについては，常に専門職としての責任を負います。
（プライバシーの保護）
3. 介護福祉士は，プライバシーを保護するため，職務上知り得た個人の情報を守ります。
（総合的サービスの提供と積極的な連携，協力）
4. 介護福祉士は，利用者に最適なサービスを総合的に提供していくため，福祉，医療，保健その他関連する業務に従事する者と積極的な連携を図り，協力して行動します。
（利用者ニーズの代弁）
5. 介護福祉士は，暮らしを支える視点から利用者の真のニーズを受けとめ，それを代弁していくことも重要な役割であると確認したうえで，考え，行動します。
（地域福祉の推進）
6. 介護福祉士は，地域において生じる介護問題を解決していくために，専門職として常に積極的な態度で住民と接し，介護問題に対する深い理解が得られるよう努めるとともに，その介護力の強化に協力していきます。
（後継者の育成）
7. 介護福祉士は，すべての人々が将来にわたり安心して質の高い介護を受ける権利を享受できるよう，介護福祉士に関する教育水準の向上と後継者の育成に力を注ぎます。

2　ガイドヘルパーの倫理

❶　サービスの目的

　ガイドヘルパーは，外出の支援を行うことによって，利用者の自立と社会参加を支援します。では自立と社会参加という言葉は何を指しているのでしょうか。
　一般的には，自立という言葉は家族から独立して一人暮らしをすることや，就職して経済的に独立することを指します。また，社会参加とはコミュニティやNPO等団体での活動，団体や企業，さらには個人での就業を指します。言い換えると，社会参加とは，何らかの活動により集団に所属すること，またはその活動により社会一般への繋がりをもつことをいうと考えます。この活動とは，職業やスポーツ・

芸術，地域活動など広範囲にわたります。

　自立や社会参加に共通して重要なのは，障害者本人がその主体であるということです。障害者本人が自分の人生において何かをしたいと思ったとき，それを支援する，つまり障害があっても障害がない人と同様に行きたい場所に行き，したいことができるように支援することがガイドヘルパーの役割になります。

❷　サービスの提供内容

　本来は事前に指定特定相談支援事業者がニーズの整理を行い，本人と一緒に生活目標を設定し，それに従ってサービスが提供される仕組みになっていますが，移動支援のみを利用する場合は計画相談の対象にはなっていません（48頁参照）。サービス等利用計画がある場合はそれに則って，ない場合はサービス提供事業所で独自にアセスメントをした結果に則って個別支援計画を作ります。つまり，利用者とやりとりしていくなかで，具体的な支援内容を相談し，それをサービス提供事業所として組織決定します。

　具体的な支援は個別支援計画に基づいて提供されますが，個々の支援場面では利用者から急に変更希望が出されることもあります。この場合も，個別支援計画の全体的な目標に反しない限り，利用者の希望に沿う形で実施してよいと考えます。ただし，言うまでもなく，依頼内容が法律などに反する場合や公序良俗に反する場合，また，公費でのサービスとしてふさわしくない内容の場合には，本人に説明をしたうえで断ります。また，そのような経緯があったということを記録に残し，サービス提供事業所として共有しておく必要があります。どちらにしても内容に疑問があれば利用者とよく話し合い，自分で判断できなければサービス提供事業所に連絡して指示を受けることになります。

　このように，サービスの提供内容については，個人の価値観で判断せずに，サービス提供事業所として判断することが必要です。ただし，組織としての判断となると，どうしても安全・無難な方向での結論になりやすい傾向があります。あくまで，利用者の自立と社会参加を目的に事業を実施しているということを忘れないようにしましょう。

❸　第三者との関係

　外出先で買い物や各種窓口での手続きをすることがあります。このときに，店員や窓口の職員が利用者本人ではなく，ガイドヘルパーに話しかけてくることがあります。言語に障害がある場合だけでなく，車いすを使っているだけでそういう対応をされることもあります。

　このようなとき，利用者本人から依頼された場合以外は，ガイドヘルパーは利用者本人の代理はできません。利用者本人を差し置いて，勝手に受け答えをしてはい

けません。ガイドヘルパーに向かって話しかけられても，利用者本人に答えてもらうよう促すとともに，相手の対応が改まらないようであれば，自分は付き添いである旨を告げて，利用者本人に話しかけるよう依頼してください。相手方が慣れないために利用者の言葉が聞き取りづらい場合などに，利用者の依頼があればガイドヘルパーが言葉を伝えることもありますが，これはあくまで一種の通訳であって，ガイドヘルパーが内容を判断して答えることとは違いますので注意してください。

❹ 個々の介助方法

　全身性の障害者の場合，様々な場面で介助が必要で，その方法も様々です。全身性の障害には様々な原因がありますし，個々人によってその状態も多様です。介助方法については，利用者本人に細かい点まで教えてもらいながら実施することが基本です。養成研修や職場での指導と違う方法かもしれませんが，利用者本人の希望を第一に優先しましょう。明らかに不合理な介助方法で，その原因が利用者本人が合理的な介助方法を知らないためであれば話し合う必要がありますが，利用者本人が納得しない介助方法をとることは避けるべきです。

　必ずしも介助の要らない場面でも，利用者本人の希望で介助を求めてくることがあります。事前の話し合いに基づく個別支援計画でどう位置づけられているかによりますが，基本的には利用者本人の希望に添うようにすべきです。事前に個別支援計画で，訓練としての意味で介助しないと定められている場合は別ですが，例え自分でできる動作であっても，利用者本人の判断で体力や時間を節約するために介助を依頼することもあり得るからです。

❺ ガイドヘルパーの立場

　個別の支援場面では，事前に予想されない事態も起こります。利用者からは様々な要望がありますし，周囲の状況から突然何が起こるかわかりません。ガイドヘルパーはどのような場合でも職務として介助を行っていることを忘れてはいけません。常に組織の一員としての判断が求められますし，自分の判断で行ったときでも，記録や口頭で報告する必要があります。このことが，町で困っている障害者をみてお手伝いするのとは違う部分です。

　また，利用者は身体障害に加えて知的障害や精神障害がある場合もあります。表面的には理不尽な希望でも，すぐに拒否せずに注意深く話を聞くことによって，その奥で利用者本人が本当に望んでいることがわかるかもしれません。

　ガイドヘルパーは，利用者が望む生活を送れるよう手助けできる重要な仕事であることを忘れないようにしてください。

第2章 障害者（児）福祉の制度とサービス

1 障害の概念と定義

1 WHOの国際生活機能分類による定義

　障害という言葉は，WHO（世界保健機関）の国際障害分類（昭和55（1980）年）では，疾病などの結果として，機能障害，能力障害，社会的不利の三つのレベルに分類されています。つまり，疾病や変調という心身の内部的な変化が，心身の機能の障害として現れ，この機能障害によって能力の低下をもたらし，日常生活や社会生活の様々な状況において社会的な不利を被ると説明されています。

　このような障害の三つのレベルは，障害者の置かれている状態を全体的に理解するうえで非常に有用な概念です。肢体不自由を例に考えると，頸髄損傷による四肢麻痺という「機能障害」が移動や日常生活における「能力障害」になり，その結果として公共交通機関の利用や就労が困難になるなどの「社会的不利」を受けるということになります。

　現在では，この三つのレベルの障害の概念は，広く用いられています。

　しかし，この概念について様々な問題点が指摘されてきたことに応えて，WHOは平成5（1993）年から改定作業を開始し，平成13（2001）年5月のWHO総会において，「国際障害分類」の改定版として「国際生活機能分類（ICF:International Classification of Functioning, Disability and Health）」が採択されました。

　従来，障害を機能障害，能力障害，社会的不利の3次元で分類していたものを，ICFでは，身体（心身機能・身体構造）と生活（活動，参加）の二つに分けています。また，障害や不利といったマイナス面だけの表現ではなく，機能的・構造的統合性と呼ばれる身体機能のプラス面や，活動や参加といった生活面におけるプラス面を示しており，それぞれの要素のマイナスな側面は，変調，制限，制約と考えています。

　今までは，「障害」があるために能力障害が起き，社会的不利が生じる（機能障害＝能力障害・社会的不利）という直線的な関係で示されていましたが，能力低下の原因がその人の問題（障害）だけではなく，物理的，社会的，制度的あるいは，人々の態度などの「環境因子」および「健康状態」によっても大きく影響を受けることを示しています。

図2-1 国際障害分類試案（WHO，1980年）の障害の構造

注：WHOのホームページの図より作成

図2-2 国際生活機能分類（ICF）の構成要素間の相互作用

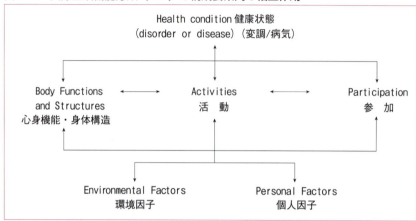

出典：WHO, *ICF: International Classification of Functioning, Disability and Health*, Geneva, 2001.
厚生労働省訳は，障害者福祉研究会編『ICF 国際生活機能分類－国際障害分類改定版－』中央法規出版，2002年

　例えば，下肢に障害があるために車いすを常用している人が，最寄りの駅を利用しようとした時，階段しかないために使えなかったとします。

　従来の考え方であると，下肢の「機能障害」があり，そのために歩行することが困難な「能力障害」が生じ，駅を利用して出かけることができないという「社会的不利」が起きたということになります。

　しかし，駅が利用できない理由は，階段しかないためにホームに降りられないことです。もし，エレベーターがあればこの人は駅を容易に利用することができます。

　また，障害があっても日々の活動や社会活動への参加をしている人はたくさんいますが，風邪をひいて熱を出せば，障害の有無に関係なく活動や参加に制限がでます。このように，活動や参加は身体構造だけでなく，環境因子や健康状態あるいは個人的因子からも大きく影響を受けているわけです。

　また，心身機能・身体構造，活動，参加の関係は，一方的方向性の関係でなく，参加が妨げられることで活動が弱まり，その結果，心身機能が低下するといった，逆方向の関係性も示されており，相互作用において障害をとらえようとするものです。

　なお，「個人因子」は，年齢，人種，性別，教育歴，経験，性格類型，ライフスタイル，習慣，社会的背景，職業等とされていますが，今のところ個人因子の詳細なリストは示されていません。

2 わが国における障害者の定義

　わが国における障害者の定義は，身体障害者福祉法，国民年金法，学校教育法等様々な法律によってなされています。これらの定義は，法律の目的が異なることから，それぞれ違ったものとなっています。

　障害者基本法は，障害保健福祉施策を推進するための基本的な法律です。その障害者基本法では，障害者とは，「身体障害，知的障害，精神障害（発達障害を含む。）その他の心身の機能の障害（以下「障害」と総称する。）がある者であって，障害及び社会的障壁により継続的に日常生活又は社会生活に相当な制限を受ける状態にあるものをいう」（第2条）と規定しています。障害として身体障害，知的障害，精神障害という機能障害をもち，なおかつ，そのために継続的に生活に相当な制限を受けている者として，生活上の不自由さも考慮しています。また，平成16（2004）年5月27日の参議院内閣委員会では，てんかんおよび自閉症その他の発達障害を有する者ならびに難病に起因する身体または精神上の障害を有する者であって，継続的に生活上の支障があるものは，障害者基本法の障害者の範囲に含まれるという附帯決議をしています。

　平成25（2013）年の障害者自立支援法の改正により，難病患者も障害者の日常生活及び社会生活を総合的に支援するための法律（障害者総合支援法）の障害者の定義に含まれることになり，ほかの障害と同様に法の支援を受けられることになりました。対象となる難病患者は厚生労働大臣が定める疾病により，継続的に日常生活または社会生活に相当な制限を受ける程度の障害がある者とされています。

　当初，疾病の範囲は130疾患とされていましたが，平成27（2015）年1月から151疾患に拡大されました。なお，見直しによって指定難病の対象外となった劇症肝炎および重症急性膵炎については，障害者総合支援法等に基づく支援を受けたことがある者については対象疾病とみなす経過措置が設けられました。

　今後さらに対象疾病の見直しが予定されています。

移動支援事業の対象となる障害者の定義

　障害者総合支援法に基づく自立支援給付および地域生活支援事業の対象となる障害者の範囲は，上述の難病患者を除いては，この法律独自に定めず，身体障害者福祉法，知的障害者福祉法，児童福祉法，精神保健及び精神障害者福祉に関する法律のそれぞれの法律が対象とする障害者とされています。これらの法律が対象とする障害者とは以下のような状態のものとしています。障害者とは原則として18歳以上の者をいいますが，グループホーム，施設入所支援など，18歳以上の障害者を対

象としたサービスであっても，児童相談所の意見に基づき市町村が認めたときは，15歳以上の者も利用は可能です。なお，地域生活支援事業の一環として実施される移動支援事業は，利用対象者の年齢要件や障害程度の区分について国では特に定めず，市町村において利用対象者を含む実施方法を設定し，実施することとしています。

(1) 身体障害者福祉法

「別表に掲げる身体上の障害がある18歳以上の者であって，都道府県知事から身体障害者手帳の交付を受けたものをいう」(第4条)とされており，別表において，視覚障害，聴覚または平衡機能障害，音声・言語・そしゃく機能障害，肢体不自由，心臓機能障害，じん臓機能障害，呼吸器機能障害と政令で定めるぼうこう・直腸機能障害，小腸機能障害，ヒト免疫不全ウイルスによる免疫機能障害，肝臓機能障害が定められています。

障害程度は，1級から7級までに分類され，7級だけでは身体障害者手帳の交付を受けることはできません。障害程度等級の1級が最も障害の程度が重く，7級に該当する障害が二つ以上重複する場合には6級と認定されます。

(2) 知的障害者福祉法

知的障害者福祉法には知的障害について定義はありませんが，療育手帳制度についての通知に基づいて各都道府県が療育手帳を交付しています。

国の通知では，障害の程度は重度とそれ以外に分けられています。重度とは知能指数がおおむね35以下（肢体不自由，盲，ろうあ等の障害を有する者については50以下）であって，食事や排泄等に個別的指導および介助を必要とするか，失禁や異食などにより常時注意と指導を必要とする者とされています。

(3) 児童福祉法

原則として，身体障害者福祉法，知的障害者福祉法に規定された障害がある18歳未満の児童および障害者総合支援法に定める難病により障害のある18歳未満の児童を対象としています。

(4) 精神保健及び精神障害者福祉に関する法律

「精神障害者」とは，統合失調症，精神作用物質による急性中毒またはその依存症，知的障害，精神病質その他の精神疾患を有する者とされています。

精神疾患を有する者（知的障害者を除く）のうち，精神障害のために長期にわたり日常生活または社会生活への制約のある者を対象に精神障害者保健福祉手帳が交付されます。障害等級は，精神疾患の状態と生活能力障害の状態の両方から総合的に判断され，1級から3級までの3等級に分類されます。

2 障害者の現状

1 障害者の数

身体障害，知的障害，精神障害の３区分で障害者数の概数をみると，身体障害者

表2-1 障害者数

(単位：万人)

		総数	在宅者数	施設入所者数
身体障害児・者	18歳未満	7.8	7.3	0.5
	男性	―	4.2	―
	女性	―	3.1	―
	18歳以上	383.4	376.6	6.8
	男性	―	189.8	―
	女性	―	185.9	―
	不詳	―	0.9	―
	年齢不詳	2.5	2.5	―
	男性	―	0.7	―
	女性	―	0.9	―
	不詳	―	0.9	―
	総計	393.7	386.4	7.3
	男性	―	194.7	―
	女性	―	189.9	―
	不詳	―	1.8	―
知的障害児・者	18歳未満	15.9	15.2	0.7
	男性	―	10.2	―
	女性	―	5.0	―
	18歳以上	57.8	46.6	11.2
	男性	―	25.1	―
	女性	―	21.4	―
	不詳	―	0.1	―
	年齢不詳	0.4	0.4	―
	男性	―	0.2	―
	女性	―	0.2	―
	不詳	―	0.1	―
	総計	74.1	62.2	11.9
	男性	―	35.5	―
	女性	―	26.6	―
	不詳	―	0.1	―
精神障害者	18歳未満	17.9	17.6	0.3
	男性	10.8	10.7	0.1
	女性	7.0	6.8	0.2
	18歳以上	301.1	269.2	31.9
	男性	123.7	108.9	14.8
	女性	177.5	160.4	17.1
	年齢不詳	1.1	1.0	0.1
	男性	0.5	0.5	0.0
	女性	0.6	0.6	0.1
	総計	320.1	287.8	32.3
	男性	135.0	120.0	15.0
	女性	185.1	167.8	17.3

注1：平成23年患者調査の結果は，宮城県の一部と福島県を除いた数値である。
注2：精神障害者の数は，ICD-10の「Ⅴ　精神及び行動の障害」から知的障害（精神遅滞）を除いた数に，てんかんとアルツハイマーの数を加えた患者数に対応している。
また，年齢別の集計において四捨五入をしているため，合計とその内訳の合計は必ずしも一致しない。
注3：身体障害児・者の施設入所者数には，高齢者関係施設入所者は含まれていない。
注4：四捨五入で人数を出しているため，合計が一致しない場合がある。
資料：「身体障害者」在宅者：厚生労働省「生活のしづらさなどに関する調査」（平成23年）
　　　　　　　　施設入所者：厚生労働省「社会福祉施設等調査」（平成21年）等より厚生労働省社会・援護局障害保健福祉部で作成
　　　「知的障害者」在宅者：厚生労働省「生活のしづらさなどに関する調査」（平成23年）
　　　　　　　　施設入所者：厚生労働省「社会福祉施設等調査」（平成23年）より厚生労働省社会・援護局障害保健福祉部で作成
　　　「精神障害者」外来患者：厚生労働省「患者調査」（平成23年）より厚生労働省社会・援護局障害保健福祉部で作成
　　　　　　　　入院患者：厚生労働省「患者調査」（平成23年）より厚生労働省社会・援護局障害保健福祉部で作成
出典：内閣府

表2-2　障害の種類別にみた在宅の身体障害児・者数（年次推移）

(千人)

	総数	視覚障害	聴覚・言語障害	肢体不自由	内部障害	不詳
昭和55年	1,977	336	317	1,127	197	―
昭和62年	2,506	313	368	1,513	312	―
平成3年	2,804	357	369	1,602	476	―
平成8年	3,014	311	366	1,698	639	―
平成13年	3,327	306	361	1,797	863	―
平成18年	3,576	315	360	1,810	1,091	―
平成23年	3,864	316	324	1,709	930	585

注：昭和55年は身体障害児（0～17歳）に係る調査を行っていない。
資料：厚生労働省「生活のしづらさなどに関する調査」（平成23年）より作成

表2-3　在宅の身体障害者のうち，1，2級の身体障害者の割合

	昭和55年	昭和62年	平成3年	平成8年	平成13年	平成18年	平成23年
割合	32.7%	38.3%	40.1%	43.2%	45.1%	48.1%	42.3%

注：平成23年以外は障害者のみ（障害児を含まない）
資料：厚生労働省「身体障害児・者実態調査」（昭和55年，62年，平成3年，8年，13年，18年），厚生労働省「生活のしづらさなどに関する調査」（平成23年）より作成

393.7万人，知的障害者74.1万人，精神障害者320.1万人となっています（表2-1）。

2　在宅の身体障害者の状況の推移

在宅の身体障害者数は増加しており，昭和55（1980）年の実態調査の結果と比べると平成23（2011）年には2倍近くに増加しています。特に肢体不自由と内部障害は著しく増加しています（表2-2）。

身体障害者手帳の等級で比較すると，重度といわれる1，2級の割合が増加しています。昭和55（1980）年の実態調査では32.7％が1，2級でしたが，平成23（2011）年には42.3％となっており，在宅の身体障害者の重度化がみられます（表2-3）。

3　年齢階層別の障害者数

❶ 身体障害者（図2-3）

在宅の身体障害者386.4万人の年齢階層別の内訳をみると，18歳未満7.3万人（1.9％），18歳以上65歳未満111.1万人（28.8％），65歳以上265.5万人（68.7％）となっています。

65歳以上の割合の推移をみると，昭和45（1970）年には3割程度だったものが，

図2-3 年齢階層別障害者数の推移（身体障害者・在宅）

平成23（2011）年には7割近くまで上昇しています。

❷ 知的障害者（図2-4）

在宅の知的障害者62.2万人の年齢階層別の内訳をみると、18歳未満15.2万人（24.4％）、18歳以上65歳未満40.8万人（65.6％）、65歳以上5.8万人（9.3％）となっています。

65歳以上の割合の推移をみると、平成7（1995）年には2.6％だったものが、平成23（2011）年には9.3％に上昇しています。

❸ 精神障害者（図2-5）

外来の精神疾患患者287.8万人の年齢階層別の内訳をみると、20歳未満17.6万人（6.1％）、20歳以上65歳未満172.4万人（59.9％）、65歳以上97.4万人（33.8％）となっています。

65歳以上の割合の推移をみると、平成17（2005）年から平成23（2011）年までの6年間で、65歳以上の割合は28.6％から33.8％へと上昇しています。

2 障害者の現状

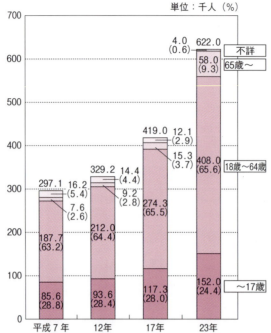

図2-4 年齢階層別障害者数の推移（知的障害者・在宅）

資料：厚生労働省「知的障害児（者）基礎調査」（平成7年，12年，17年），厚生労働省「生活のしづらさなどに関する調査」（平成23年）
出典：内閣府

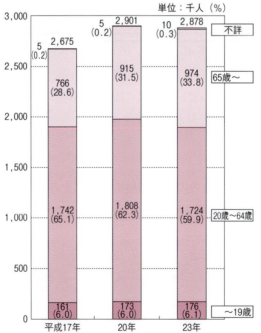

図2-5 年齢階層別障害者数の推移（精神障害者・外来）

資料：厚生労働省「患者調査」より厚生労働省社会・援護局障害保健福祉部で作成
出典：内閣府

4 障害の発生年齢

厚生労働省「生活のしづらさなどに関する調査」（平成23年）では，生活のしづらさが生じ始めた年齢を調査しています。

この調査結果をみますと，障害の種類によってそれぞれ特徴がみられます（表2-4）。

❶ 身体障害者

生活のしづらさが生じ始めたのは40歳代以降が65.1％となっており，さらにそのなかで65歳以上に限っても34.3％となっています。

❷ 知的障害者

9歳までに生活のしづらさが生じた割合が42.6％であり，40歳以降については1割にも満たない結果となっています。

❸ 精神障害者

他の障害種別に比べると年齢ごとの分布に大きな差はみられませんが，20歳代が16.4％，30歳代が10.1％と，他の年齢階級より多くなっています。

表2-4 障害者手帳所持者数等，生活のしづらさが生じ始めた年齢別

（人，％）

	障害者手帳の種類（複数回答）					
	身体障害者手帳		療育手帳		精神障害者保健福祉手帳	
総数	7,862	100.0%	1,265	100.0%	1,155	100.0%
0～9歳頃	419	5.3%	539	42.6%	64	5.5%
10～17	153	1.9%	87	6.9%	102	8.8%
18～19	59	0.8%	15	1.2%	54	4.7%
20～29	207	2.6%	37	2.9%	189	16.4%
30～39	289	3.7%	31	2.5%	117	10.1%
40～49	598	7.6%	21	1.7%	81	7.0%
50～59	1,071	13.6%	26	2.1%	86	7.4%
60～64	751	9.6%	12	0.9%	52	4.5%
65～69	666	8.5%	6	0.5%	39	3.4%
70歳以上	2,026	25.8%	38	3.0%	76	6.6%
分からない	1,073	13.6%	383	30.3%	240	20.8%
不詳	550	7.0%	70	5.5%	55	4.8%

資料：厚生労働省「生活のしづらさなどに関する調査」（平成23年）より作成

5 日常生活の状況

❶ 日常生活動作の状況

　在宅の障害者の日常生活動作の状況について，通常の加齢による影響を除く意味で65歳未満の者の状況を障害の種類別にADL，IADL，身の回りの管理，意思疎通の分野に分けてみてみると以下のような状況になっています（図2-6）。

　身体障害者は意思疎通以外の分野でほぼ同じように介助が必要ですが，そのなかでもIADLの分野の「身の回りの掃除，整理整頓をする」（27.2％），「買い物をする」（29.8％）が高くなっています。

　知的障害者は全分野にわたって介助の必要性が高くなっていますが，総じてIADLに関する分野と身の回りの管理の分野が高くなっています。なかでも，IADLの分野の「身の回りの掃除，整理整頓をする」（62.0％），身の回りの管理の分野の「お金の管理をする」（64.2％）が高くなっています。

　精神障害者はADLに関する分野と意思疎通に関する分野以外の分野で介助の必要性が高く，なかでも，IADLの分野の「身の回りの掃除，整理整頓をする」（40.3％），身の回りの管理の分野の「お金の管理をする」（34.5％）が高くなっています。

❷ 外出時の支援の必要性

　在宅の障害者の外出時の支援の必要性について，通常の加齢による影響を除く意味で65歳未満の者の状況を障害の種類別に示すと，以下のような状況になってい

表2-5　障害者手帳所持者数等，外出時の支援の必要性別
（65歳未満）

	総数	障害者手帳所持者	障害者手帳の種類（複数回答）			手帳非所持で，自立支援給付等を受けている者
			身体障害者手帳	療育手帳	精神障害者保健福祉手帳	
総　数	4,202 (100.0%)	3,971 (100.0%)	2,408 (100.0%)	1,139 (100.0%)	852 (100.0%)	231 (100.0%)
外出時に支援が必要な者	2,201 (52.4%)	2,093 (52.7%)	1,094 (45.4%)	855 (75.1%)	461 (54.1%)	108 (46.8%)
├いつも必要	1,008 (45.8%)	982 (46.9%)	568 (51.9%)	504 (58.9%)	116 (25.2%)	26 (24.1%)
├慣れた場所は必要ないが，それ以外は必要	627 (28.5%)	597 (28.5%)	228 (20.8%)	280 (32.7%)	155 (33.6%)	30 (27.8%)
├普段は必要ないが，調子が悪い時は必要	403 (18.3%)	363 (17.3%)	212 (19.4%)	33 (3.9%)	145 (31.5%)	40 (37.0%)
└その他	163 (7.4%)	151 (7.2%)	86 (7.9%)	38 (4.4%)	45 (9.8%)	12 (11.1%)
いつも一人で外出できる	1,763 (42.0%)	1,648 (41.5%)	1,181 (49.0%)	211 (18.5%)	328 (38.5%)	115 (49.8%)
不　詳	238 (5.7%)	230 (5.8%)	133 (5.5%)	73 (6.4%)	63 (7.4%)	8 (3.5%)

資料：厚生労働省「生活のしづらさなどに関する調査」（平成23年）

図2-6 日常生活を送るうえで介助が必要な障害者手帳所持者の日常生活動作

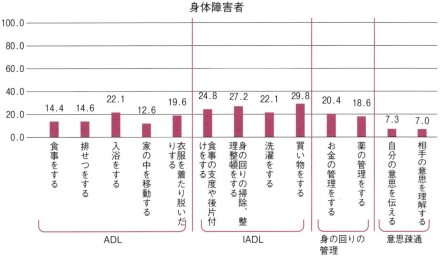

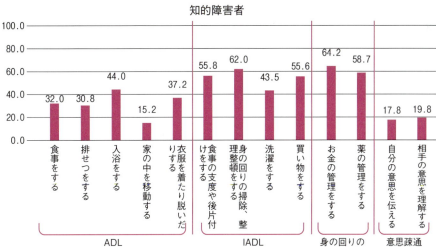

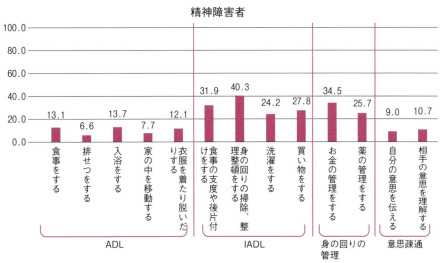

資料：厚生労働省「生活のしづらさなどに関する調査」（平成23年）より作図

ます（表2-5）。

身体障害者は，外出時に支援が必要な者は45.4％で，そのうちの5割強が「いつも必要」となっています。

知的障害者は，外出時に支援が必要な者は75.1％で，そのうちの6割近くが「いつも必要」となっています。

精神障害者は，外出時に支援が必要な者は54.1％で，そのうちの3割近くが「普段は必要ないが，調子が悪い時は必要」となっています。

全体としては，約半数の障害者が外出時に何らかの支援が必要となっており，障害者の日常生活を支援するためには，外出支援が重要であることがわかります。

3 障害者福祉の基本理念

1 リハビリテーション

リハビリテーションは，医学リハビリテーション，社会リハビリテーション，教育リハビリテーション，職業リハビリテーションの領域に分けられます。医学リハビリテーションは，機能回復訓練を主に実施し，機能障害の軽減を図るものです。社会リハビリテーションは，障害者の社会生活力を高めるよう支援します。教育リハビリテーションは，主に障害児の教育をとおして，社会的自立を図ります。職業リハビリテーションは，障害者の職業的自立を図るよう支援します。

国連の障害者に関する世界行動計画（昭和55（1980）年）によれば，リハビリテーションは，「身体的，精神的，かつまた社会的に最も適した機能水準を可能とすることによって，各個人が自らの人生を変革していくための手段を提供していくことをめざし，かつ，時間を限定したプロセスである」と定義しています。このような考え方によって，障害者福祉を推進することが重要です。

2 機会均等化

障害者福祉において，障害者が社会参加するためには，その機会が保障されていることが重要です。機会均等化とは，「社会の一般システム，例えば，物理的，文化的環境，住宅と交通，社会・保健サービス，教育と労働の機会，スポーツやレクリエーションの施設等を含む文化・社会的生活をすべての人々に利用可能とすることである」と国連の障害者に関する世界行動計画にうたわれています。さらに，機会均等化の重要な原則として，社会はすべての市民が完全参加できるように作られな

ければならないこと，障害者はリハビリテーションのゴールを自分で決定できることが掲げられています。わが国においても，高齢者，障害者等の移動等の円滑化の促進に関する法律等環境整備を推進してきています。どのような環境，地域，人間関係の中に暮らしたいかは，普通の市民と同じように選択できることが保障されなければなりません。

3　ノーマライゼーション

ノーマライゼーションという言葉は，現在ではごく一般的なものとして語られています。ノーマライゼーションは，福祉の領域のあらゆる分野の指導理念として定着してきています。ノーマライゼーションは，障害のある者が障害のない者と同等に生活し活動する社会を目指す理念であり，そのためには，生活条件と環境条件を整備することが必要であると言われています。

ノーマライゼーションは，理念であるとともに目標に向かう過程であり，具体的な目標設定が重要です。したがって，ノーマライゼーションの理念をもとにして営まれる障害者のノーマルな生活は，その人の生活条件や生活様式によって異なってきます。

4　生活の質（QOL）の向上

生活条件をよくするために，日常生活動作の向上を求めてきました。現在は，このような日常生活動作の向上をやみくもに求めるのではなく，生活の質を向上させることに着目するようになってきています。よく言われるエピソードですが，上着のボタンを時間をかけて自分で掛けるより，介助により短時間に上着を着服し，その時間を他の社会参加の活動に向けることが大切であるという考えがあります。つまり，障害者が身体的，社会的，文化的に満足できる豊かな生活を営めることです。これらの日常生活や社会生活のあり方を障害者自らの意思で決定し，生活の目標や生活様式を選択できることが大切です。

5　完全参加と平等

昭和56（1981）年の国際障害者年のテーマであり，障害者があらゆる分野での参加が保障され，平等な社会が実現されることを目指します。

4 障害者福祉の最近の動向

1 障害者基本計画と障害福祉計画に係る基本指針

1 障害者基本計画策定の経緯

　国際連合（国連）が，昭和56（1981）年を「国際障害者年」に定めたことを契機として，昭和57（1982）年3月，国際障害者年推進本部において「障害者対策に関する長期計画」が策定されました。

　この計画の後継計画として，平成5（1993）年に「障害者対策に関する新長期計画」（平成5（1993）年度から平成14（2002）年度）が策定され，さらに平成7（1995）年には長期計画の重点施策実施計画として「障害者プラン～ノーマライゼーション7か年戦略～」（平成8（1996）年度から平成14（2002）年度）が策定されました。

　平成14（2002）年には，平成5（1993）年に改正された障害者基本法に基づく障害者基本計画（第2次）（平成15（2003）年度から平成24（2012）年度）（以下「第2次計画」という）が策定され，ノーマライゼーションとリハビリテーションの理念の下，障害者施策の総合的かつ効果的な推進が図られました（平成5（1993）年の障害者基本法の改正により，「障害者対策に関する新長期計画」は同法に基づく障害者基本計画とみなされたため，平成14（2002）年に策定された基本計画は，障害者基本法に基づくものとしては第2次の計画となります）。

　第2次計画においては，わが国が目指すべき社会を，障害の有無にかかわらず，国民誰もが相互に人格と個性を尊重し支え合う「共生社会」とすることを掲げ，各分野において着実な取組みが進められてきました。

　第2次計画の期間の満了を迎えるに当たり，障害者政策委員会は新たな障害者基本計画に関する調査審議を行い，平成24（2012）年12月17日，「新『障害者基本計画』に関する障害者政策委員会の意見」を取りまとめ，これを内閣総理大臣に提出しました。これを受け，政府は，新たな障害者基本計画の原案を作成し，障害者政策委員会の意見の聴取とパブリックコメントの募集を行い，障害者基本計画（第3次）（以下「第3次計画」という）を策定（平成25年9月27日閣議決定）しました。第3次計画では，障害の有無にかかわらず，国民誰もが相互に人格と個性を尊重し支え合う共生社会の実現に向け，障害者の自立と社会参加の支援等のための施策の一層の推進を図るものとされました。

2　障害者基本計画（第3次）の特徴

(1) 障害者施策の基本原則等の見直し

第3次計画では，平成23（2011）年の障害者基本法改正の内容を踏まえ，計画の基本原則として，①地域社会における共生等，②差別の禁止，③国際的協調が盛り込まれています。

(2) 計画期間の見直し

昨今の障害者施策を取り巻く経済・社会状況の変化が早いこと等を踏まえ，第2次計画までは10年とされていた計画期間がおおむね5年（平成25（2013）年度から平成29（2017）年度）に見直されました。

(3) 施策分野の新設および既存分野の施策の見直し

障害者基本法改正，障害を理由とする差別の解消の推進に関する法律（障害者差別解消法）の制定（平成25（2013）年）等を踏まえ，以下の三つの分野が新設されました。

① 安全・安心（防災，東日本大震災からの復興，防犯，消費者保護等）
② 差別の解消および権利擁護の推進（障害を理由とする差別の解消の推進，障害者虐待の防止等）
③ 行政サービス等における配慮（選挙等および司法手続等における配慮等）

(4) 成果目標の設定および計画の推進体制の強化

計画の実効性を確保するため，合計45の事項について，成果目標が設定されました。また，障害者基本法に基づく障害者政策委員会による実施状況の評価・監視等が明記されるとともに，障害者施策に関する情報・データの充実を推進することとされました。

これらの概要は，図2-7のとおりです。

3　障害福祉計画に係る基本指針

障害者基本計画が障害者基本法に基づいて策定されるものであるのに対して，障害福祉計画は障害者総合支援法に基づいて障害者総合支援法の各種サービスの提供体制の確保などについて定めるものです。

厚生労働大臣は，障害福祉サービスおよび相談支援ならびに市町村および都道府県の地域生活支援事業の提供体制を整備し，自立支援給付および地域生活支援事業の円滑な実施を確保するための基本的な指針（以下「基本指針」という）を定めるものとされています。

都道府県および市町村は，基本指針に即して，それぞれの障害福祉計画を策定することとされています。基本指針では，障害福祉計画の計画期間を3年としており，

4 障害者福祉の最近の動向

図2-7 第3次障害者基本計画の概要

Ⅰ 障害者基本計画（第3次）について
位置付け：障害者基本法に基づき策定される，政府が講ずる障害者の自立及び社会参加の支援等のための施策の最も基本的な計画
計画期間：平成25(2013)年度から29(2017)年度までの概ね5年間

Ⅱ 基本的な考え方

1. 基本理念
全ての国民が，障害の有無にかかわらず，等しく基本的人権を享有するかけがえのない個人として尊重されるという理念にのっとり，全ての国民が，障害の有無によって分け隔てられることなく，相互に人格と個性を尊重し合いながら共生する社会の実現（基本法1条）

2. 基本原則
①地域社会における共生等（3条）
②差別の禁止（4条）
③国際的協調（5条）

3. 各分野に共通する横断的視点
①障害者の自己決定の尊重及び意思決定の支援
②当事者本位の総合的な支援
③障害特性等に配慮した支援
④アクセシビリティの向上
⑤総合的かつ計画的な取組の推進

Ⅳ 推進体制
1. 連携・協力の確保
2. 広報・啓発活動の推進
3. 進捗状況の管理及び評価（成果目標）
   障害者政策委員会による計画の実施状況の評価・監視
4. 法制的整備
5. 調査研究及び情報提供

Ⅲ 分野別施策の基本的方向

1. 生活支援
   障害児・者のニーズに応じた福祉サービスの充実　等
2. 保健・医療
   精神障害者の地域移行の推進，難病に関する施策の推進　等
3. 教育，文化芸術活動・スポーツ等
   新たな就学決定の仕組みの構築，文化芸術活動等の振興　等
4. 雇用・就業，経済的自立の支援
   障害者雇用の促進及び就労支援の充実，福祉的就労の底上げ　等
5. 生活環境
   住宅の確保，バリアフリー化の推進，障害者に配慮したまちづくり　等
6. 情報アクセシビリティ
   放送・通信等のアクセシビリティの向上，意思疎通支援の充実　等
7. 安全・安心
   防災，東日本大震災からの復興，防犯，消費者保護　等
8. 差別の解消及び権利擁護の推進
   障害を理由とする差別の解消の推進，障害者虐待の防止　等
9. 行政サービス等における配慮
   選挙等及び司法手続等における配慮　等
10. 国際協力
    権利条約の早期締結に向けた取組，国際的な情報発信　等

※ 灰色の項目（7，8，9）は第3次計画における新規分野

資料：内閣府を一部改変

これに即して，都道府県・市町村は3年ごとに障害福祉計画を作成しています。これまで，①第1期（平成18(2006)年度から平成20(2008)年度），②第2期（平成21(2009)年度から平成23(2011)年度），③第3期（平成24(2012)年度から平成26(2014)年度）の各計画が策定されており，第4期障害福祉計画は，平成27(2015)年度から平成29(2017)年度の計画期間になります。

第4期障害福祉計画の策定に向けて，平成26(2014)年5月15日に国の基本指針が見直されました。見直しの主なポイントは以下のとおりです。

(1) 計画の作成プロセス等に関する事項
　　PDCAサイクルの導入（新規）
(2) 成果目標に関する事項（平成29(2017)年度までの目標）（図2-8）
　① 福祉施設から地域生活への移行促進

図2-8 成果目標と活動指標の関係

資料：厚生労働省

- 平成25（2013）年度末時点の施設入所者数の12％以上を地域生活へ移行
- 施設入所者数を平成25（2013）年度末時点から4％以上削減

② 精神科病院から地域生活への移行促進
- 入院後3か月時点の退院率を64％以上とする（平成21（2009）年から平成23（2011）年の平均58.4％）。
- 入院後1年時点の退院率を91％以上とする（平成21（2009）年から平成23（2011）年の平均87.7％）。
- 平成29（2017）年6月末時点の1年以上の在院者数を平成24（2012）年6月末時点から18％以上減少

③ 地域生活支援拠点等の整備（新規）
- 障害者の地域生活を支援する機能の集約を行う拠点等を，各市町村または各圏域に少なくとも一つを整備

④ 福祉から一般就労への移行促進
- 福祉施設から一般就労への移行者数を平成24（2012）年度実績の2倍以上とする。
- 就労移行支援事業の利用者数を平成25（2013）年度末の利用者から6割以上

増加。
・就労移行支援事業所のうち就労移行率が3割以上の事業所を全体の5割以上とする（平成23（2011）年度実績27.1％）。

(3) その他の事項
① 障害児支援体制の整備（新規）
② 計画相談の充実，研修の充実等

2 障害者総合支援法の成立

障害者福祉制度は，平成15（2003）年4月にノーマライゼーションの理念に基づいて導入された「支援費制度」によって，従来の「措置制度」から大きく転換されました。措置制度では行政がサービス提供事業者や内容などを決めていましたが，支援費制度では利用者がサービス事業者を選べるようになりました。しかし，支援費制度には，以下の問題点が指摘されていました。

(1) 障害種別ごとにサービスが提供されており，使いづらい仕組みとなっていること。また，精神障害者は支援費制度の対象外であること。
(2) 地方自治体によっては，サービスの提供体制が不十分であり，必要とする人々すべてにサービスが行き届いていないこと。
(3) 働きたいと考えている障害者に対して，就労の場を確保する支援が十分でないこと。
(4) 支給決定のプロセスが不透明であり，全国共通の判断基準に基づいたサービス利用手続きが規定されていないこと。

こうした問題を解決し，障害者が地域で安心して暮らせる社会の実現を目指して平成18（2006）年度から「障害者自立支援法」が施行されました。

障害者自立支援法の特徴は以下のとおりです。

(1) 利用者本位のサービス体系
　　3障害（身体障害・知的障害・精神障害）を一元化
(2) サービス提供主体の一元化
　　市町村が一元的にサービスを提供
(3) 支給決定手続きの明確化
　　障害程度区分の導入，市町村審査会の設置など，支給決定のプロセスの明確化・透明化
(4) 就労支援の強化
　　就労の場を確保する支援の強化
(5) 安定的な財源の確保

図2-9 地域社会における共生の実現に向けて新たな障害保健福祉施策を講ずるための関係法律の整備に関する法律の概要

(平成24年6月20日成立，同6月27日公布)

1．趣旨
障がい者制度改革推進本部等における検討を踏まえて，地域社会における共生の実現に向けて，障害福祉サービスの充実等障害者の日常生活及び社会生活を総合的に支援するため，新たな障害保健福祉施策を講ずるものとする。

2．概要

1．題名
「障害者自立支援法」を「障害者の日常生活及び社会生活を総合的に支援するための法律（障害者総合支援法）」とする。

2．基本理念
法に基づく日常生活・社会生活の支援が，共生社会を実現するため，社会参加の機会の確保及び地域社会における共生，社会的障壁の除去に資するよう，総合的かつ計画的に行われることを法律の基本理念として新たに掲げる。

3．障害者の範囲（障害児の範囲も同様に対応。）
「制度の谷間」を埋めるべく，障害者の範囲に難病等を加える。

4．障害支援区分の創設
「障害程度区分」について，障害の多様な特性その他の心身の状態に応じて必要とされる標準的な支援の度合いを総合的に示す「障害支援区分」に改める。
※障害支援区分の認定が知的障害者・精神障害者の特性に応じて行われるよう，区分の制定に当たっては適切な配慮等を行う。

5．障害者に対する支援
①重度訪問介護の対象拡大（重度の肢体不自由者等であって常時介護を要する障害者として厚生労働省令で定めるものとする）
②共同生活介護（ケアホーム）の共同生活援助（グループホーム）への一元化
③地域移行支援の対象拡大（地域における生活に移行するため重点的な支援を必要とする者であって厚生労働省令で定めるものを加える）
④地域生活支援事業の追加（障害者に対する理解を深めるための研修や啓発を行う事業，意思疎通支援を行う者を養成する事業等）

6．サービス基盤の計画的整備
①障害福祉サービス等の提供体制の確保に係る目標に関する事項及び地域生活支援事業の実施に関する事項についての障害福祉計画の策定
②基本指針・障害福祉計画に関する定期的な検証と見直しを法定化
③市町村は障害福祉計画を作成するに当たって，障害者等のニーズ把握等を行うことを努力義務化
④自立支援協議会の名称について、地域の実情に応じて定められるよう弾力化するとともに，当事者や家族の参画を明確化

3．施行期日
平成25年4月1日（ただし，4．及び5．①～③については，平成26年4月1日）

4．検討規定（障害者施策を段階的に講じるため，法の施行後3年を目途として，以下について検討）
①常時介護を要する障害者等に対する支援，障害者等の移動の支援，障害者の就労の支援その他の障害福祉サービスの在り方
②障害支援区分の認定を含めた支給決定の在り方
③障害者の意思決定支援の在り方，障害福祉サービスの利用の観点からの成年後見制度の利用促進の在り方
④手話通訳等を行う者の派遣その他の聴覚，言語機能，音声機能その他の障害のため意思疎通を図ることに支障がある障害者等に対する支援の在り方
⑤精神障害者及び高齢の障害者に対する支援の在り方
※上記の検討に当たっては，障害者やその家族その他の関係者の意見を反映させる措置を講ずる。

資料：厚生労働省

　国の費用負担の責任を強化するとともに，利用者も原則1割の費用を負担
　障害者自立支援法については施行後も検討が行われ，特に利用者負担については，軽減策が講じられてきました。そして，平成22（2010）年の改正では，利用者負担が抜本的に見直され，これまでの利用量に応じた1割を上限とした定率負担から，負担能力に応じたもの（応能負担）になり，平成24（2012）年4月1日に施行されています。
　平成24（2012）年6月には「地域社会における共生の実現に向けて新たな障害保健福祉施策を講ずるための関係法律の整備に関する法律」が公布され，この法律に

より平成25（2013）年4月に「障害者自立支援法」は「障害者の日常生活及び社会生活を総合的に支援するための法律」（障害者総合支援法）となり，障害者の範囲に難病等が追加されるほか，障害者に対する支援の拡充などの改正が行われました。法律の概要は図2-9のとおりです。

制度の変遷等の詳細については，第1章に記載されていますので参照してください。

3 障害者虐待防止法の施行

障害者虐待の防止などに関する施策を促進するため，平成24（2012）年10月1日から「障害者虐待の防止，障害者の養護者に対する支援等に関する法律」（障害者虐待防止法）が施行され，虐待を受けた障害者に対する保護，養護者に対する支援のための措置が図られました。法律の概要については，図2-10のとおりです。

この法律の施行により，各都道府県で虐待の防止に関する研修が行われるとともに，法に基づく通報により障害者福祉施設等における虐待事例が明るみに出るなどしています。

障害福祉サービスや移動支援事業に従事する職員は，障害者虐待防止法における「障害者福祉施設従事者等」に該当しますので，利用者に対する虐待などがあればこの法律の対象になります。また，「障害者虐待」を受けたと思われる障害者を発見した場合は速やかに通報する義務があるばかりでなく，家族などによる虐待を発見しやすい立場にあることから障害者虐待を早期に発見するよう努める必要があります。

4 障害者差別解消法の制定

障害を理由とする差別の解消の推進に関する法律（障害者差別解消法）は，すべての国民が，障害の有無によって分け隔てられることなく，相互に人格と個性を尊重し合いながら共生する社会の実現に向け，障害を理由とする差別の解消を推進することを目的として，平成25（2013）年6月に成立しました。法律の概要は図2-11のとおりです。

この法律では，障害を理由とする差別を「不当な差別的取扱い」と「合理的配慮の不提供」の二つの類型に整理しています。

「不当な差別的取扱い」とは，例えば，障害があるということだけで，正当な理由なく，商品やサービスの提供を拒否したり，制限したり，条件をつけたりするよう

図2-10 障害者虐待防止法の概要

(平成23年6月17日成立，同6月24日公布，平成24年10月1日施行)

目的

障害者に対する虐待が障害者の尊厳を害するものであり，障害者の自立及び社会参加にとって障害者に対する虐待を防止することが極めて重要であること等に鑑み，障害者に対する虐待の禁止，国等の責務，障害者虐待を受けた障害者に対する保護及び自立の支援のための措置，養護者に対する支援のための措置等を定めることにより，障害者虐待の防止，養護者に対する支援等に関する施策を促進し，もって障害者の権利利益の擁護に資することを目的とする。

定義

1. 「障害者」とは，身体・知的・精神障害その他の心身の機能の障害がある者であって，障害及び社会的障壁により継続的に日常生活・社会生活に相当な制限を受ける状態にあるものをいう。
2. 「障害者虐待」とは，①養護者による障害者虐待，②障害者福祉施設従事者等による障害者虐待，③使用者による障害者虐待をいう。
3. 障害者虐待の類型は，①身体的虐待，②放棄・放置，③心理的虐待，④性的虐待，⑤経済的虐待の5つ。

虐待防止施策

1. 何人も障害者を虐待してはならない旨の規定，障害者の虐待の防止に係る国等の責務規定，障害者虐待の早期発見の努力義務規定を置く。
2. 「障害者虐待」を受けたと思われる障害者を発見した者に速やかな通報を義務付けるとともに，障害者虐待防止等に係る具体的スキームを定める。

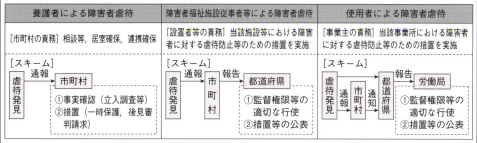

3. 就学する障害者，保育所等に通う障害者及び医療機関を利用する障害者に対する虐待への対応について，その防止等のための措置の実施を学校の長，保育所等の長及び医療機関の管理者に義務付ける。

その他

1. 市町村・都道府県の部局又は施設に，障害者虐待対応の窓口等となる「市町村障害者虐待防止センター」・「都道府県障害者権利擁護センター」としての機能を果たさせる。
2. 市町村・都道府県は，障害者虐待の防止等を適切に実施するため，福祉事務所その他の関係機関，民間団体等との連携協力体制を整備しなければならない。
3. 国及び地方公共団体は，財産上の不当取引による障害者の被害の防止・救済を図るため，成年後見制度の利用に係る経済的負担の軽減のための措置等を講ずる。
4. 政府は，障害者虐待の防止等に関する制度について，この法律の施行後3年を目途に検討を加え，必要な措置を講ずるものとする。

※虐待防止スキームについては，家庭の障害児には児童虐待防止法を，施設入所等障害者には施設等の種類（障害者施設等，児童養護施設等，養介護施設等）に応じてこの法律，児童福祉法又は高齢者虐待防止法を，家庭の高齢障害者にはこの法律及び高齢者虐待防止法を，それぞれ適用。

資料：厚生労働省

な行為であり，このような行為は，国の行政機関や地方公共団体，事業者の別を問わず禁止されています。

また，障害のある人等から何らかの配慮を求める意思の表明があった場合には，その実施が負担になり過ぎない範囲で，社会的障壁を取り除くために必要で合理的な配慮（以下「合理的配慮」という）を行うことが求められます。合理的配慮の典型的な例としては，車いすの人が乗り物に乗る時に手助けをすることや，窓口で障

4 障害者福祉の最近の動向

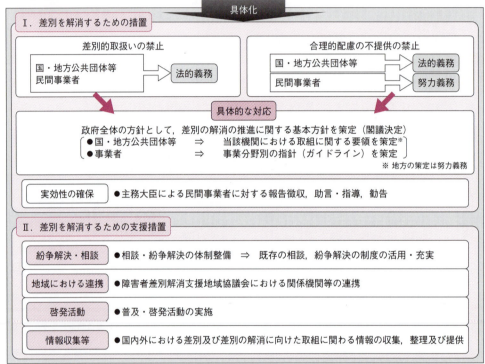

図2-11 障害者差別解消法の概要

資料：内閣府

害のある人の障害の特性に応じたコミュニケーション手段（筆談，読み上げなど）で対応することなどがあげられます。こうした配慮を行わないことで，障害のある人の権利利益が侵害される場合には，障害を理由とする差別の「合理的配慮の不提供」に当たります。

　この法律に基づき，差別の解消に向けた取組みが円滑に行われるためには，あらかじめ，基本方針や対応要領，対応指針を定めるとともに，国民に対し，本法の趣旨と内容を十分に周知しておくことが不可欠であることから，この法律の施行日は，平成28（2016）年4月1日とされています。

5 障害者権利条約の批准

　障害者の権利に関する条約（障害者権利条約）は，平成18（2006）年12月，第61回国連総会本会議においてコンセンサス採択され，平成20（2008）年5月に発効しました。平成26（2014）年3月末現在の締約国・機関数は143となっています。わが国は平成19（2007）年9月にこの条約に署名し，平成26（2014）年1月に批准しました。

　障害者権利条約は，①障害者の尊厳，自律および自立の尊重，無差別，社会への完全かつ効果的な参加および包容等を一般原則とし，②障害に基づくいかなる差別もなしに，すべての障害者のあらゆる人権および基本的自由を完全に実現することを確保し，および促進するための措置を条約の締約国がとること等を定めています。また，③この条約の効果的な実施を確保するために，締約国が国内における実施を監視するための枠組みを維持し，強化し，指定し，または設置すること，④国連に障害者の権利に関する委員会を設置すること等について定めています。

　なお，障害者権利条約には，個人の移動に関する以下の規定があります。

> 第20条　個人の移動を容易にすること
> 　締約国は，障害者自身ができる限り自立して移動することを容易にすることを確保するための効果的な措置をとる。この措置には，次のことによるものを含む。
> (a) 障害者自身が，自ら選択する方法で，自ら選択する時に，かつ，負担しやすい費用で移動することを容易にすること。
> (b) 障害者が質の高い移動補助具，補装具，支援機器，人又は動物による支援及び仲介する者を利用する機会を得やすくすること（これらを負担しやすい費用で利用可能なものとすることを含む。）。
> (c) 障害者及び障害者と共に行動する専門職員に対し，移動のための技能に関する研修を提供すること。
> (d) 移動補助具，補装具及び支援機器を生産する事業体に対し，障害者の移動のあらゆる側面を考慮するよう奨励すること。

5 障害者総合支援法による障害者保健福祉施策の概要

1 障害者総合支援法におけるシステムの全体像

　支援費制度までの障害種別ごとの法律に基づく福祉サービスの体系は、障害種別や居宅サービスと施設サービスといった区分になっていました。障害者総合支援法においては、「地域生活支援」「就労支援」といった新たな課題に対応し、利用者のニーズや必要とされる支援の度合等に応じて適切なサービスが公平に提供されるよう、総合的な自立支援システムの構築を目指して給付体系が再編されました。全体のサービスは、個々の障害者等の障害支援区分、障害の種類および程度や勘案すべき事項（社会活動や介護者、居住等の状況）を踏まえて、個別に支給決定が行われる「自立支援給付」と、市町村の創意工夫により、利用者個々の状況に応じて柔軟なサービス提供を行う「地域生活支援事業」で構成されています。「自立支援給付」は、①施設や在宅において介護の支援を受ける「介護給付費」、②就労や訓練としての支援を受ける「訓練等給付費」、③地域移行支援や地域定着支援を受ける「地域相談支援給付費」、④「計画相談支援給付費」、⑤医療費の自己負担分にかかる福祉的助成制度である「自立支援医療費」、および⑥「補装具費」の個別給付サービスで構成されています（図2-12）。

　また、支援の主体となる市町村と都道府県の役割についても整理を行いました。すなわち、市町村は、住民に最も身近な行政単位として、支援を必要とする障害者等に対し、障害特性に配慮した適切な情報提供を行うとともに、必要な自立支援給付および地域生活支援事業を総合的かつ計画的に行うこと、都道府県は、市町村と連携を図りつつ、市町村に対し必要な助言、情報の提供などを行うこととしています。これは、地方分権推進の観点から、市町村を第一の実施主体とし、都道府県が市町村を後方から支援するという重層的な支援体制を構築することを目指しているものです。

2 障害福祉サービスの体系

　自立支援給付のうち、①施設や在宅において介護の支援を受けるものを「介護給

図2-12 障害者総合支援法におけるシステムの全体像

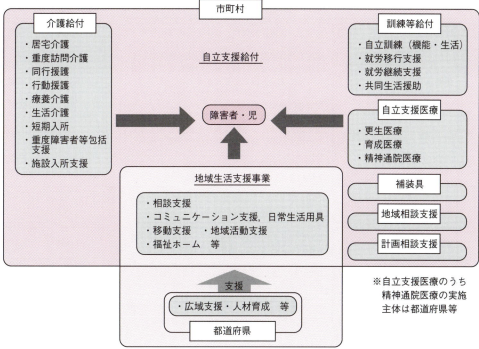

資料：厚生労働省資料を一部改変

付」，②就労や訓練としての支援を受けるものを「訓練等給付」とに区分し，その総称を「障害福祉サービス」といいます。この「障害福祉サービス」という用語は，障害者に係る保健福祉サービスの総称ではなく，障害者総合支援法における定義では，個別給付としての自立支援給付に係る各種サービスを指しています（図2-13）。

3 障害福祉サービスに係る利用者負担

　措置制度から支援費制度までは，障害者に関するサービスの利用者負担は所得（課税額）に応じた応能負担でした。平成18（2006）年の障害者自立支援法の施行により，障害福祉サービスについては，福祉サービスの利用者も含め，皆で制度を支え合う仕組みとするため，サービスの利用量と所得に着目した費用負担の仕組みが導入されました。

　具体的には，サービスに要した費用の1割を利用者が負担することになりましたが，所得に応じて上限が決められ，さらに「個別減免」や「補足給付」などの軽減措置が行われていました。

　負担上限額については，平成19（2007）年と平成20（2008）年に軽減措置が実施

5 障害者総合支援法による障害者保健福祉施策の概要

図2-13 障害福祉サービス等の体系

	サービス名		説明		利用者数	施設・事業所数
訪問系	居宅介護（ホームヘルプ）	者児	自宅で、入浴、排せつ、食事の介護等を行う	介護給付	147,469	17,981
	重度訪問介護	者	重度の肢体不自由者又は重度の知的障害若しくは精神障害により行動上著しい困難を有する者であって常に介護を必要とする人に、自宅で、入浴、排せつ、食事の介護、外出時における移動支援等を総合的に行う		9,706	6,261
	同行援護	者児	視覚障害により、移動に著しい困難を有する人が外出する時、必要な情報提供や介護を行う		21,570	5,579
	行動援護	者児	自己判断能力が制限されている人が行動するときに、危険を回避するために必要な支援、外出支援を行う		7,829	1,331
	重度障害者等包括支援	者児	介護の必要性がとても高い人に、居宅介護等複数のサービスを包括的に行う		33	9
日中活動系	短期入所（ショートステイ）	者児	自宅で介護する人が病気の場合などに、短期間、夜間も含め施設で、入浴、排せつ、食事の介護等を行う		37,561	3,742
	療養介護	者	医療と常時介護を必要とする人に、医療機関で機能訓練、療養上の管理、看護、介護及び日常生活の世話を行う		19,276	239
	生活介護	者	常に介護を必要とする人に、昼間、入浴、排せつ、食事の介護等を行うとともに、創作的活動又は生産活動の機会を提供する		256,367	8,492
施設系	施設入所支援	者	施設に入所する人に、夜間や休日、入浴、排せつ、食事の介護等を行う		132,478	2,621
居住系	共同生活援助（グループホーム）	者	夜間や休日、共同生活を行う住居で、相談、入浴、排せつ、食事の介護、日常生活上の援助を行う		88,893	6,295
訓練系・就労系	自立訓練（機能訓練）	者	自立した日常生活又は社会生活ができるよう、一定期間、身体機能の維持、向上のために必要な訓練を行う	訓練等給付	2,499	177
	自立訓練（生活訓練）	者	自立した日常生活又は社会生活ができるよう、一定期間、生活能力の維持、向上のために必要な支援、訓練を行う		11,810	1,142
	就労移行支援	者	一般企業等への就労を希望する人に、一定期間、就労に必要な知識及び能力の向上のために必要な訓練を行う		27,744	2,756
	就労継続支援（A型=雇用型）	者	一般企業等での就労が困難な人に、雇用して就労する機会を提供するとともに、能力等の向上のために必要な訓練を行う		38,377	2,131
	就労継続支援（B型）	者	一般企業等での就労が困難な人に、就労する機会を提供するとともに、能力等の向上のために必要な訓練を行う		185,955	8,647

注1：表中の「者」は「障害者」、「児」は「障害児」であり、利用できるサービスにマークを付している。
注2：利用者数及び施設・事業所数は平成26年4月現在の国保連データ。
資料：厚生労働省

されましたが、さらに平成22（2010）年からは、低所得（市町村民税非課税世帯）の利用者負担を無料とする改正が行われました。

平成22（2010）年12月の障害者自立支援法等の改正により、平成24（2012）年から利用者負担について応能負担を原則とすることに改められました。

現在の利用者負担の仕組みは以下のとおりです（図2-14）。

図2-14 利用者負担の仕組み

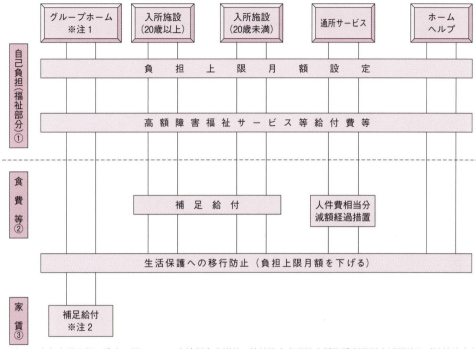

※注1 負担上限月額の設定に関しては，宿泊型自立訓練，精神障害者退院支援施設利用型生活訓練及び精神障害者退院支援施設利用型就労移行支援を含む。
※注2 グループホーム（重度障害者等包括支援の一環として提供される場合を含む。）に限る。
資料：厚生労働省資料を一部改変

表2-6 自己負担上限月額

区分	世帯の収入状況	負担上限月額
生活保護	生活保護受給世帯	0円
低所得	市町村民税非課税世帯（注1）	0円
一般1	市町村民税課税世帯（所得割16万円（注2）未満） ※入所施設利用者（20歳以上），グループホーム利用者を除きます（注3）。	9,300円
一般2	上記以外	37,200円

（注1） 3人世帯で障害基礎年金1級受給の場合，収入がおおむね300万円以下の世帯が対象となります。
（注2） 収入がおおむね600万円以下の世帯が対象になります。
（注3） 入所施設利用者（20歳以上），グループホーム利用者は，市町村民税課税世帯の場合，「一般2」となります。

1 負担上限月額

　障害福祉サービスの自己負担は，所得に応じて4区分の負担上限月額が設定され，1月に利用したサービス量にかかわらず，それ以上の負担は生じません（表2-6）。

表 2-7 世帯の範囲

種別	世帯の範囲
18歳以上の障害者 （施設に入所する18，19歳を除く）	障害のある方とその配偶者
障害児 （施設に入所する18，19歳を含む）	保護者の属する住民基本台帳での世帯

図 2-15 高額障害福祉サービス等給付費のイメージ（例）

同一世帯に，障害福祉サービスと介護保険を利用するAと介護保険のみ利用するBがいる場合。

一般2の世帯の場合	A	B
介護保険の利用者負担額	35,000円 →26,040円 ※高額介護サービス費による償還後負担額	15,000円 →11,160円 ※高額介護サービス費による償還後負担額
障害福祉サービス等給付費算定基準額	37,200円	—
高額障害福祉サービス等給付費等の支給後の負担額	37,200円	— （介護保険のみ利用のため，合算対象外）

Aの負担額が37,200円となるよう，高額障害福祉サービス等給付費を26,040円支給

資料：厚生労働省

所得を判断する際の世帯の範囲は，表 2-7 のとおりです。

2　高額障害福祉サービス等給付費

同一世帯に障害福祉サービス等を利用する者が複数いる場合に，世帯の負担額を軽減するために，利用者負担を合算した額のうち，負担上限月額を超える部分について，償還払い方式により高額障害福祉サービス等給付費が支給されます。

合算の対象には，障害福祉サービスと併せて介護保険も利用している場合は，介護保険の負担額も含みます。平成24（2012）年4月1日からは，補装具に係る利用者負担も合算の対象となりました。

3　補足給付（食費・光熱水費負担を軽減）

施設入所支援を利用している20歳以上の低所得者に対しては，食費等実費負担についても減免措置が講じられます。

入所施設の食費・光熱水費の実費負担については，5万8000円を限度として施設ごとに額が設定されることになりますが，低所得者に対する給付については，費用の基準額を5万8000円として設定し，自己負担相当額と食費・光熱水費の実費負担をしても，少なくとも手元に生活費として2万5000円が残るように補足給付（特定障害者特別給付費）が行われます。

※その他生活費の額（補足給付算定の際に用いる額）
a　bおよびc以外の者　2万5000円
b　障害基礎年金1級受給者，60歳〜64歳の者，65歳以上で施設入所支援に合わせ生活介護を利用する者　2万8000円
c　65歳以上（施設入所支援に合わせ生活介護を利用する者を除く）　3万円

　なお，就労等により得た収入については，2万4000円までは収入として認定しません。また，2万4000円を超える額についても，超える額の30％は収入として認定しません。

4　補足給付（家賃負担を軽減）

　グループホームに居住する低所得者に係る家賃の実費負担を軽減するため補足給付（特定障害者特別給付費）を支給します。
　補足給付の額は，月1万円（家賃が1万円を下回る場合は当該家賃の額）です。
　※　補足給付額　家賃が1万円未満の場合＝実費
　　　　　　　　　家賃が1万円以上の場合＝1万円

5　生活保護への移行防止

　1から4までの負担軽減策を講じても，自己負担や食費等実費を負担することにより，生活保護の対象となる場合には，生活保護の対象とならない額まで自己負担の負担上限月額や食費等実費負担額を引き下げます。

4　障害福祉サービスの利用の流れ

　従前の支援費制度においては，本人の障害の状況や家族の状況，住宅環境やサービス利用の意向などを勘案し支給決定が行われていましたが，一方で，支給決定段階において，支援の必要度を判定する客観的基準（統一的なアセスメントや区分）が偏り，支給決定のプロセスが不透明である，ケアマネジメントの手法が活用され

ておらず，市町村職員等の対応にばらつきがあるといった課題がありました。

　このような状況を踏まえ，現行制度においては，先行して実施されている介護保険の要介護認定の仕組みを参考に，統一的なアセスメント項目による障害支援区分や市町村審査会を導入し，利用者のニーズに沿ったサービス利用が行えるよう相談支援事業者の活用を図ることや，認定調査や支給決定に従事する職員等に対する研修が制度化されました。

1　支給決定のプロセス

介護給付の場合

　介護給付の場合の支給決定は図2-16のとおりです。

　また同行援護の場合には，市町村は障害支援区分認定調査を行う前に，同行援護アセスメント調査票による調査を行います。

　身体介護を伴わない同行援護の場合は，障害支援区分の認定は行いませんので，障害支援区分認定調査や一次判定は実施しません。ただし，同行援護アセスメント調査票による調査結果を用いて，市町村審査会の意見を聴くことがあります。

訓練等給付の場合

　訓練等給付の場合は障害支援区分の認定は行いませんので，図2-16の「4　医師意見書」から「9　申請者に認定結果通知」までは実施しません。ただし，共同生活援助（グループホーム）に係る支給申請のうち入浴，排せつまたは食事等の介護を伴う場合は実施します。

　訓練等給付（共同生活援助および就労継続支援B型を除く）は，できる限り障害者本人の希望を尊重しますので，明らかにサービス内容に適合しない場合を除き，最大2か月間の暫定支給決定を行い，実際にサービスを利用した結果を踏まえて正式の支給決定を行います（図2-17）。

サービス等利用計画案の提出

　平成22（2010）年12月の障害者自立支援法改正により，平成24（2012）年4月からサービス等利用計画作成の対象者が大幅に拡大されました。それまでは，サービス提供事業者等との連絡調整を希望する障害者等は，市町村による支給決定の後に，サービス利用計画作成費の給付について別に申請をすることになっていました。この改正後は，障害福祉サービスの利用申請をした障害者等に対して，市町村はサービス等利用計画案の提出を依頼し，計画案が提出された場合には障害支援区分やサービス利用意向聴取結果，サービス等利用計画案等を勘案して支給要否決定を行うことになりました。

図2-16 支給決定（介護給付の場合）

#	ステップ	説明
1	申請	居住地の市町村に対して支給申請を行います。不明な点や心配な点があれば，市町村窓口や相談支援事業者に相談します。
2	サービス等利用計画案の提出依頼	申請を受け付けた市町村は，申請者に対して指定特定相談支援事業者の作成するサービス等利用計画案を提出するよう依頼します。 ただし，申請者が介護保険制度のサービスを利用する場合には，障害福祉サービス固有のサービスを利用する場合であって，市町村が必要と認める場合に提出を求めます。
3	障害支援区分認定調査	障害支援区分の判定等のため，市町村の認定調査員が定められた80項目について認定調査を行います。認定調査は，市町村から委託を受けた相談支援事業者が行うこともあります。
4	医師意見書	
5	一次判定（コンピュータ判定）	認定調査の結果と医師意見書に基づいて非該当，区分1～区分6の判定（一次判定）を行います。
6	市町村審査会（二次判定）	市町村審査会において，認定調査の際の特記事項と医師意見書の内容をもとに，二次判定が行われ，必要に応じて一次判定の結果が修正され，非該当，区分1～区分6の判定が行われます。
7	市町村長へ判定結果を通知	
8	障害支援区分の認定	市町村は，市町村審査会の審査判定結果に基づき，障害支援区分の認定を行います。
9	申請者に認定結果通知	障害支援区分の判定結果に不服がある場合は，都道府県に不服申立てができます。
10	サービス利用意向聴取	市町村は，申請者からサービスの利用意向について聴取します。認定調査の時に同時に聴取することもあります。
11	サービス等利用計画案の提出	サービス等利用計画案の提出を求められた申請者は指定特定相談支援事業者が作成したサービス等利用計画案を市町村に提出します。 なお，身近な地域に指定特定相談支援事業者がない場合や，申請者自らが作成した計画案の提出を希望する場合などは，指定特定相談支援事業者以外の者が作成したサービス等利用計画案を提出することもできます。
12	支給決定案の作成	市町村は，障害支援区分やサービス利用意向聴取の結果およびサービス等利用計画案などを踏まえて，市町村が定める支給決定基準等に基づいて支給決定案を作成します。
13	市町村審査会の意見聴取	市町村は，作成した支給決定案が当該市町村の定める支給決定基準と異なるときは，いわゆる「非定型の支給決定」として市町村審査会に意見を求めることができます。
14	支給決定	
15	申請者に支給決定通知	市町村の支給決定に不服がある場合は，都道府県に不服申立てができます。
16	サービス等利用計画の作成	指定特定相談支援事業者は，支給決定の後に，サービス事業者等と連絡調整を行い，サービスの種類および内容等を記載したサービス等利用計画を作成します。
	サービス利用	

5 障害者総合支援法による障害者保健福祉施策の概要

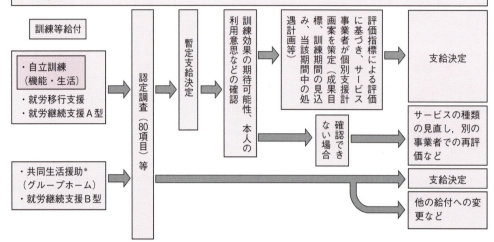

図2-17 支給決定（訓練等給付の場合）

○利用希望者は，できる限り本人の希望を尊重し，明らかにサービス内容に適合しない場合を除き，暫定支給決定の対象とする。
○当該地域において，定員を超えて利用希望があった場合には，申請者の待機時間を考慮して，暫定支給決定の優先度を判定する。ただし，自立訓練（機能訓練・生活訓練）事業の場合には，待機期間のほか，訓練等給付に関連する項目の調査結果をスコア化し，暫定支給決定の優先順位を考慮する際の参考として用いる。

＊入浴，排せつまたは食事等の介護を伴う場合は除く（この場合，「介護給付の場合」と同様のプロセスとなる）。

　ただし，相談支援の提供体制を整備する必要があるため，平成24（2012）年度から段階的に対象を拡大し，平成27（2015）年3月31日以降は，原則としてすべての申請者に対し，サービス等利用計画案の提出を求めることとなっています。

　平成27（2015）年4月1日以降に初めて障害福祉サービスの利用申請をする障害者等は，すべて相談支援事業者に相談をして，課題の解決や適切なサービス利用について支援を受けてからサービスを利用することになります。また，一定期間ごとに継続サービス利用支援（モニタリング）により，サービス等の利用状況の検証やサービス事業者との連絡調整などの支援を受けます。

　サービス等利用計画を作成している場合は，サービス提供事業者は，相談支援事業者が整理した課題の解決に向かって，サービス提供の目標およびその達成時期，留意事項等を整理した個別支援計画を作成します。そして，サービス提供に当たっては，相談支援事業者と必要に応じて連絡を取り合うなどして，目標に沿ったサービス提供を行う必要があります（図2-18）。

　なお，申請者が介護保険サービスを利用する場合には，介護支援専門員（ケアマネジャー）が居宅サービス計画等（ケアプラン）を作成するなかで同様の支援を受けられるため，障害福祉サービス固有のサービスを希望する場合であって，市町村が必要と認めた場合にサービス等利用計画案の提出対象となります。

　また，移動支援などの地域生活支援事業は，法律上，障害福祉サービスには含まれませんので，移動支援などを単独で利用する場合は，計画相談支援給付費の対象

図2-18 指定特定相談支援事業者（計画作成担当）および障害児相談支援事業者と障害福祉サービス事業者の関係

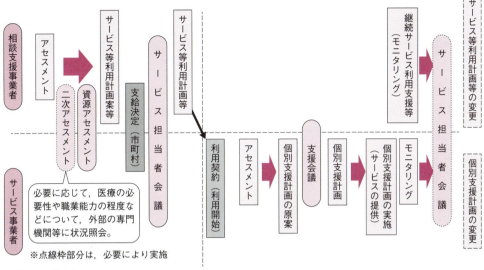

※点線枠部分は，必要により実施

資料：厚生労働省

にはなりません。もちろん，居宅介護などの障害福祉サービスを利用している場合には，移動支援などすべてのサービスを含んだサービス等利用計画を作成することになります。

5 自立支援医療

　自立支援医療は，心身の障害の状態の軽減を図り，自立した日常生活または社会生活を営むために必要な医療で政令で定めるものです。自立支援医療制度は，これらの医療を指定自立支援医療機関から受けた場合に医療費の自己負担額を軽減する公費負担医療制度です。

　政令で定められている自立支援医療の種類は以下の3種類です。

- ・育成医療　身体に障害のある児童の健全な育成を図るため，障害児に対して行われる生活の能力を得るために必要な医療
- ・更生医療　身体障害者の自立と社会経済活動への参加の促進を図るため，身体障害者に対して行われる更生のために必要な医療
- ・精神通院医療　精神障害の適正な医療の普及を図るため，精神障害者に対し行われる通院による医療

5 障害者総合支援法による障害者保健福祉施策の概要

1 育成医療の概要

　育成医療は，障害児（障害に係る医療を行わないときは将来障害を残すと認められる疾患がある児童を含む）で，その身体障害を除去，軽減する手術等の治療によって確実に効果が期待できる者に対して提供される，生活の能力を得るために必要な自立支援医療費の支給を行うものです。

　自立支援医療制度以前は，育成医療は児童福祉法に基づいて行われ，実施主体は都道府県でしたが，現行制度では市町村が実施主体です。

　対象となる障害と標準的な治療例は以下のとおりです。

(1) 視覚障害…白内障，先天性緑内障
(2) 聴覚障害…先天性耳奇形 → 形成術
(3) 言語障害…口蓋裂等 → 形成術
　　　　　　唇顎口蓋裂に起因した音声・言語機能障害を伴う者であって，鼻咽腔閉鎖機能不全に対する手術以外に歯科矯正が必要な者 → 歯科矯正
(4) 肢体不自由…先天性股関節脱臼，脊椎側彎症，くる病（骨軟化症）等に対する関節形成術，関節置換術，および義肢装着のための切断端形成術など
(5) 内部障害
　① 心臓…先天性疾患 → 弁口，心室心房中隔に対する手術
　　　　　後天性心疾患 → ペースメーカー埋込み手術
　② 腎臓…腎臓機能障害 → 人工透析療法，腎臓移植術（抗免疫療法を含む）
　③ 肝臓…肝臓機能障害 → 肝臓移植術（抗免疫療法を含む）
　④ 小腸…小腸機能障害 → 中心静脈栄養法
　⑤ 免疫…HIV による免疫機能障害 → 抗 HIV 療法，免疫調節療法，その他 HIV 感染症に対する治療
　⑥ その他の先天性内臓障害
　　先天性食道閉鎖症，先天性腸閉鎖症，鎖肛，巨大結腸症，尿道下裂，停留精巣（睾丸）等→尿道形成，人工肛門の造設などの外科手術

2 更生医療の概要

　更生医療は，障害を除去・軽減する手術等の治療によって確実に効果が期待できる身体障害者に対して提供される，更生のために必要な自立支援医療費の支給を行うものです。

　自立支援医療制度以前は，更生医療は身体障害者福祉法に基づいて行われ，実施

主体は当時も現行制度でも市町村です。
　対象となる障害と標準的な治療例は以下のとおりです。
(1)　視覚障害…白内障　→　水晶体摘出手術，網膜剥離　→　網膜剥離手術
　　　　　　　　瞳孔閉鎖　→　虹彩切除術，角膜混濁　→　角膜移植術
(2)　聴覚障害…鼓膜穿孔（せんこう）　→　穿孔閉鎖術，外耳性難聴　→　形成術
(3)　言語障害…外傷性または手術後に生じる発音構語障害　→　形成術
　　　　　　　　唇顎口蓋裂に起因した音声・言語機能障害を伴う者であって鼻咽腔
　　　　　　　　閉鎖機能不全に対する手術以外に歯科矯正が必要な者　→　歯科矯正
(4)　肢体不自由…関節拘縮，関節硬直　→　形成術，人工関節置換術等
(5)　内部障害
　　①　心臓…先天性疾患　→　弁口，心室心房中隔に対する手術
　　　　　　　後天性心疾患　→　ペースメーカー埋込み手術
　　②　腎臓…腎臓機能障害　→　人工透析療法，腎臓移植術（抗免疫療法を含む）
　　③　肝臓…肝臓機能障害　→　肝臓移植術（抗免疫療法を含む）
　　④　小腸…小腸機能障害　→　中心静脈栄養法
　　⑤　免疫…HIVによる免疫機能障害　→　抗HIV療法，免疫調節療法，その他
　　　　　　　HIV感染症に対する治療

3　精神通院医療の概要

　精神通院医療は，精神保健及び精神障害者福祉に関する法律（精神保健福祉法）に規定する統合失調症，精神作用物質による急性中毒，その他の精神疾患（てんかんを含む）を有する者で，通院による精神医療を継続的に要する病状にある者に対し，その通院医療に係る自立支援医療費の支給を行うものです。
　症状がほとんど消失している患者であっても，軽快状態を維持し，再発を予防するためになお通院治療を続ける必要がある場合も対象となります。
　自立支援医療制度以前は，精神通院医療は精神保健福祉法に基づいて行われ，その実施主体は都道府県・指定都市となっていました。現行制度でも，精神通院医療の実施主体は他の自立支援医療とは統一されずに，都道府県・指定都市となっています。
　対象となる精神疾患は以下のとおりです。
(1)　病状性を含む器質性精神障害
(2)　精神作用物質使用による精神および行動の障害
(3)　統合失調症，統合失調症型障害および妄想性障害
(4)　気分障害
(5)　てんかん

図2-19 自立支援医療における利用者負担の基本的な枠組み

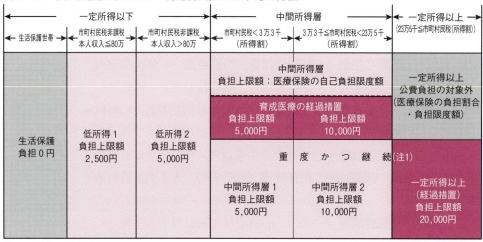

注1:「重度かつ継続」の範囲
・疾病、症状等から対象となる者
　精神……………①統合失調症、躁うつ病・うつ病、てんかん、認知症等の脳機能障害、薬物関連障害（依存症等）
　　　　　　　　②精神医療に一定以上の経験を有する医師が判断した者
　更生・育成……腎臓機能・小腸機能・免疫機能・心臓機能障害（心臓移植後の抗免疫療法に限る）・肝臓機能障害（肝移植後の抗免疫療法に限る。）
・疾病等にかかわらず、高額な費用負担が継続することから対象となる者
　精神・更生・育成……医療保険の多数該当の者
2：　　　は2015（平成27）年3月31日までの経過措置。

(6) 神経症性障害，ストレス関連障害および身体表現性障害
(7) 生理的障害および身体的要因に関連した行動症候群
(8) 成人の人格および行動の障害
(9) 精神遅滞
(10) 心理的発達の障害
(11) 小児期および青年期に通常発症する行動および情緒の障害
※(1)〜(5)は高額治療継続者（いわゆる「重度かつ継続」）の対象疾患

4　自己負担の仕組み

　世帯の所得水準等に応じて，1月当たりの負担に上限額が設定されています。上限額と自立支援医療に係る費用の1割とのいずれか低い額を負担します。また，入院時の食事療養費または生活療養費（いずれも標準負担額相当）については原則自己負担です。
　自己負担の基本的な枠組みは，図2-19のとおりですが，一定所得以上の場合は，高額治療継続者（重度かつ継続）の場合を除き，自立支援医療制度の対象外となります。
　なお，自立支援医療の「重度かつ継続の一定所得以上」および「育成医療の中間

「所得」の区分については，平成24（2014）年3月31日までの経過的特例とされていましたが，平成27（2015）年3月31日まで延長されました。

経過的特例の内容は以下のとおりです。

(1) 重度かつ継続の一定所得以上

市町村民税23万5000円以上の方で重度かつ継続に該当する方について，自立支援医療制度の対象としたうえで，自己負担上限額を2万円とする措置

(2) 育成医療の中間所得

中間所得層1（市町村民税課税以上3万3000円未満）の方の自己負担上限額を5000円に，中間所得層2（市町村民税3万3000円以上23万5000円未満）の方の自己負担上限額を1万円とする措置

6 補装具

　義肢，装具，車いす，補聴器等の補装具は，平成18（2006）年10月に障害者自立支援法（現・障害者総合支援法）の対象と位置づけられる以前は，18歳以上の身体障害者には身体障害者福祉法，18歳未満の身体障害児には児童福祉法により市町村が支給する制度であり，その仕組みは，市町村から補装具製作業者に製作（修理）を委託し，その製作・修理に要する費用を市町村が委託業者に支払うものでした。このため，補装具を利用する人と補装具製作業者との関係が明確ではありませんでした。

　そこで，この補装具支給制度についても障害者自立支援法による他のサービスと同様に，利用者と事業者間の契約制を導入することにより，対等な関係によるサービスが受けられるような仕組みとされました。その仕組みは，利用者の申請に基づき，補装具の購入または修理が必要と認められたときは，市町村がその費用を補装具費として利用者に支給するものです。

　また，利用者負担については，従前は世帯の所得額に応じた負担でしたが，障害者自立支援法の対象と位置づけられたことにより原則1割負担となりました。その後数次にわたる制度改正による軽減策が実施され（57頁参照），平成24（2012）年4月からは所得に応じた応能負担となりました。

1 補装具の定義

次の三つの要件をすべて満たすこととされています。

(1) 身体の欠損または損なわれた身体機能を補完，代替するもので，障害個別に対応して設計・加工されたもの

5 障害者総合支援法による障害者保健福祉施策の概要

表2-8 電動車椅子の種類

名称	基本構造
普通型	4.5Km/h または6Km/h
簡易型	車椅子に電動駆動装置や制御装置を取り付けた簡便なもの
リクライニング式普通型	バックサポートの角度を変えることができるもの
電動リクライニング式普通型	電気でバックサポートの角度を変えることができるもの
電動リフト式普通型	電気で座席の高さを変えることができるもの
電動ティルト式普通型	電気で座席とバックサポートが一定の角度を維持した状態で角度を変えることができるもの
電動リクライニング・ティルト式普通型	電気でバックサポートの角度を変えることができ，座席とバックサポートが一定の角度を維持した状態で角度を変えることができるもの

表2-9 電動車椅子の種類と対象者

名称	対象者
全般	学齢児以上であって，次のいずれかに該当する障害者・児であること なお，電動車椅子の特殊性を特に考慮し，少なくとも小学校高学年以上を対象とすることが望ましいこと ア 重度の下肢機能障害者であって，電動車椅子によらなければ歩行機能を代替できない者 イ （省略）
リクライニング式	次のいずれかに該当する身体障害者・児であること ア 頸髄損傷等で座位姿勢の持続により低血圧性発作を起こしやすいため，随時に仰臥姿勢をとることにより発作を防止する必要のある者 イ リウマチ性の障害等により四肢や体幹に著しい運動制限があって座位を長時間保持できないため，随時に仰臥姿勢をとることにより座位による生活動作を回復する必要のある者
電動リフト式普通型	手動リフト式普通型車椅子の使用が困難な者で，当該車椅子を使用することにより自力乗降が可能となる者等，日常生活または社会生活において真に必要な者
ティルト式	脳性麻痺，頸髄損傷，進行性疾患等による四肢麻痺や，関節拘縮等により座位保持が困難な者であって，自立姿勢変換が困難な者等

(2) 身体に装着（装用）して日常生活または就学・就労に用いるもので，同一製品を継続して使用するもの

(3) 給付に際して専門的な知見（医師の判定書または意見書）を要するもの

　具体的な補装具の種目は，義肢，装具，座位保持装置，盲人安全つえ，義眼，眼鏡，補聴器，車椅子，電動車椅子，座位保持椅子，起立保持具，歩行器，頭部保持具，排便補助具，歩行補助つえ，重度障害者用意思伝達装置です。

　これらについては，それぞれ基本構造，付属品，価格および耐用年数等が決められています。

　補装具のなかでも，全身性障害者が使用することが多く，かつ，やや特殊な種目として電動車椅子と重度障害者用意思伝達装置があります。

　電動車椅子には表2-8のような種類があります。そのなかでも，特に対象者に

表2-10 重度障害者用意思伝達装置の種類

名称	基本構造
文字等走査入力方式	ひらがな等の文字綴り選択による文章の表示や発声，要求項目やシンボル等の選択による伝言の表示や発声等を行うソフトウェアが組み込まれた専用機器およびプリンタとして構成されたもの
簡易な環境制御機能が付加されたもの	一つの機器操作に関する要求項目を，インターフェイスを通して機器に送信することで，当該機器を自ら操作できるソフトウェアをハードウェアに組み込んでいるもの
高度な環境制御機能が付加されたもの	複数の機器操作に関する要求項目を，インターフェイスを通して機器に送信することで，当該機器を自ら操作できるソフトウェアをハードウェアに組み込んでいるもの
通信機能が付加されたもの	文章表示欄が多く，定型句，各種設定等の機能が豊富な特徴をもち，生成した伝言を，メール等を用いて，遠隔地の相手に対して伝達することができる専用ソフトウェアをハードウェアに組み込んでいるもの
生体現象方式	生体現象（脳波や脳の血流量等）を利用して「はい・いいえ」を判定するものであること

表2-11 重度障害者用意思伝達装置の種類と対象者

名　称	対　象　者
全般	重度の両上下肢および音声・言語機能障害者であって，重度障害者用意思伝達装置によらなければ意思の伝達が困難な者 難病患者等については，音声・言語機能障害および神経・筋疾患である者
文字等走査入力方式（簡易なもの）	操作が簡易であるため，複雑な操作が苦手な者，もしくはモバイル使用を希望する者
文字等走査入力方式（簡易な環境制御機能もしくは高度な環境制御機能が付加されたもの）	独居等日中の常時対応者（家族や介護者等）が不在などで，家電等の機器操作を必要とする者
文字等走査入力方式（通信機能が付加されたもの）	通信機能を用いて遠隔地の家族等と連絡を取ることが想定される者
生体現象方式	筋活動（まばたきや呼気等）による機器操作が困難な者

ついて補装具費支給事務取扱指針（平成18年9月29日障発第0929006号）に定めているものを表2-9に示しますので，対象者像をイメージするうえで参考としてください。

また，同様に重度障害者用意思伝達装置の種類と対象者について，表2-10と表2-11に示しますので，参考にしてください。

2　利用者負担

世帯の所得に応じて設定された負担上限月額と補装具の給付に係る費用の1割の

表2−12 補装具費支給制度の利用者負担

区分	世帯の収入状況	負担上限額
生活保護	生活保護世帯	0円
低所得	市町村民税非課税世帯	0円
一 般	市町村民税課税世帯	37,200円

※所得を判断する世帯の範囲は，次のとおり

種 別	世帯の範囲
18歳以上の障害者	障害のある方とその配偶者
障害児	保護者の属する住民基本台帳での世帯

いずれか低い額を負担します（表2−12）。

　負担上限月額については，従前は，一般（市町村民税課税世帯），低所得2，低所得1，生活保護の4区分でしたが，平成22（2010）年4月からは，低所得2および低所得1については生活保護と同様に利用者負担は無料となりました。

　また，平成24（2012）年4月からは，障害福祉サービスと介護保険法に基づく居宅サービス等に関わる利用者負担と補装具に係る利用者負担を合算したうえで利用者負担の軽減が図られるようになっています（46頁「2　高額障害福祉サービス等給付費」参照。

　これらの負担軽減措置を講じても，自己負担をすることにより，生活保護の対象となる場合には，生活保護の対象とならない額まで自己負担額を引き下げる生活保護移行防止措置があります。

　なお，障害者本人または世帯員のいずれかが，一定所得以上の場合（本人または世帯員のうち市町村民税所得割額の最多納税者の納税額が46万円以上の場合）には補装具費の支給対象外となります。

3　支給の仕組み（図2−20）

　補装具費の支給を希望する障害者（障害児の場合は保護者）は市町村に補装具費支給の申請を行い，身体障害者更生相談所等の判定または意見に基づいて，市町村長が支給決定をします。支給決定を受けた障害者等は，補装具事業者から当該補装具を購入し，購入に要した費用を支払った後，市町村から購入費用から自己負担額を除いた補装具費の支給を受けます。

　補装具費の支給については，このような償還払いが原則になりますが，利用者の利便を考慮し，市町村から事業者に直接補装具費を支払う代理受領方式によることができることになっています。

　なお，補装具のうち，義肢，装具，座位保持装置および電動車椅子に係る申請の場合は，身体障害者更生相談所に来所して判定を受けることになっています。

図2-20 補装具費の支給の仕組み

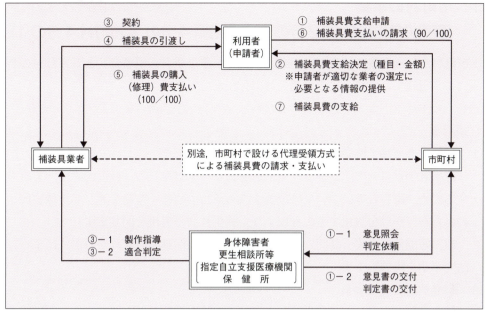

7 地域生活支援事業

　地域生活支援事業は，地域の地理的条件や社会資源の状況といった地域の特性や，個々の利用者のニーズや状況に応じて，各自治体において柔軟かつ自主的に実施することにより，効率的・効果的な事業実施が可能な事業です。実施形態も，市町村が単独で行えない場合，近隣の市町村と共同で実施したり，適切なサービスを提供できる事業者等に委託して実施すること，あるいは，都道府県が地域の実情を勘案して，市町村に代わって事業を行うことが可能です。

　また，市町村においては相談支援や手話通訳者派遣，日常生活用具の給付等，移動支援，地域活動支援センター等の事業を行い，都道府県においては，専門性の高い事業や広域的な支援事業および人材育成等の事業を行い，市町村を支援します。なお，自治体の判断により，自立した日常生活または社会生活を営むために必要な事業を行うことができます。

　事業に必要な経費については，統合補助金として，国庫補助を行いますが，それぞれ個別の事業別に配分するのではなく，地域生活支援事業にかかる費用全体として補助を行い，どの事業にどのような予算配分を行うかについては，地域の実情に応じて，自治体が決めていくことになります。

　なお，地域生活支援事業実施要綱（平成18年8月1日障発第0801002号）では，市町村・都道府県のそれぞれの事業について，次のように規定しています。

1 市町村の事業
（費用の負担割合：国2分の1，都道府県4分の1，市町村4分の1）

　市町村が行う事業は，市町村が必ず実施すべき事業（必須事業）と，市町村の判断により実施する事業（任意事業）とに分かれています。

必須事業
(1) 理解促進研修・啓発事業
　　障害者等が日常生活および社会生活を営むうえで生じる「社会的障壁」を除去するため，障害者等についての理解を深めるため研修・啓発を通じて地域住民へのはたらきかけを強化することにより，共生社会の実現を図ります。
　　教室等開催，事業所訪問，イベント開催，広報活動のいずれかの形式による方法で事業を実施します。
(2) 自発的活動支援事業
　　障害者等が自立した日常生活および社会生活を営むことができるよう，障害者等，その家族，地域住民等による地域における自発的な取組みを支援することにより，共生社会の実現を図ります。
　　以下のいずれかの形式による方法で事業を実施します。
　ア　ピアサポート
　　　障害者等やその家族の交流会活動への支援
　イ　災害対策
　　　障害者等を含めた地域における災害対策活動への支援
　ウ　孤立防止活動支援
　　　障害者等に対する見守り活動への支援
　エ　社会活動支援
　　　障害者等が，仲間と話し合い，自分たちの権利や自立のための社会にはたらきかける活動（ボランティア等）への支援や，障害者等に対する社会復帰活動への支援
　オ　ボランティア活動支援
　　　障害者等に対するボランティアの養成や活動への支援
(3) 相談支援事業
　　障害者等が障害福祉サービスその他のサービスを利用して自立した日常生活または社会生活を営むことができるよう，地域の障害者等のいろいろな問題について，障害者等や障害者等の介護を行う者からの相談に応じ，必要な情報の提供および助言等を行います。
　ア　基幹相談支援センター等機能強化事業

市町村における相談支援事業が適正かつ円滑に実施されるよう，一般的な相談支援事業に加え，専門的職員を基幹相談支援センター等に配置することや，基幹相談支援センター等が地域の相談支援事業者等に対する専門的な指導・助言，情報収集・提供，人材育成の支援，地域移行に向けた取組み等を実施することにより，相談支援機能の強化を図ります。

イ　住宅入居等支援事業（居住サポート事業）

賃貸契約による一般住宅への入居を希望しているが，保証人がいない等の理由により入居が困難な障害者等に対し，入居に必要な調整等に係る支援を行うとともに，家主等への相談・助言を通じて障害者等の地域生活を支援します。

相談支援事業のうち，一般的な相談支援を行う「障害者相談支援事業」については，地域の実情に応じ，交付税を財源として実施されます。

交付税を財源とする一般的な障害者相談支援事業について

1　概要

市町村は，障害者等の福祉に関する各般の問題につき，障害者等からの相談に応じ，必要な情報の提供及び助言その他の障害福祉サービスの利用支援等，必要な支援を行うとともに，虐待の防止及びその早期発見のための関係機関との連絡調整その他の障害者等の権利擁護のために必要な援助（相談支援事業）を行う。

また，こうした相談支援事業を効果的に実施するためには，地域において障害者等を支えるネットワークの構築が不可欠であることから，市町村は相談支援事業を実施するに当たっては，協議会を設置し，中立・公平な相談支援事業の実施のほか，地域の関係機関の連携強化，社会資源の開発・改善等を推進する。

2　実施主体

市町村（必要に応じ複数市町村による共同実施，運営については常勤の相談支援専門員が配置されている指定特定相談支援事業者又は指定一般相談支援事業者への委託可）

3　事業の具体的内容

(1) 福祉サービスの利用援助（情報提供，相談等）
(2) 社会資源を活用するための支援（各種支援施策に関する助言・指導等）
(3) 社会生活力を高めるための支援
(4) ピアカウンセリング
(5) 権利の擁護のために必要な援助
(6) 専門機関の紹介　等

4　相談支援体制の例

> 相談支援体制については，市町村が設置する協議会を中核としつつ，地域の実情に応じ，適切な形で整備を進めることが適当である。
> 　また，地域における相談支援の中核的な役割を担う基幹相談支援センターを市町村において設置することが望ましい。
> 　なお，このほか想定される例としては，下記のとおり。
> (1) 障害種別に応じて複数の拠点を設置し，相互に連携する。
> (2) 介護保険法に基づく地域包括支援センターと一体的に総合的な相談窓口を設置する。
>
> 5　権利の擁護のために必要な援助の例
> 　障害者等に対する介護者等からの虐待を発見した場合は，迅速に保護のための措置を行うよう努めること。また，成年後見制度の利用が必要と認められる場合は，関係機関と連携の上，成年後見制度を利用することができるよう必要な支援を行うこと。
> 　なお，2親等以内の親族の存在が明らかであっても，当該親族による支援が見込まれない場合は，市町村長が，知的障害者福祉法第28条又は精神保健及び精神障害者福祉に関する法律第51条の11の2に基づき，民法に規定する後見等開始の審判の請求を行うことができるので，成年後見制度を利用できないことがないよう，その活用に努めること。

(4) 成年後見制度利用支援事業

　障害福祉サービスの利用の観点から成年後見制度を利用することが有用であると認められる知的障害者または精神障害者に対し，成年後見制度の利用を支援することにより，これらの障害者の権利擁護を図ります。

　具体的な事業内容としては，成年後見制度の利用に要する費用のうち，成年後見制度の申し立てに要する費用（登記手数料，鑑定費用等）および後見人等の報酬の全部または一部を補助します。

(5) 成年後見制度法人後見支援事業

　成年後見制度における後見等の業務を適正に行うことができる法人を確保できる体制を整備するとともに，市民後見人の活用も含めた法人後見の活動を支援することで，障害者の権利擁護を図ります。

　その具体的な事業内容は以下のとおりです。

ア　法人後見実施のための研修
イ　法人後見の活動を安定的に実施するための組織体制の構築
ウ　法人後見の適正な活動のための支援
エ　その他，法人後見を行う事業所の立ち上げ支援など

(6) 意思疎通支援事業

聴覚，言語機能，音声機能，視覚その他の障害のため，意思疎通を図ることに支障がある障害者等に，手話通訳，要約筆記等の方法により，障害者等とその他の者の意思疎通を支援する手話通訳者や要約筆記者等の派遣等を行い，意思疎通の円滑化を図ります。

(7) 日常生活用具給付等事業

身体障害者（児），知的障害者（児），精神障害者，難病患者等であって，日常生活用具を必要とする者に対し，日常生活用具を給付または貸与すること等により，日常生活の便宜を図り，その福祉の増進を図ります。

給付・貸与の対象となる用具は，厚生労働大臣が定める要件を満たし，利用者や介助者が容易に使用でき，実用性のある次の6種の用具に該当するものとしています（平成18年厚生労働省告示第529号）。

・介護・訓練支援用具
　特殊寝台や特殊マットなどの，障害者等の身体介護を支援する用具や，障害児が訓練に用いるいすなど
・自立生活支援用具
　入浴補助用具や聴覚障害者用屋内信号装置等の，障害者等の入浴，食事，移動等の自立生活を支援する用具
・在宅療養等支援用具
　電気式たん吸引器や盲人用体温計等の，障害者等の在宅療養等を支援する用具
・情報・意思疎通支援用具
　点字器，携帯用会話補助装置や人工喉頭等の，障害者等の情報収集，情報伝達や意思疎通等を支援する用具
・排泄管理支援用具
　ストーマ装具や紙おむつ等，収尿器などの障害者等の排泄管理を支援する用具や衛生用品
・居宅生活動作補助用具（住宅改修費）
　障害者等の居宅生活動作等を円滑にする用具であって，設置に小規模な住宅改修を伴うもの

(8) 手話奉仕員養成研修事業

手話で日常会話を行うのに必要な手話語彙および手話表現技術を習得した者を養成し，意思疎通を図ることに支障がある障害者等が自立した日常生活または社会生活を営むことができるようにします。

(9) 移動支援事業

屋外での移動が困難な障害者等について，社会生活上必要不可欠な外出および余暇活動等の社会参加のための外出の際の移動を支援する事業です。事業の実施

に当たっては，各市町村の判断により地域の特性や利用者の状況に応じ，以下のような柔軟な形態で実施することとしています。

ア　個別支援型

　　個別的支援が必要な場合のマンツーマンでの支援

イ　グループ支援型

　(ア)　複数の障害者等への同時支援

　(イ)　屋外でのグループワーク，同一目的地・同一イベントへの複数人同時参加の際の支援

ウ　車両移送型

　(ア)　福祉バス等車両の巡回による送迎支援

　(イ)　公共施設，駅，福祉センター等障害者の利便を考慮した経路を定めて運行するほか，各種行事の参加のため，必要に応じて随時運行するなど

　事業の実施に当たっては，これまでの支援費制度において移動介護のサービス提供を行っていた指定事業者や，障害者総合支援法における居宅介護など個別給付のサービス提供を行っている指定事業者への事業委託によるサービス提供に努め，市町村が作成した委託事業者リストから利用者が事業者を選択できる仕組みとすることが望ましいとされています。また，急な用事ができた場合，電話等の簡便な方法での申し入れにより，臨機応変にサービス提供を行うこととされています。

　サービス提供者については，利用者の安全性を考慮し，「障害者（児）ホームヘルパー養成研修事業の実施について」（平成13年6月20日障発第263号）を活用するなど資質向上に努めることとされています。さらに，利用者の利便性を考慮し，他の市町村への外出等に支障が生じないよう配慮するとともに，代筆・代読等障害種別に配慮したサービス提供に努めることとされています。

(10)　地域活動支援センター機能強化事業

　通所により，地域の実情に応じて，創作的活動または生産活動の機会の提供を行ったり，社会との交流の促進等の便宜を供与する場としての地域活動支援センター（財源は交付税により措置）の機能を充実強化し，障害者等の地域生活支援の促進を図ります。

　地域活動支援センターの機能強化を図るため，「地域活動支援センターⅠ型」「地域活動支援センターⅡ型」「地域活動支援センターⅢ型」の類型を設け，下記の事業を実施することが考えられますが，Ⅰ・Ⅱ・Ⅲ型は例事的に示されている事業形態であり，市町村の創意工夫のもとで事業を実施することが可能となっています。

ア　地域活動支援センターⅠ型

　　専門職員（精神保健福祉士等）を配置し，医療・福祉および地域の社会基盤

との連携強化のための調整，地域住民ボランティア育成，障害に対する理解促進を図るための普及啓発等の事業を実施します。
　イ　地域活動支援センターⅡ型
　　地域において雇用・就労が困難な在宅障害者に対し，機能訓練，社会適応訓練，入浴等のサービスを実施します。
　ウ　地域活動支援センターⅢ型
　　地域の障害者団体等が実施する通所による援護事業の実績がおおむね5年以上あり，安定的な運営が図られていることが要件です。

任意事業
　必須事業のほか，市町村の判断により，障害者等が自立した日常生活または社会生活を営むことができるよう必要な事業を実施することができます。

【日常生活支援】
(1) 福祉ホームの運営
　　家庭環境，住宅事情等の理由により，居宅において生活することが困難な障害者について，低額な料金で，居室その他の設備を利用させるとともに，施設の管理，利用者の日常に関する相談，助言，関係機関との連絡，調整等を行います。
(2) 訪問入浴サービス
　　看護師，准看護師や介護職員が，訪問により居宅において入浴サービスを提供します。
(3) 生活訓練等
　　障害者等に対して，日常生活上必要な訓練・指導等を行います。
(4) 日中一時支援
　　日中，障害福祉サービス事業所，障害者支援施設，学校の空き教室等において，障害者等に活動の場を提供し，見守り，社会に適応するための日常的な訓練その他の支援を行います。
(5) 地域移行のための安心生活支援
　　障害者が地域で安心して暮らしていけるよう，以下の支援体制を整備します。
　ア　緊急一時的な宿泊や地域での一人暮らしに向けた体験的宿泊を提供するための居室の確保
　イ　地域生活を支援するためのサービス提供体制の総合調整を図るコーディネーターの配置
(6) 障害児支援体制整備
　　障害児やその家族が地域で安心して暮らすことができるよう，以下の事業を行います。

ア　児童発達支援センター地域支援機能強化事業

　児童発達支援センターに，地域の障害児やその家族への療育相談や他の障害児通所支援事業所への技術的指導等を行う専門職員を配置し，地域支援の強化に取り組みます。

イ　障害児の居場所づくり事業

　障害児通所支援事業等を利用していない障害児およびその家族が気軽に利用できる身近な敷居の低い場所を整備し，親同士の交流や子どもの遊びの場の提供を行うとともに，子育て等に関する支援を行います。

(7) 巡回支援専門員整備

　発達障害等に関する知識を有する専門員が，保育所等の子どもやその親が集まる施設・場への巡回等支援を実施し，施設等の職員や障害児の保護者に対し，障害の早期発見・早期対応のための助言等の支援を行います。

(8) 相談支援事業所等（地域援助事業者）における退院支援体制確保

　精神保健福祉法第33条の5の規定に基づく地域援助事業者の退院支援体制を確保するため，必置職員以外の職員を配置するために必要な賃金等を助成します。

(9) その他日常生活支援

【社会参加支援】

(1) スポーツ・レクリエーション教室開催等

　各種スポーツ・レクリエーション教室や障害者スポーツ大会などを開催し，障害者スポーツに触れる機会等を提供します。

(2) 文化芸術活動振興

　障害者等の作品展，音楽会，映画祭など文化芸術活動の機会を提供するとともに，障害者等の創作意欲を助長するための環境の整備や必要な支援を行います。

(3) 点字・声の広報等発行

　文字による情報入手が困難な障害者等のために，点訳，音声訳等の方法により，地方公共団体等の広報，視覚障害者等障害者関係事業の紹介，生活情報等を定期的または必要に応じて提供します。

(4) 奉仕員養成研修

　点訳または朗読に必要な技術等を習得した点訳奉仕員，朗読奉仕員等を養成研修します。

(5) 自動車運転免許取得・改造助成

　自動車運転免許の取得および自動車の改造に要する費用の一部を助成します。

(6) その他社会参加支援

【権利擁護支援】
(1) 成年後見制度普及啓発
　　成年後見制度の利用を促進するための普及啓発を行います。
(2) 障害者虐待防止対策支援
　　障害者虐待の未然防止や早期発見，迅速な対応，その後の適切な支援のため，地域における関係行政機関，障害者等の福祉，医療，司法に関連する職務に従事する者または関係する団体，地域住民等の支援体制の強化や協力体制の整備を図ります。
　　具体的な事業内容は以下のとおりです。
　ア　虐待時の対応のための体制整備
　イ　障害者虐待防止・権利擁護に関する研修の実施
　ウ　専門性の強化
　エ　連携協力体制の整備
　オ　普及啓発
　カ　その他地域の実情に応じて実施する事業
(3) その他権利擁護支援

【就業・就労支援】
(1) 盲人ホームの運営
　　あんまマッサージ指圧師，はり師，きゅう師の資格を有する視覚障害者であって，就労困難な者に対し，施設を利用させて就労に必要な技術指導等を行う事業です。
(2) 重度障害者在宅就労促進（バーチャル工房支援）
　　身体機能の障害等により企業等への通勤が困難な在宅の障害者に対して，情報機器やインターネットを活用し，在宅等で就労するための訓練等の支援を行います。
(3) 更生訓練費給付
　　就労移行支援事業または自立訓練事業を利用している者（障害福祉サービスに係る利用者負担額の生じない者，またはこれに準ずる者として市町村が認めた者）に対して更生訓練費を支給します。
(4) 知的障害者職親委託
　　知的障害者を一定期間，知的障害者の更生援護に熱意を有する事業経営者等（職親）に預け，生活指導および技能習得訓練等を行うことによって，就職に必要な素地を与えるとともに雇用の促進と職場における定着性を高め，もって知的障害者の福祉の向上を図ります。
(5) その他就業・就労支援

障害支援区分認定等事務

障害福祉サービスの円滑な利用を促進するため，以下の事業を行います。
(1) 障害支援区分認定調査
(2) 医師意見書作成
(3) 市町村審査会運営

2　都道府県の事業（費用の負担割合：国2分の1，都道府県2分の1）

都道府県の取り組むべき事業の概要は以下のとおりです。

必須事業
(1) 専門性の高い相談支援事業
　ア　発達障害者支援センター運営事業
　　　各都道府県・指定都市に設置する発達障害者支援センターにおいて，発達障害者やその家族等に対して，相談支援，発達支援，就労支援および情報提供等を行います。
　イ　高次脳機能障害及びその関連障害に対する支援普及事業
　　　病院などの支援拠点機関に相談支援コーディネーターを配置し，専門的な相談支援，関係機関との連携や調整を行うなど，地域での高次脳機能障害者支援の普及を図ります。
　ウ　障害児等療育支援事業
　　　在宅の重症心身障害児（者），知的障害児（者），身体障害児の地域における生活を支えるため，身近な地域で療育指導等が受けられる療育機能の充実を図るとともに，これらを支援する都道府県域の療育機能との重層的な連携を図ります。
　　　事業の具体的内容は以下のとおりです。
　　(a) 訪問による療育指導
　　(b) 外来による専門的な療育相談，指導
　　(c) 障害児の通う保育所や障害児通園事業等の職員の療育技術の指導
　　(d) 療育機関に対する支援
　エ　障害者就業・生活支援センター事業
　　　職業生活における自立を図るために，就業とこれに伴う日常生活や社会生活上の支援を必要とする障害者に対し，雇用，保健，福祉，教育等の関係機関との連携を図り，身近な地域において必要な指導，助言その他の支援を行うことにより，その雇用の促進および職業の安定を図ります。
(2) 専門性の高い意思疎通支援を行う者の養成研修事業

手話通訳者，要約筆記者，盲ろう者向け通訳・介助員を養成します。
(3) 専門性の高い意思疎通支援を行う者の派遣事業
　　特に専門性の高い意思疎通支援を行う者を派遣する体制を整備することにより，広域的な派遣や市町村での実施が困難な派遣等を可能とし，意思疎通を図ることが困難な障害者等が自立した日常生活または社会生活を行うことができるようにします。
(4) 意思疎通支援を行う者の派遣に係る市町村相互間の連絡調整事業
　　手話通訳者，要約筆記者の派遣に係る市町村相互間の連絡調整体制を整備することにより，広域的な派遣を円滑に実施し，聴覚障害者等が自立した日常生活または社会生活を行うことができるようにします。
(5) 広域的な支援事業
　　市町村域を超えて広域的な支援を行い，障害者等が自立した日常生活または社会生活を営むことができるように以下の事業を実施します。
　ア　都道府県相談支援体制整備事業
　　　相談支援に関するアドバイザーを配置し，地域のネットワーク構築に向けた指導・調整等の広域的支援を行うことにより，地域における相談支援体制の整備を推進します。
　イ　精神障害者地域生活支援広域調整等事業
　　　精神障害者が自立した日常生活および社会生活を営むために必要な広域調整，専門性が高い相談支援および事故・災害等発生時に必要な緊急対応を行います。

サービス・相談支援者，指導者育成事業

　障害福祉サービスまたは相談支援（以下「サービス等」という）が円滑に実施されるよう，サービス等を提供する者またはこれらの者に対し必要な指導を行う者を育成することにより，サービス等の質の向上を図ります。
(1) 障害支援区分認定調査員等研修事業
(2) 相談支援従事者研修事業
(3) サービス管理責任者研修事業
(4) 居宅介護従業者等養成研修事業
(5) 強度行動障害支援者養成研修（基礎研修）事業
(6) 強度行動障害支援者養成研修（実践研修）事業
(7) 身体障害者・知的障害者相談員活動強化事業
(8) 音声機能障害者発声訓練指導者養成事業
(9) 精神障害関係従事者養成研修事業
(10) その他サービス・相談支援者，指導者育成事業

5 障害者総合支援法による障害者保健福祉施策の概要

任意事業

必須事業のほか,都道府県の判断により,障害者等が自立した日常生活または社会生活を営むことができるよう必要な事業を実施することができます。

【日常生活支援】
(1) 福祉ホームの運営
(2) オストメイト(人工肛門,人工膀胱造設者)社会適応訓練事業
(3) 音声機能障害者発声訓練事業
(4) 発達障害者支援体制整備

発達障害児(者)について,乳幼児期から成人期までの各ライフステージに対応する一貫した支援体制の整備を図るため,発達障害者支援センターを中核として,以下の事業を行います。
ア 都道府県等支援体制整備
イ 家族支援体制整備
　(a) ペアレントメンターの養成研修およびコーディネーターの配置
　(b) ペアレントトレーニングの実施
　(c) ソーシャルスキルトレーニング(SST)の実施
　(d) その他家族支援体制の構築に必要な取組み
ウ 地域支援体制サポート
　(a) 発達障害者地域支援マネジャーによる関係機関への連絡,調整,助言,指導等
　(b) 住民の理解の促進
　(c) 市町村,関係機関および関係施設に対する,発達障害児(者)の支援の尺度となるアセスメントツールの導入を促進するための研修実施
　(d) 個別支援ファイル等の情報
　　共有ツールの活用による,医療,保健,福祉,教育,労働等のライフステージを通じた適切な支援の実施
(5) 児童発達支援センター等の機能強化等

基本事業として,障害児通所支援事業所,障害児入所施設,障害者支援施設または障害福祉サービス事業所について,都道府県等の計画的な指導の下,個々の施設の特徴に応じて,多障害や支援困難事例への対応や早期かつ専門的な対応といった機能強化等を推進します。

また,基本事業に加え,地域の障害児等支援の取組みの充実を図る事業や障害が疑われる児童等をサービスにつなげるための事業を選択して実施し,多様な地域支援を推進します。
(6) 矯正施設等を退所した障害者の地域生活への移行促進

障害福祉サービス事業所の従事者等に対して，罪を犯した障害者等の特性や効果的な支援方法など専門性の強化を図るための研修等を実施することにより，矯正施設等を退所した障害者の地域生活への移行・定着を推進します。
(7) その他日常生活支援

【社会参加支援】
(1) 手話通訳者設置
(2) 字幕入り映像ライブラリーの提供
(3) 点字・声の広報等発行
(4) 点字による即時情報ネットワーク
(5) 障害者ITサポートセンター運営
(6) パソコンボランティア養成・派遣
(7) 都道府県障害者社会参加推進センター運営
(8) 身体障害者補助犬育成
(9) 奉仕員養成研修
(10) スポーツ・レクリエーション教室開催等
(11) 文化芸術活動振興
(12) サービス提供者情報提供等
(13) その他社会参加支援

【権利擁護支援】
(1) 成年後見制度普及啓発
(2) 成年後見制度法人後見支援
(3) 障害者虐待防止対策支援

【就業・就労支援】
(1) 盲人ホームの運営
(2) 重度障害者在宅就労促進（バーチャル工房支援）
(3) 一般就労移行等促進
　　一般就労への移行およびその後のフォローアップ等を含めた支援を実施することにより，一般就労および就労定着について，さらなる促進を図ります。
　　具体的な事業内容は以下のとおりです。
　ア　働く障害者のための交流拠点支援
　イ　職場見学促進
　ウ　離職・再チャレンジ支援助成
　エ　地域連携の促進

(4) 障害者就業・生活支援センター体制強化等
　　障害者就業・生活支援センターの体制強化を図るため，必置職員以外の職員（非常勤職員等）を配置するために必要となる賃金や諸経費等について助成します。
　　また，就労移行支援事業所等に対して支援ノウハウの付与や研修，ネットワーク構築を促進するための支援を行う「就労移行支援事業所指導員」を障害者就業・生活支援センターに配置するために必要となる賃金や諸経費等について助成します。
(5) その他就業・就労支援

【重度障害者に係る市町村特別支援】
　訪問系サービス利用者全体に占める重度障害者の割合が高く，訪問系サービスの支給額が国庫負担基準を超えた市町村のうち，利用者全体に占める重度障害者の割合が一定以上の市町村に対し，都道府県が一定の財政支援を行います。

6　障害年金等の概要

1　年　　金

　わが国の公的年金制度には，国民年金，厚生年金，共済年金があります。
　国民年金は20歳以上60歳未満のすべての国民が加入し，基礎的給付を行うものであり，年金の受給権が発生した障害者の場合，障害基礎年金として支給されます。厚生年金と共済年金は基礎年金に上乗せして，報酬比例部分の年金として支給されるものです。ちなみに厚生年金は民間事業所に就労する者が加入しており，共済年金は，公務員等が加入している年金です。

2　障害基礎年金（国民年金）

　障害基礎年金は，被保険者が受給要件となる一定の障害程度に該当するに至ったときに支給されます。この場合，保険料納付済期間が加入期間の3分の2以上であることが要件となります。ただし，初診日において20歳未満であった者は，20歳になったときから障害基礎年金を受給できます。その場合，一定の所得がある場合や公的年金給付を受けることができる場合には，年金額の一部または全部が停止されます。

表2-13 障害基礎年金と障害厚生年金の年金額　　　　　　　　　（平成26年度）

1級	障害基礎年金（966,000円）
	子の加算額（1人目・2人目222,400円，3人目以降74,100円）
	障害厚生年金 $\left(\left(\left(平均標準報酬月額 \times \dfrac{7.125}{1000} \times 平成15年3月までの加入月数 + 平均標準報酬額 \times \dfrac{5.481}{1000} \times 平成15年4月以降の加入月数\right) \times 1.031 \times 物価スライド率(0.961)\right) \times 1.25\right)$
	配偶者加給年金額（222,400円）
2級	障害基礎年金（772,800円）
	子の加算額（1人目・2人目222,400円，3人目以降74,100円）
	障害厚生年金 $\left(\left(平均標準報酬月額 \times \dfrac{7.125}{1000} \times 平成15年3月までの加入月数 + 平均標準報酬額 \times \dfrac{5.481}{1000} \times 平成15年4月以降の加入月数\right) \times 1.031 \times 物価スライド率(0.961)\right)$
	配偶者加給年金額（222,400円）
3級	障害厚生年金 $\left(\left(平均標準報酬月額 \times \dfrac{7.125}{1000} \times 平成15年3月までの加入月数 + 平均標準報酬額 \times \dfrac{5.481}{1000} \times 平成15年4月以降の加入月数\right) \times 1.031 \times 物価スライド率(0.961)\right)$　最低保障 579,700円
級外	障害手当金 $\left(\left(平均標準報酬月額 \times \dfrac{7.125}{1000} \times 平成15年3月までの加入月数 + 平均標準報酬額 \times \dfrac{5.481}{1000} \times 平成15年4月以降の加入月数\right) \times 2\right)$　最低保障 1,153,800円

　障害基礎年金の額は，国民年金法で定める1級および2級の障害程度に応じて決められますが，2級の障害基礎年金の額は老齢基礎年金と同額であり，1級の場合は2級の額の25％増しの額となっています。また，18歳到達年度の年度末までの間にある子（または20歳未満の1，2級障害児）がいる場合は，子の加算額が合わせて支給されます。

3　障害厚生年金

　障害厚生年金は，障害基礎年金支給の対象となる障害が，初診日が厚生年金保険の加入期間中であった傷病によって生じたときに，障害基礎年金に上乗せして支給されます。障害厚生年金の1，2級は障害基礎年金の1，2級に対応しますが，障害基礎年金の受給要件（1，2級）に該当しない軽度の障害を有することとなった場合にも，厚生年金の障害程度等級により，3級の障害厚生年金または障害手当金（一時金）が支給されます。この場合も，障害基礎年金受給の加入期間の要件を満たしていることが必要です。

　障害厚生年金の額の計算にあたっての加入期間は，厚生年金保険の加入期間が300月未満の場合は300月として計算されます。また，1，2級の障害基礎年金の受給者に配偶者がいる場合には，配偶者加給年金額が合わせて支給されます。

4　特別児童扶養手当

　20歳未満で精神または身体に中程度以上の障害を有する児童を，家庭で監護，養育している父母等に対して支給されます。受給資格者の前年の収入が一定以上の場合や児童が公的年金の障害年金を受給できる場合は，支給の制限があります。手当額は，児童の障害程度が特別児童扶養手当法による1級の場合は月額4万9900円，2級の場合は月額3万3230円です（平成26（2014）年度）。

5　特別障害者手当

　在宅の重度障害者に対し，その重度の障害により生ずる特別の負担を軽減する一助として支給されます。支給対象者は，精神または身体に特別児童扶養手当法で定める程度に該当する重度の障害を有するために，日常生活において常時特別の介護を必要とするような状態にある在宅の20歳以上の者です。したがって，社会福祉施設等に入所している者は対象となりません。本人または配偶者もしくは扶養義務者の前年の収入が一定以上である場合，または原子爆弾被爆者に対する介護手当を受けることができる場合は，支給の制限があります。手当額は，月額2万6000円です（平成26（2014）年度）。

6　特別障害給付金制度

　国民年金の任意加入期間に加入しなかったことにより，障害基礎年金等の受給権を有していない障害者に対して，国民年金制度の発展過程において生じた特別な事情にかんがみ，福祉的措置として「特別障害給付金制度」が創設され，平成17（2005）年4月1日から施行されています。
　給付金の額は，障害基礎年金1級相当に該当する場合は基本月額4万9700円，障害基礎年金2級相当に該当する場合は基本月額3万9760円です（平成26（2014）年度）。

II 実践編

第3章
障害・疾病の理解

第4章
障害者(児)の心理

第5章
移動介助の基礎知識

第 3 章

障害・疾病の理解

1 脳性まひおよび脳炎など

1 脳性まひ

1 概　念

　脳性まひとは，胎児期から新生児期（生後4週以内）までの間に生じた脳の非進行性の病変に基づく，永続的な，経過により変化する運動および姿勢の異常です。このような症状は4歳までに出現します。小児の全身性障害の最も多い原因です。てんかんや知的障害，言語障害など様々な症状を合併することが多いとされています。

2 原　因

　発症時期により，出生前，周産期，出生後に分けられ，出生前が大多数です。
　出生前の原因としては，風疹，トキソプラズマなどの胎内感染症，先天性の脳発達異常，妊娠中の薬物服用などがあります。周産期異常の原因としては，遷延分娩[※1]，臍帯下垂[※2]（さいたいかすい），胎盤早期剝離[※3]などによる仮死分娩が大部分です。特に低出生体重児（出生体重2500g未満）では脳が未熟であり，在胎33週未満の早産では脳室周囲白質軟化症の出現率が高いとされています。
　出生後の原因は，核黄疸後遺症[※4]（かくおうだん），出生後の髄膜炎，脳炎が主なものであり，脳炎については次節で述べます。

※1　分娩開始後，初産婦では30時間，経産婦では15時間経っても産まれない状態。
※2　出産が始まっていないのに，へその緒（臍帯）が赤ちゃんの頭より先に下降して子宮口付近に下がってくること。
※3　何らかの異常で，赤ちゃんが産まれる前に胎盤が剝がれてしまうこと。
※4　新生児期に高ビリルビン血症により，皮膚，眼球結膜が黄染し，脳にビリルビンが沈着し脳障害を起こすこと。

3 症　状

　脳性まひが疑われる患児では，新生児期は筋緊張低下が見られ，生後6か月以降は痙直型（けいちょく）を示すようになります。運動発達の遅れがあり，哺乳困難，抱きにくい，反り返りやすいなどの症状は脳性まひを疑わせます。

　運動まひの広がりにより，単まひ（一方の上肢または下肢のまひ），対まひ（両方の上肢や下肢のまひ），片まひ（一側上下肢のまひ），四肢まひ（両側上下肢のまひ）に分類されます。症状により，アテトーゼ型，痙直型，失調型などに分類され，まひの広がりと組み合わせて分類されています。アテトーゼ型は，不随意筋（ふずいいきん）（自分の意志では動かせない筋肉）の緊張の動揺が特徴です。痙直型は，随意筋（自分の意志で動かせる筋）の運動障害と上下肢筋の筋緊張亢進（こうしん）が特徴で，上肢では屈筋群に，下肢では伸筋群に優位に出現し，上肢を曲げ，下肢を伸ばして硬直する姿勢をとることが多いようです。失調型は，姿勢，上下肢の筋緊張のバランスをくずしやすい傾向があります。どの型も不随意筋の筋緊張亢進を伴い，精神的に緊張したり，驚いたりすると，筋緊張が高まりやすいようです。多く見られる病像を下記に示します。

(1) 痙性片まひ（けいせい）

　患側の上下肢の発育は不良で細く，1歳頃から手で物をつかむ，握るなどの動作が困難となります。下肢は筋緊張し尖足位（せんそくい）（つま先が下垂）となり，つま先歩行が認められます。3分の1にてんかん発作を認め，4分の1に知的障害を認めるとされています。

(2) 痙性対まひ

　この型は低出生体重児に多く，下肢に発症しやすいという特徴があります。はいはいする頃から異常が認められます。下肢の筋緊張が強く，おむつを交換しにくくなります。腕で両わきを支え，高い高いをすると，両下肢をはさみのように交差させることがあります。下肢は廃用性萎縮し，細くなります。知能発達は正常で，てんかん発作の合併も少ないとされています。

(3) 痙性四肢まひ

　最も重い障害で，四肢全てに運動障害が起こり，知的障害，てんかんの合併頻度も高いとされます。嚥下（えんげ）困難も合併しやすく，誤嚥性肺炎を繰り返すことが少なくありません。新生児期に自発運動が少なく，寝返りもできず，多くは早期に異常に気づきます。股関節の脱臼（だっきゅう）を起こしやすいのが特徴です。

(4) アテトーゼ型まひ

　核黄疸の後遺症として多く認められましたが，医療技術の進歩により核黄疸が減少し，この型は減少しています。舌口腔咽頭筋群の協調が不良で，哺乳困難，嚥下障害を伴うことが多いとされます。口腔顔面筋の協調性が悪いため，話をす

るときしかめ面となり，話し方もゆっくりです。頚部のねじれ，身体のねじれなど，左右非対称性の姿勢をとることが多く，のけ反る姿勢をとりがちです。知能は正常であることが多いといわれています。歩行開始が遅れ，歩行時，膝を過伸展し不安定であることが多いとされます。

4　治　　療

　早期に診断し，早期に専門機関での機能訓練を開始することが望ましいです。機能訓練を開始する時期が早ければ早いほど，個々人のもつ能力を最大限に引き出すことができます。

　機能訓練は，膝関節の屈曲性拘縮，股関節の内転性屈曲拘縮，足関節の尖足など，関節拘縮の予防を目的として行います。乳児の寝返り，つかまり立ちなどの発達に合わせて運動機能の訓練を行います。食事，排泄などの日常生活動作の訓練も行います。機能訓練の補助手段として装具が用いられます。痙直型の四肢まひを伴う患児は，図3-1の左図のように，下肢の各関節を屈曲して立ちます。そこで図3-1の右図のように正しい立ち方を教え，バランスをうまくとり，歩くのを助けるようにします。

5　介助上の留意点

接し方
・個々の人により，望ましい介助の方法が異なるので，本人，家族に聞いておく必要があります。
・介助する直前に声をかけて，心身の準備状態をつくります。

図3-1　痙直型の脳性まひ児の立ち方

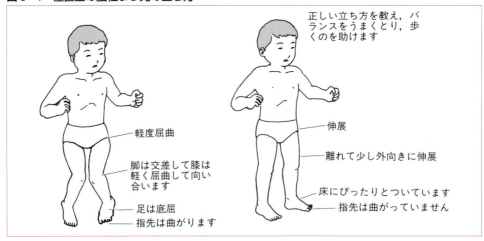

- 無理な姿勢をとらせないように気を配ります。
- 個々の人の関節の動く範囲と，どうすると痛むかを聞いておきます。

脱　臼

　脳性まひ者が脱臼を起こしやすい部位は，頚椎，肩関節，股関節です。常に緊張が強く，不自然な姿勢をとっているため，早期に上記の関節が亜脱臼を起こしていることが多くあります。

(1) 頚椎

　常に頭部を後方に強く反らしていることが多く，頚椎症になっている場合が多くあります。脳性まひの人を抱きかかえるとき，勢いよく抱き上げたりすると，頭部がさらに強く反りかえり，症状を悪化させることになります。声をかけながら，ゆっくり抱きかかえます。頚部の筋緊張が低下している場合は，移動のとき，頭部が前後左右に強く揺れることがないよう，また，下垂したまま運ばないように注意します。頚部は保護して支え，体幹を動かします。

(2) 肩関節

　脳性まひで筋緊張が低下しているものでは，肩の周囲の筋の緊張も低下しており，身体を起こすときに腕のみをもって起こそうとしたり，腕を下垂させたまま抱きかかえると，脱臼等を起こしやすくなります。移動のときは，両上肢を体幹の前か横に固定させ，体幹ごと動かします。上肢だけを引っ張ることのないようにします。

(3) 股関節

　変形，拘縮が起きやすいところです。下肢が交差している場合は，交差をなおすように試み，無理ならばそのときの交差がさらに強くならないように気をつけます。

骨　折

　重度の脳性まひの場合，乳幼児の頃から「はいはい」や「立つ」などの運動がほとんどできないため，骨の成長に必要な刺激が少なく，そのため骨の強度が著しく低下し，骨折しやすい状態になっています。介助時に，上肢や下肢を強く引っ張ったり手足を物にぶつけると，容易に骨折してしまいます。骨折の起こりやすい部位は大腿骨と上腕骨です。また，筋緊張があるときは，無理に動かさないで，緊張がとれるのを待つようにします。

コミュニケーション障害

　筋の緊張の異常は，四肢，体幹のみでなく，言語に関係する筋にも及び，構音障害が見られることがあります。これは緊張が強くなると悪化し，意志を伝えるのに

2 脳　　炎

1　概　　念

　脳炎では，ウイルス感染や細菌感染などにより，脳実質が障害されますが，多くの例で髄膜炎を伴い，髄膜脳炎の病状を呈します。回復後，幼小児では後遺症を残すことが多く，高齢者では死亡することも少なくないようです。多くは急性脳炎ですが，感染源が慢性に体内に存在し，免疫力・体力などの低下に伴い，発症する慢性脳炎があります。まれなものではありますが，エイズウイルスによる脳炎，プリオンと呼ばれる蛋白によるプリオン病（クロイツフェルト・ヤコブ病）があります。

2　原　　因

　脳炎の多くはウイルス性で，2000（平成12）年以前は水痘，麻疹，風疹ウイルス等によるものが多かったですが，2000（平成12）年以降はインフルエンザ，ヒトヘルペスウイルス6・7型，ロタウイルス等による脳炎が増加しています。

3　症　　状

　発病は突然の発熱で始まり，体温は多くの症例で40度以上になります。初期症状として，頭痛，嘔気，嘔吐，項部硬直（髄膜刺激を避けるため頭部前後屈を避ける）などの髄膜刺激症状が出現します。その後，脳障害の症状が出現します。意識は嗜眠から昏睡，混濁まで様々です。半数以上に，けいれんを認めます。錯乱，妄想状態，見当識障害や幻覚，異常興奮状態などの精神異常も認められることが多いとされています。ウイルス性脳炎では，感染，炎症の部位により，様々な神経障害の症状が見られます。多く見られる所見は，失語症，運動失調，不全片まひ，不随意運動（ミオクローヌスなど），脳神経まひ（顔面神経まひ，動眼神経まひなど）等です。
　単純ヘルペス脳炎は，脳炎として比較的頻度が高い疾患です。抗ヘルペス薬（アシクロビル，ビダラビンなど）による治療が可能ですが，経過が速いので，迅速な診断と治療開始が望まれ，遅れると重い後遺症を残すこともあります。幅広い年齢層に発症します。

新生児期の脳炎は，母親に外陰部ヘルペス感染症があると，産道通過時に感染・発症するようです。高熱，意識障害，けいれん，皮疹(ひしん)（水疱疹，ウイルス血症による発疹）が出現します。新生児の免疫能は未熟であり，脳炎は重症化することがあります。後遺症として，脳性まひ，てんかん，知的障害を認めることが多くあります。

4　治　療

特異的抗ウイルス薬があるものは，早期の治療開始が望まれます。脳炎の初期には，患者の多くは集中治療室で酸素投与，必要に応じて人工呼吸管理を行います。体温の調整，脳浮腫(のうふしゅ)に対する治療，けいれん発作の予防・治療などを行います。

急性期を経過し状態が安定したら，けいれんに対する治療，経管栄養を行いながら，摂食・嚥下訓練，排痰訓練，関節可動域訓練などを始めます。栄養状態が向上してきたら，機能障害の程度に応じて，座位保持訓練，歩行訓練，車いす訓練などを始めます。

5　介助上の留意点

重症脳炎は，免疫能の未熟な乳幼児に発症することが多い疾病です。成長の過程にある乳幼児に対する機能訓練は，それぞれの子どもにあったプログラムを作成することが望まれます。また，学齢期になると，学校教育を受けることになり，子どもを受け入れる機関との連携が重要となります。急性期から回復した子どもに重い後遺症を認めても，現在の医療器具，福祉用具の向上はめざましい進歩をとげており，予想を上回る機能を獲得する子どもも増えており，きめこまかな対応が必要です。

2　脳血管障害

1　概念と原因

脳血管障害は，脳梗塞(こうそく)，脳出血，クモ膜下出血に分けられます。原因は，糖尿病，脂質異常症，高血圧，肥満などによる動脈硬化や虚血性心疾患（心筋梗塞，狭心症など）等に由来する血栓形成に，ストレス，飲酒，喫煙等が加わり発症します。この障害は日本における死因の上位にあります。脳血管障害では，片まひによる肢体不自由に加えて，精神活動の低下などが加わり，寝たきりとなることが多くなって

います。

2 症　状

　脳血管障害による症状は急激に出現し，頭痛，めまい，嘔吐などの頭蓋内圧亢進※5による症状と昏睡ないしは種々の程度の意識障害を伴います。急性期に対する治療が行われ，救命が進むと脳の障害部位が固定してきます。脳障害による症状は症例により少しずつ異なりますが，右片まひをきたすことがほとんどです。まひの初期は，筋緊張が低下する弛緩性ですが，その後筋緊張が亢進する痙性まひとなり，訓練を経て少しずつ随意運動がでてくると，痙性まひは減少し，目立たなくなります。

　運動障害は，ほかに眼球，軟口蓋，舌にも出現します。知覚障害，視力障害のほかに，高次脳機能障害として，失語，失認，失行，精神・知能・情緒の障害をきたします。

高次脳機能障害
(1) 失語

　失語症は大脳の優位半球（一般には右利きでは左半球）にある言語野とその周辺領域の損傷により起こります。多くは，左半球損傷による右片まひの患者に合併して見られます。失語には，聞こえた内容を理解できない感覚性失語と，言いたいことを言葉に置き換えることができない運動性失語に分けられ，全失語はこの両方の機能障害を起こしています。脳卒中の急性期を過ぎ，全身状態が落ち着き，失語症を認めたら，できる限り早く専門の言語聴覚士による訓練を受けるようにします。コミュニケーションを図る方法としては筆記などの方法もありますが，文字を認識できない障害を合併している場合もあり，事前によく打ち合わせる必要があります。

(2) 失認

　失認は感覚系機能における認知能力の障害で，視覚失認，聴覚失認，触覚失認，身体失認に分けられます。視覚失認は見る機能は正常であっても，その情報を処理して，見たものが何であるかを認知できない障害です。

　このような障害がある場合には，作業療法士による訓練を受けるようにすすめます。

(3) 失行

※5　脳出血や脳血栓などを起こすと，脳は浮腫状態（むくんだ状態）となります。脳は外側を硬い頭蓋骨で包まれているため，浮腫が高度になると，脳圧が上昇し，頭痛，嘔気，嘔吐などの症状が出ます。

失語，失認，認知症などの異常がなく，与えられた指示内容を理解し，対象の物品の認知が可能であるにもかかわらず，目的とする動作を正しく遂行できない状態とされています。例えば，上着を着るとき，腕を通す場所がわからず，いつまでも上着を着ることができない例があります。

このような障害がある場合には，作業療法士による訓練を受けるようにすすめます。

運動まひは発症3〜6か月後までにある程度機能が回復しますが，その後はほとんど改善しないとされています。高次脳機能障害は1年〜1年半まで改善傾向を示し，若年者ではこの傾向が強いようです。

廃用症候群

長期間寝たきりの状態が続くと，身体には様々な異常が現れます。このように動かないことによる身体の変化を「廃用症候群」といいます（表3-1参照）。骨，筋肉，皮膚は萎縮をきたし，やがてそれらは骨粗鬆症，筋力・耐久力低下，褥瘡となります。関節には拘縮が生じ，心臓では起立性低血圧や心拍数過大反応が生じます。肺では痰を喀出しにくくなり，息切れしやすくなります。消化管の蠕動運動低下，消化機能低下は食欲不振や便秘を招きます。ついには精神機能の低下を招くこともあります。

3 治　療

2005（平成17）年に日本でも発症3時間以内の急性期脳梗塞患者に対する血栓溶解療法が認可され，脳血管障害は発症後できるだけ早く治療すべき疾患となりました。

脳血管障害の急性期には，血栓溶解療法，呼吸管理，栄養補給，感染予防などを

表3-1　廃用症候群をきたしやすい臓器とその症状

臓器	機能の変化	症状・疾患
①骨	骨萎縮	骨粗鬆症
②関節	可動域減少	関節拘縮
③筋肉	筋萎縮	筋力・耐久力低下
④皮膚	萎縮	褥瘡
⑤心臓	機能低下	起立性低血圧，頻脈
⑥肺	機能低下	息切れ
⑦消化器	消化機能低下 蠕動運動低下	食欲不振 便秘
⑧脳・神経	機能低下	精神活動性低下

行うとともに，脳浮腫治療（脳の浮腫を軽減する薬剤を投与します），脳代謝促進剤などが投与されます。脳外科的手術が適応となることもあります。リハビリテーションとしては，まひ肢を良肢位に保つとともに，発症1～3日以内にまひ肢の他動自動運動を行わせ，関節拘縮を予防します。症状の安定する1～3週より，まひ肢の随意運動を回復させるために訓練を開始します。以上のような治療とともに，脳血管障害を起こした基礎疾患に対する治療も行い，脳血管障害の再発防止に努めます。脳血管障害の再発を繰り返すと，運動機能が著しく低下するとともに，認知症になる危険性が高くなります。

4　介助上の注意点

全身状態の管理

　脳血管障害を起こす基礎疾患として，糖尿病，高血圧，脂質異常症，肥満などがあり，このような基礎疾患の管理を良好に維持することが必要です。移動の介助に当たっては，水分の摂取が十分か，決められた服薬は行ったかを確認しておきます。

脱　　臼

　全介助が必要な重度の障害がある人は，まひ側の弛緩性まひにより，特に，肩関節の脱臼を起こす危険があり，移動に当たっては注意する必要があります。

3　頚椎後縦靱帯骨化症および腰椎脊柱管狭窄症等

　人口の高齢化に伴い，骨，関節などの運動器の障害が増加しています。ここでは頻度の高いものについて述べます。

1　頚椎後縦靱帯骨化症

1　概念と原因

　主な原因は加齢に伴う脊柱管狭窄による頚髄（けいずい）の圧迫です。後縦靱帯（こうじゅうじんたい）は上位頚髄から仙髄に至るまで椎体後壁について走る靱帯です。この靱帯に加齢とともに肥厚，骨化が起きて，脊髄（せきずい）や神経根が圧迫され，徐々にまひが起きます。頚髄を圧迫

した場合は頚椎後縦靭帯骨化症と診断しますが，胸椎，腰椎にも生じます。発症年齢は50歳台が最も多く，次いで40歳台，60歳台となります。指定難病です。

2 症　状

　はじめは上肢症状が出現し，徐々に下肢の痙性まひ，最後に温痛覚障害が見られます。上肢症状として，手指のすばやい把握動作とその解除，内転，外転などの動作が障害されます。下肢症状としては，筋力低下は少なく，痙性歩行，失調性歩行を示します。

　圧迫を受けた脊髄神経の部位と程度（完全まひ，不完全まひ）により異なりますが，圧迫を受けた部位より下の運動機能と知覚機能の消失があり，ぼうこう機能，直腸機能障害を伴うこともあります。脊髄は，頚髄，胸髄，腰髄，仙髄に分けられます。例えば，頚髄の3番目より上に傷害を受けたときには呼吸まひ，四肢まひ，ぼうこう直腸障害を起こし，呼吸をするのに人工呼吸器が必要となります。これに対し，脊椎の最下端の尾部にある仙髄の傷害では，四肢まひはなく，ぼうこう直腸障害のみを生ずることになります。

(1) 頚髄障害

　頚髄とは，七つの頚椎に沿って走行している脊髄の部位を指し，ここからは，頭部から上肢にかけての運動や知覚に関与する神経が出ています。表3－2に示しましたように，第4頚髄節より上の傷害では呼吸まひとなり，人工呼吸器を必要とします。このような人からもガイドヘルパーの要請がある可能性はありますが，呼吸管理を要し，医師，看護師などの同行が必要となる場合があります。第4頚髄節より下の傷害では，胸部と腹部の間を仕切っている横隔膜による呼吸機能は残されていますが，肺機能は低下状態にあり，痰が喀出しにくく気道閉塞したり，肺炎を起こしやすくなります。

(2) 胸髄障害

　手および腕の筋力が保たれているため，自力で起き上がり，洗面，更衣，家事などの動作も可能です。下肢のまひがあるため，歩行は極めて困難となります。

(3) 腰髄障害

　手および腕の動作は支障ありませんが，完全まひでは歩行不能で，不完全まひでは杖や装具を使用して歩行できる可能性があります。

3　介助上の注意点

知覚障害による褥瘡

　知覚神経に障害があり，皮膚が圧迫されても痛みを感じないため，皮膚の圧迫が

3 頚椎後縦靱帯骨化症および腰椎脊柱管狭窄症等

表3-2　頚髄節レベルごとの可能な運動と介助のレベル

頚髄節レベル	可能な運動	介助のレベル（例）
3	人工呼吸器が必要	全介助で，医療的な管理が必要
4	首の動き，肩の上げ下げ	日常生活全介助
5	肘を曲げる，腕を肩より上に上げる	屋内での車いす移動は半介助，他全介助
6	肘を伸ばす，車いすをこぐ	屋外の車いす移動と移乗が半介助
7	手指を伸ばす，手首の曲げ伸ばし	移乗に一部介助が必要である
8	手指を曲げることが可能となる	移乗に一部介助が必要である

注：レベルで示された部位は，それより一つ下に損傷があることになる。

図3-2　褥瘡のできやすい部位

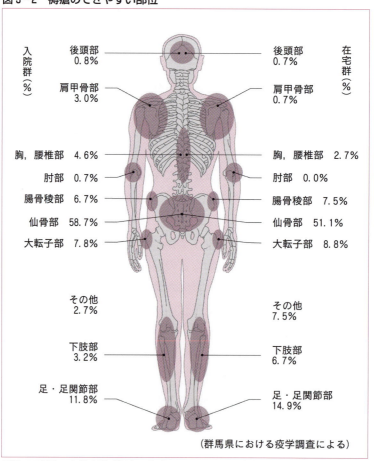

（群馬県における疫学調査による）

資料：石川治・宮地良樹「褥瘡の治療ガイドラインと疫学：日米の比較」厚生省老人保健福祉局老人保健課監『褥瘡の予防・治療ガイドライン』照林社，14頁，1998年

図3-3 低血圧時の対応

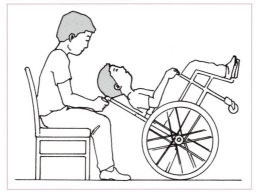

そのままとなり，褥瘡をつくりやすくなります。介助時に身体を移動させるとき，周囲へぶつけないようにし，また皮膚がねじれないようにします。褥瘡のできやすい部位を図3-2に示しました。予防は頻回に体位変換をすることと局所の清拭，マッサージなどにより循環促進することです。

体温調節障害

頸髄障害のある人では，まひのある部位の発汗能力が低下しており，体温調節がしにくくなっています。そこで，気温が著しく高いときは，体温も高くなるので，冷水，湿らせたハンカチなどを用意し，飲用したり，身体に当てるなどして体温を下げるようにします。アイスパックなどの使用も有効ですが，容易に凍傷になりやすいため，あまり当てすぎないようにします。

起立性低血圧

頸髄障害者では，臥位から座位の姿勢をとると血液が下半身に貯留し，頭蓋内の血圧が下がり，意識が朦朧（もうろう）とします。また，長い間座位の姿勢をとっていても，同じ状態になることがあります。このようなときは，図3-3のように身体を後方へ倒し，頭の位置を下半身より低くして血液を頭部へ送ることにより解消されます。

車いすでの外出時の注意

外出時の座位姿勢は長時間続くことが多いので，本人の望ましい姿勢を外出前に打ち合わせておきます。通常，車いすでの姿勢は骨盤を後ろへ倒し，背もたれにしっかりと背中がつくようにしておきます。頸椎の後屈は脊柱管を狭くして症状を悪化させるため，後屈しないように注意します。

排尿，排便障害

自然に排尿，排便することが不可能な場合は，カテーテルを挿入し導尿したり，

浣腸や緩下剤の併用で排便します。導尿する時間を本人と事前によく打ち合わせ，車いす用のトイレがあれば本人に知らせるようにします。カテーテルを介して，尿路感染症を起こす危険性が高く，排尿時手指および器具を清潔にするよう注意します。

4　治　　療

軽症の場合は頚椎持続牽引療法と頚椎カラーが有効です。頚髄の圧迫は保存的治療で軽快しないため，症状が進行した場合は手術の適応となります。

2　腰椎脊柱管狭窄症

1　概念と原因

腰椎脊柱管狭窄症は，加齢に伴う腰部の椎体と椎体の間にある椎間板組織の変性により生じ，このような変性は頚部，胸部にも見られ，広い範囲の変性は指定難病となります。この疾患も高齢者に多く見られます。

2　症　　状

腰椎脊柱管狭窄症の主な症状は腰痛や臀部痛で，脊柱管狭窄により神経組織が圧迫され，下肢痛，下肢のしびれ，間欠性跛行などが出現するようになります。間欠性跛行は，歩行により下肢痛，下肢のしびれなどが生じたとき，しゃがんだり，腰をまげて休むことにより，下肢の痛みなどがとれるのが特徴で，腰椎脊柱管狭窄症によく見られる症状です。

3　治　　療

腰痛や臀部痛の症状は，保存的治療が有効で，鎮痛剤などの薬物療法，選択的神経根ブロックが有効な場合が多いです。腰仙椎コルセット，運動療法なども有用ですが，症状が進行した場合，手術の適応となります。

3 脊椎分離症，脊椎すべり症

1 概念と原因

 脊椎分離症は，脊椎の後方にある椎弓の関節突起間の骨が断裂した状態です。分離部の不安定性が腰痛の原因となります。脊椎すべり症は，椎体と椎体の間にある椎間板が加齢に伴い変性し，椎体のすべりを起こした状態で高齢者に多いようです。

 脊椎分離症の原因は，成長期の繰り返される外力による疲労骨折と考えられ，スポーツ選手などで20〜40％と高い頻度で見られるようです。先天性の二分脊椎に合併することも多いようです。

2 症状

 腰痛が主な症状でありますが，症状を伴わないこともあります。強い下肢痛，しびれ，間欠性跛行などに進んだときは，分離部での炎症や骨増殖が疑われます。

3 治療

 発育期で分離後まもないときは，コルセットなどの長期の装着と運動の中止により，分離部の骨癒合が期待されますが，長期の実施が困難であることが多いようです。

 腰痛が長期に及ぶとき，手術の適応となることがあります。

4 その他

1 関節リウマチ

1 概念と原因

 複数の関節に炎症を起こし，進行性に炎症性の変化が重症化する慢性疾患で，自己免疫性疾患（自己の臓器に対し抗体をつくり，この抗体の作用で自己の臓器を破

壊する疾患で，なりやすい体質は遺伝性です）です。根本的治療法は確立されていません。

女性に多く，40歳前後の中年によく発症します。

心臓，肺，腎臓などの重要な臓器に血管炎を起こし，心筋炎，胸膜炎，腎機能障害などを合併した場合は予後不良であり，これは「悪性関節リウマチ」と診断され，指定難病です。現在 5000〜6000 人の届出があります。

2　症　状

はじめは手や足の小さい関節あるいは肘，膝関節などの起床時のこわばり，疼痛(とうつう)と腫脹(しゅちょう)で発症し，しだいに全身の関節に変化が広がっていきます。発症間もないときは，関節の内側を覆う滑膜(かつまく)の炎症を繰り返し，次第に軟骨や骨が破壊され，関節の変形と機能障害を起こします。指，手関節炎や変形により，つかまり立ちや杖の保持力が低下します。さらに進行し，肩，肘関節などが変形すると，自力で立つ，座るが困難となります。膝，足，股関節などに変形，拘縮を起こすと歩行不能となり，上肢の機能障害が加わると，寝たきりとなることが多いようです。異常が現れた関節の周囲の筋は廃用性萎縮を起こし，筋力も低下します。関節の炎症による疼痛は安静時にも認められ，疼(うず)くような痛みがあります。関節の破壊による痛みは，重いものを持ったり，動いたりしたときに強く感じます。

全身症状としては初期より，だるい，疲れやすい，食欲低下などがあり，体重減少，貧血，微熱などを認めることがあります。肘頭付近，膝や足関節の前面に米粒大から大豆大の硬い皮下結節を触れることがあり，これは「リウマチ結節」と呼ばれています。

3　治　療

関節リウマチの治療は，早期診断，評価法の進歩，有効な治療薬の使用により，著しい改善をあげています。治療薬の第一選択は副腎皮質ホルモンのメトトレキサートが世界的に用いられています。服薬には肝機能，腎機能，血算などの検査とともに，肺炎，結核，肝炎などの検査も必要とされています。

進行性の疾患であり，発症早期からのリハビリテーションや日常生活指導により，日常生活動作（ADL）の悪化を抑制することが可能です。

4　介助上の注意点

多くの関節では，関節を形成している骨や軟骨組織で破壊が進行しており，組織

は弱くなっているので，身体を車いすに乗せるなどの移動のときは，できる限り複数の人の介助で，ゆっくりと，体幹を中心に支えるようにします。四肢を引っ張ったりすると，関節の破壊の危険性があります。なんとか歩行できる状態でも骨萎縮が広範囲にあり，転倒などにより容易に骨折するので注意する必要があります。

関節リウマチの20〜30％の人は頸椎の環軸関節が亜脱臼（軽度な脱臼）状態にあり，急に頸部を前屈したり，髪を洗うとき強く前かがみにすると，頸椎の亜脱臼を悪化させる危険があります。頸椎の亜脱臼が高度になると，上下肢の痙性まひ，知覚鈍麻，自律神経症状が出現する危険性があります。

2 パーキンソン病

1 概念と原因

大脳基底核黒質の脳変性疾患で，原因は不明です。神経変性疾患のなかではアルツハイマー病に次いで患者数が多く，65歳以上では人口の約1％に認められます。40〜60歳の男女に区別なく出現します。40歳以前の発症は若年性パーキンソン病と総称され，家族発症の頻度が高いとされています。なお，脳外傷，脳血管障害，薬物，ガス中毒などの後遺症としても，同じ症状が認められ，パーキンソン症候群と呼ばれています。本症は指定難病です。

2 症　状

パーキンソン病は，安静時振戦（震え），無動または寡動（動きが少ない），筋固縮（関節を曲げようとしても曲げられない），姿勢保持障害，歩行障害が特徴です。一方の上肢または下肢から発症し，進行すると他方へ及びます。振戦は安静時にのみ認められ，動作により減少，消失します。筋固縮は頸部，上下肢の筋に見られ，筋の伸展に対し抵抗し，「歯車現象」と呼ばれます。表情の変化に乏しく（仮面様顔貌），言葉は単調で少なくなり，自然の動作がなくなります。歩行は前傾前屈姿勢で，歩行時には第一歩を出すことが困難です。進行すると，少しのバランスのくずれで倒れることが多くなります。無意識に唾液を飲み込むことができなくなると流涎を認めるようになります。本疾患の主症状は上記で述べたように運動機能障害ですが，近年は抑うつ症状，自律神経障害，認知機能障害，精神症状などの非運動症状の出現が注目されています。

3 治　　療

　パーキンソン病は，L-dopa（L-ドーパ）製剤とドパミンアゴニストで治療されています。L-dopa製剤は運動症状の改善に有効ですが，長期使用に伴い，薬効持続時間が短くなり，不随意運動などが出現してきます。ドパミンアゴニストはL-dopa製剤より症状改善効果が低いですが，運動合併症のリスクは低いようで，症例により，使いわけられます。幻覚，妄想，睡眠障害，自律神経障害などの非運動症状が出現することがあります。

4　介助上の注意点

　介助に当たっては，立ったり，歩いたりする方向にゆっくりと誘導する必要があります。症状が進行した患者では，一つの動作が終わる前に，次の動作をすすめようとすると，どちらもできなくなるので，一つの動作が終わるのを確認して，次の動作をすすめるようにします。進行期になると姿勢反射障害が悪化し，歩行時や入浴時などに転倒しやすく注意を要します。

3 筋ジストロフィー症

1　概念と原因

　全身の筋の進行性の萎縮をきたす疾患で，遺伝性であり，以下のような型があります。

（1）デュシェンヌ型（仮性肥大型）

　本疾患の大部分を占め，急速に進行して死亡する重症型です。X連鎖劣性遺伝を示し，無症状の保因者の母親から生まれた男児にのみ発症しますが，3分の1は突然変異によると考えられています。

　2〜5歳から，まず大臀筋，次に肩甲帯筋が左右同じように筋力低下し，転びやすい，歩行が緩慢である，階段の昇降が困難であるなどの症状が出現します。起立時の姿勢は腹部を突き出し，歩くときは両下肢を開き，上半身を左右にふり，臀部を突出した動揺性の歩行です。床から立ち上がるときは，図3-4に示したように床に手をつき，膝を伸ばしながら，体幹を押し上げるようにして起立します。

　上下肢の筋は，心臓に近いほうから萎縮し，しだいに末端の筋に及び，その後全身の筋が萎縮していきます。筋肉の間に脂肪が蓄積し肥大して見えることを

図3-4　進行性筋ジストロフィー症の登はん性起立

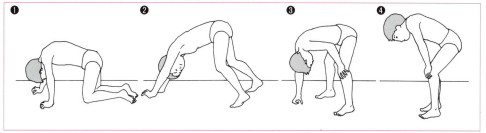

資料：岩谷力「神経疾患，筋疾患」石井清一・平澤泰介監修『標準整形外科学（第8版）』医学書院，322頁，2002年より引用

表3-3　筋ジストロフィー症患者の機能障害度

障害度（stage）	動　　作
1	階段昇降可能，手の補助不要
2	階段昇降可能，手の補助必要
3	座位（床上）からの起立可能
4	歩行可能
5	四つん這いでの移動
6	四つん這いでの移動（足を立てず，膝をついて前へ進む）
7	座位保持可能
8	座位保持不能

「仮性肥大」といい，膝より下の後部の筋が膨らんでいます。

　小学校入学のころから動揺性の歩行が見られます。筋萎縮は急速に進行悪化し，関節拘縮と筋力低下のため起立歩行が不可能となり，9歳前後ごろに車いすを使用するようになります。筋の萎縮は内臓の筋にも及び，肺活量が低下し，心筋障害が見られるようになり，20歳前後で呼吸不全や心不全となることが多いです。日常生活動作を主とする本障害の病期の分類を表3-3に示します。

(2)　ベッカー型

　遺伝形式と臨床症状はデュシェンヌ型と同じですが，症状発現は7歳以後と遅く，進行も緩慢で20～30歳を超えても歩行が可能であることが多いです。

(3)　肢帯型

　本疾患のなかで，2番目に頻度の多いものです。常染色体劣性遺伝で男女ともに発症します。発病は緩慢で10～20歳代が多いといえます。肩，腰から筋萎縮し，筋力低下し，全身の筋に広がります。下肢筋が障害され，尖足位（爪先が下腿前面と一直線になり，靴がはけなくなる）を起こします。

2　治　　療

　遺伝子解析あるいは筋生検により診断されますが，根本的な治療法は確立されて

いません。治療の目的は筋力低下に伴う関節の拘縮，変形を予防し，本人の起立歩行能力の維持にあります。筋のストレッチングを中心とした機能訓練等により，早期より下肢の変形を予防する必要があります。

3　介助上の注意点

全身の筋力が低下しているため，四肢を引っ張ったり，捻ったりすることで捻挫や亜脱臼などを起こさないように注意します。患者の腋下に手を入れて抱き上げようとしても，患者の肩が固定していないため，介助者の腕からすべり落ちてしまう危険があり，身体を密着させて抱く必要があります。

4　筋萎縮性側索硬化症（ALS）

1　概念と症状

脊髄のなかを走行し，筋肉の機能を調節する脊髄前角細胞の変性疾患で，原因不明です。この神経の変性に伴い，全身の筋萎縮，筋繊維束性収縮，筋力低下をきたします。30～60歳で発症し，男性に多いです。上肢の遠位，特に手小指球筋から両側性に筋萎縮が始まります。下肢から始まることもあります。経過は進行性です。進行すると，言語障害，嚥下障害，呼吸障害を生じますが，知覚障害，ぼうこう直腸障害はありません。発症後2～5年で呼吸不全のため，呼吸管理を要することが多いですが，個人差もあるようです。この疾患は指定難病です。

2　経　過

根本的な治療方法はありませんが進行を遅らせることは可能で，早期に診断し，治療を開始することが重要です。リルテックが保険適用で投与されています。

筋力低下の進行を遅らせるため，リハビリテーションは有効であり，日常生活を援助するため様々な補助具と機器を用います。運動神経機能以外は障害されないため，栄養，呼吸機能を確保すると，全身まひの状態で長期間経過します。人工呼吸器の装着，中心静脈栄養（消化管の通過障害などで経口摂取が不十分な場合や，腸の疾患などで流動食などの注入による栄養補給ができない場合，躯幹に近い太い静脈から高濃度の糖分を主体とする栄養補給を行うことです），胃瘻増設（胃より上部の，多くは食道の通過障害に対し，直接胃に孔をあけ，ここにチューブを入れて栄養を送る方法です。この場合，嚥下機能も低下した場合に，栄養補給の方法として

選択されます）等による在宅での療養は，本人および家族のインフォームド・コンセントを得て，チーム編成で行います。

5 言語障害とコミュニケーション

1 言語障害とは何か

　K子さんは、ガイドヘルパーとして初めて、障害のある人と会うことになりました。3人とも車いすの人です。「言語障害がありますから、コミュニケーションに気をつけてあげてください」。事前にそんな注意を受けました。

　「言語障害」と聞いて、まずK子さんは、脳卒中で倒れた親戚を思い出しました。お見舞いに行って、何を言っているのかわからなくて困ったことがあります。今回も初めてなので、とても心配です。

　言語障害とは何でしょうか。そして、言語障害のある人とコミュニケーションをとる際に、私たちは、どんな配慮ができるでしょうか。K子さんと一緒に考えていきたいと思います。

　人と人とのコミュニケーションは、様々な力に支えられています。言語障害について理解を深めるために、まず、通常のコミュニケーションについて考えてみましょう。図3-5を見てください。

　私たちは、耳で言葉を聞いて（図3-5の①）、頭の中でその意味を理解しています（図3-5の②）。「りんご」と聞くと丸くて赤いくだものというように、イメージを思い浮かべることができます。①が聞こえの力、②が言葉の理解の力です。

　私たちは、また、言いたいことを頭の中で組み立てて（図3-5の③）、口唇や舌などの器官を使って話をすることができます（図3-5の④）。りんごのイメージを思い浮かべて、口を動かして「りんご」としゃべります。③が言葉の表現の力、④が発音の力です。

　言語障害とは、①～④の経路のどこかに問題があるために、相手の言葉を聞いてその意味を理解したり、自分の言いたいことを頭の中で組み立てて話をすることが難しくなってしまった状態のことをいいます。

　言語障害は、①～④のどの経路が障害されたかによって、聞こえの障害、言葉の障害、発音の障害、の大きく三つに分類することができます。

　聞こえ（hearing）の障害は、図3-5の①の経路の障害であり、聴覚障害、すなわち「難聴」がこれに当たります。

図3-5 通常の言語処理過程

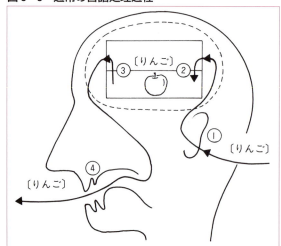

資料：白坂康俊「言語療法」米本恭三ほか編『図説整形外科診断治療講座第20巻　リハビリテーション』メジカルビュー社，65頁，1991年を一部改変

　言葉（language）の障害は，図3-5の②③の経路の障害であり，「失語症」が含まれます。また，言葉の発達の遅れも②③の経路の障害です。

　発音（speech）の障害は，図3-5の④の経路の障害であり，「構音障害」と呼ばれます。構音障害は，口蓋裂や舌癌の術後などの「器質性構音障害」，脳性まひや脳卒中などによる「運動障害性構音障害」，器質的な問題はないのに発音の発達が遅れる「機能性構音障害」の三つに分けられます。このほか，④の経路の障害には「音声障害」と「吃音」があり，構音障害とは別に分類されます。

　一口に言語障害といっても，10種類近くあることがおわかりいただけたかと思います。その人の言語症状が，どんな障害によってもたらされているかを正しく理解することは，介護やコミュニケーションの第一歩です。

1　失語症のAさん

　ガイドヘルパーのK子さんは，最初に，Aさんに会いました。
　「Aさん，おはようございます。よろしくお願いします」
　「コ，ア，オオ」
　おはようと，返してくれました。
　Aさんは，家庭の主婦です。55歳のとき，脳卒中で倒れて，失語症になりました。右片まひもあって，車いすが必要です。
　失語症は，図3-5の②③の経路の障害です。②は言葉の意味を理解する過程，③は話したい内容を組み立てる過程で，どちらも，大脳の言語野というところで行

われています。言葉をいったん獲得した後に，脳卒中や交通事故などで大脳の言語野が損傷された結果，図3-5の②③の経路が障害された状態を「失語症」といいます。

言語訓練の場面をのぞいてみましょう。

机の上に，くだものの入ったかごが置いてあります。

「Aさん，りんごはどれですか？」

Aさんは，首をかしげながら，バナナを取りました。

聞こえているのだけれど，何のことだかわかりません。言葉の理解の力（図3-5の②）の障害です。

「これは何ですか？」

今度は，バナナを見せながらAさんに尋ねます。

「コウヤッテタベルモノ」

「そうですね，バナナですよ。じゃあ，これは何ですか？」

次は，りんごです。

「ミカン」

Aさんは答えました。

何のことかよくわかっているのに，単語が思い出せません。言葉の表現の力（図3-5の③）の障害です。

失語症の状態は，今まで自由にあやつってきた日本語が，突然，外国語になってしまったような感じです。「りんご」とはっきり聞こえているのだけれど，まるで知らない外国語を聞いているように，意味がわかりません。りんごの味や食べ方はよくわかっているのに，「りんご」という単語を，どうしても思い出せません。

図3-6に，失語症の人の，表現の障害の種類をあげておきました。さきほどのAさんでは，迂回反応と語性錯誤が見られていました。このほか，失語症では，書くことや読むこと，計算などにも障害が起こります。

2　構音障害のBさん

K子さんが次に会ったのは，60歳のBさんです。

定年まで勤めあげ，いよいよ悠々自適という矢先に，脳卒中で倒れました。Bさんは，運動障害性構音障害です。

脳卒中によってBさんは，手足だけでなく，発音のために必要な器官にもまひが残りました。

私たちは，口唇や舌，軟口蓋（のどひこ），下顎，声帯などの構音器官を動かして，母音や子音を出し分けているのです。

Bさんは，舌や下顎がまひしたために，うまく発音することができなくなってし

図 3-6 表現の障害の例

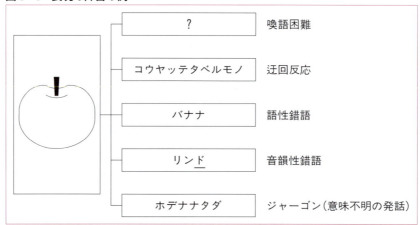

資料：倉内紀子・白坂康俊・坂本洋一「ふれあい介護」高山忠雄編『おとしよりと家族の生活ガイド』社会保険法規研究会，81～96頁，1992年

まいました。

　構音器官のまひや筋力低下などによる発音の障害を，「運動障害性構音障害」といいます。図3-5の④の経路の障害の一つで，「まひ性構音障害」とも呼ばれています。構音器官は，ものを食べたり飲んだりするときに用いる器官でもあるため，運動障害性構音障害になると食べることも障害されることが多いのです。

　構音器官のうち，どこがどんなふうに障害されたかによって，声や発音の状態は違ってきます。

　口唇や舌，下顎がまひすると，母音や子音がうまく出せなくて，ろれつが回らないような，不明瞭な発音になってしまいます。

　軟口蓋がまひすると，声が鼻にかかり「フガフガ」した感じになったり，パ行がマ行に，タ行がナ行になったりします。

　声帯が障害されると，声が全く出なくなったり，長く続かなくなったりします。また，声の高さや大きさを調整することが難しくなり，アクセントや抑揚が異常になることがあります。

　Bさんは，五十音表を指さしました。K子さんは，Bさんの指を追いながら，1文字ずつ読み上げました。

　「ハ，ジ，メ，マ，シ，テ」

　運動障害性構音障害は，図3-5の②③の経路には問題がないので，周囲の人の話をきちんと理解することができます。また，文字で書いたり五十音表を指さしたりすれば，言いたいことを正しく表現することもできます。

3　脳性まひのCさん

　3人目に会ったCさんは，脳性まひです。

　養護学校の高等部を卒業後，週に2回，作業所に通っています。屋内では伝い歩き，屋外では電動車いすを使っています。

　脳性まひは，脳の先天的な病変によって，身体の運動が障害された状態をいいます。口唇や舌，下顎など，構音器官にもまひがあると，構音障害が起こります。脳性まひは，基本的に図3-5の④の経路の障害であり，運動障害性構音障害の一つです。

　同じ運動障害性構音障害でも，Bさんの場合は後天性の障害でしたが，脳性まひのCさんの障害は先天的なものです。

　Cさんは，また，運動障害に加えて，知的障害を併せもっています。そのため，発音の発達だけでなく，言葉の発達にも支障をきたし，小さい頃から，姿勢や運動の訓練とともに，言葉の訓練を受けてきました。Cさんの場合は，図3-5の④の経路の障害だけでなく，②③の経路も障害されているのです。

　脳性まひのうちおよそ70％の人が，Cさんのように知的障害や言葉の障害を併せもつといわれています。また，高い音が聞こえにくいなど，聞こえの障害を伴うこともあり，図3-5の①②③④の経路すべてが障害される場合もあります。

　現在では，Cさんは，「お父さんが，りんごを，食べる」などの3語文を理解したり，表現したりすることができるようになりました。発音は不明瞭ですが，慣れた人が聞くと，なんとかわかります。

　脳性まひでは，Cさんのように，一語一語発音するのに，とても時間がかかってしまうことが多いのです。早さをコントロールするのが難しく，逆に，早口になってしまうこともあります。手足や身体がつっぱったり，意図していないのに動いたりすることも，発音を不明瞭にさせている要因の一つです。

　Cさんは，言葉を音声または文章に変換する携帯用の意思伝達装置を使い始めました。平仮名や片仮名，絵などのキーボードを押すと，「オ，ハ，ヨ，ウ，ゴ，ザ，イ，マ，ス」といった具合に，合成音声が出力される仕組みになっています。Cさんは，今，大型キーボードを右足の親指で押す方法で，操作の練習をしているところです。

2　コミュニケーションの方法

　Aさん，Bさん，Cさんを紹介しながら，ガイドヘルパーが接する機会の多い言語障害について，その概要を説明してきました。

それでは，言語障害がある人とのコミュニケーションでは，どんなことに気をつけたらいいのでしょうか。言語障害がある人の話を聞くときの工夫と，言語障害がある人に話しかけるときの工夫の二つに分けて，お話ししたいと思います。

1 聞くときの工夫

言語障害がある人とコミュニケーションをとるときに，よい「聞き手」になるためには，どんな配慮が必要でしょうか。

まず，ゆったりとした落ち着いた態度で聞くことが大切です。言語障害がある人がリラックスして話すことができるような雰囲気づくりをしましょう。

失語症の人は，「机」を「いす」と間違えたり，「エンピツ」を「テンピツ」に間違えたりします。そんなとき，誤りをいちいち指摘したり，言い直させたりするのはやめましょう。表面的な言葉の誤りにとらわれず，話の内容を推測しながら聞きましょう。

脳性まひの場合などで，話している間，身体が不自然に動いたりすると，その動きに気をとられ，話の内容に注意が向かないことがあります。話の中身に耳を傾けてください。何か言おうとして思い出せないときや発音に時間がかかるときは，せかさずに待ちましょう。一部でもわかったら，「○○ですね」というように，助け船を出しましょう。

聞き取れなかったときに，「えっ？　えっ？」と何度も聞き返すのはやめましょう。何を言ったかわからなかったときには，聞き取れたところを返してあげましょう。「○○さんが，どうしましたか」という具合です。

文字や絵，身ぶりで表現してもらってもいいのです。その人に合わせて，文字や絵入りのコミュニケーションボードを作ると，指さしながら話すことができます。

わからないからといって，いらいらした素振りを見せるのはやめましょう。伝わらないことで，一番いらいらしているのは本人です。

何が言いたいのかわかったときは，わかったことを伝えましょう。そのまま繰り返したり要約したりして，こちらが了解したことを伝えます。

2 話すときの工夫

言語障害がある人とコミュニケーションをとるときに，よい「話し手」になるためには，どんな配慮が必要でしょうか。Bさんのように，発音だけが問題の場合には，普通に話しかければけっこうです。AさんやCさんのように，言葉を理解する力が低下している場合には，以下のような点に注意が必要です。

話しかけるときには，「正面から相手の目を見て」が原則です。言語障害がある人

にとっては，表情や口の形も話を理解するときの手がかりになります。

　大声で話す必要はありません。でも，少し大きめの声で，はっきり，ゆっくり話したほうがわかりやすいのです。

　ゆっくりといっても，「り，ん，ご」と，一音一音区切って言うと，かえってわかりにくくなります。自然なイントネーションがくずれてしまうからです。「りんごを，食べましょう」というように意味の単位で区切ると，わかりやすいでしょう。

　理解度に合わせて，簡単な言葉や短い文で話しかけましょう。ただし，幼児語を使うなど，子ども扱いはいけません。言葉が障害されたからといって，子どもにかえったわけではないのです。

　理解できているかどうか確かめながら，話しかけることが大切です。かといって，「わかった？」と繰り返し聞くだけでは，ただうなずくだけになってしまいます。相手の目や表情をよく見て話しかけましょう。ぼんやりした目やあいまいな表情のときには，わかっていないことが多いのです。

　一度でわからない場合には，もう一度繰り返して言いましょう。単語や短い文はそのまま，長い文は短く区切って，もう一度言います。

　頻繁に話題が変わると，とてもわかりにくいです。一つのことを，ゆっくり，じっくり話しましょう。話題を変えるときには，「○○の話ですが」というように，前置きしてから話します。

　「何を，食べたいですか？」のように，「何」「だれ」「どこ」「いつ」「どうして」などの質問は，言語障害のある人にとっては最もわかりにくい聞き方です。「りんご，それとも，みかん？」というように選択肢が示されると，ぐっとわかりやすくなります。

　言葉がほとんど話せない場合には，「りんごを，食べたいですか？」のように「はい」「いいえ」で答えられる質問をして，うなずきや首ふりで答えてもらいます。

　文字や絵，実物，身ぶりなどを活用しましょう。失語症の人は，平仮名よりも漢字のほうがわかりやすい場合があります。どうやったらわかるか，相手に合わせていろいろな工夫をしてみることが大切です。

3　豊かなコミュニケーションのために

　人と人とのコミュニケーションは機械的なやりとりではありません。聞き手と話し手の双方が，「伝わった」「わかった」という実感をもてたときにはじめて，コミュニケーションは本当の意味で，豊かで楽しいものとなるでしょう。「伝えたい」「わかりたい」という気持ちから，最初の一歩を踏み出してみましょう。

　失語症のAさん，運動障害性構音障害のBさん，脳性まひのCさんを軸に，言語障害の概要とコミュニケーションの方法について話してきました。

このほか，中途失聴や老人（加齢）性難聴の人，視覚と聴覚の両方の障害がある盲ろうの人，記憶障害など高次脳機能障害の人，喉頭摘出術後に声を失った人，筋萎縮性側索硬化症（ALS）などの進行性神経疾患で呼吸も困難な人など，言語やコミュニケーションに不自由を抱えている人が数多くいます。

こうした様々な言語障害の人たちを支えるのが，言語聴覚士（ST）の役割です。言語聴覚士は，言語障害をもった人たちのコミュニケーション生活を豊かなものにするための専門家です。担当された人や家族が，言語やコミュニケーションの問題で困っていたら，ぜひ近くの言語聴覚士を紹介してください。

参考文献

倉内紀子「聴覚・言語障害児の理解と指導」松原達哉・藤田和弘編『障害のある子についての相談』ぎょうせい，198〜212頁，1993年

倉内紀子・白坂康俊・坂本洋一「ふれあい介護」高山忠雄編『おとしよりと家族の生活ガイド』社会保険法規研究会，81〜96頁，1992年

倉内紀子編著『言語聴覚療法シリーズ1 改訂 言語聴覚障害総論Ⅰ』建帛社，2012年

第4章 障害者(児)の心理

　私たちが初めて障害者(児)に出会ったときに生ずる感情は，外国人と出会ったときの気持ちとよく似ています。このようなとまどいも障害者と接する機会が増えてくるとしだいに薄れて，いつのまにか障害がその人の背景となり，一般的な人と人との付き合いに変化していきます。さらに障害があることで受ける精神的な影響を理解しておくと，障害者に共感的に接することができるようになります。

　社会に参加しようとしている障害者の心理は，障害者自身の心の中と彼らを取り巻く環境との相互作用として表れてきます。

　人生の途中で障害を受けた（中途）障害者にとっては障害受容が，子どものときからの（主として先天性）障害者にとっては自立が大きな課題になります。一方，彼らを取り巻く社会の側の様々なバリアが，彼らの心理に大きな影響を及ぼしていることも見逃すことはできません。以下に，その具体的な様相を述べていきます。

1 中途障害者の心理

1 中途障害者の心の様相

　中途障害の原因には，若年者では事故による脊髄（頚髄）損傷や脳外傷などによる場合が，また，中高年者では病気による脳血管障害などが多く見られます。彼らはいずれも障害を受けたことで，それまでの自分の人生が根底から覆されたような心の痛手を受けてしまいます。心の立ち直りの過程は「障害受容」と呼ばれ，以下のような過程をたどるといわれています。

　　ショック期→回復への期待期→悲嘆期→適応への努力期→受容

　障害を受けた当初は混乱し，訳がわからない状態ですが，機能訓練を実施するなかで，しだいに回復への期待が高まってきます。しかしある時期を過ぎると，それまで努力すればするだけ目覚ましい回復が見られたものが，足踏み状態となり，さらに病院から退院して社会に出たときには，以前の自分との違いをまざまざと見せつけられるような体験をすることになります。ここに至ると本当の辛さが実感さ

れ，苦悩と悲嘆の日々が始まります。失った過去の自分や生活を懐かしみ，現実や未来に目を向けることが難しくなります。このまま家に閉じこもってしまう人もいます。しかし，多くの人たちはここを乗り越えて，現実への適応の努力を重ねて，新たな人生へと旅立っていきます。この転換期を「価値観の転換」と呼びます。

実際に様々な障害者の話を聞いてみると，必ずしもこのようなステップを踏んでいくとは限らず，ショック期が，回復への期待が，悲嘆の時期がかなり長く続いていたという人たちもいます。しかし劇的であろうとなかろうと，再び社会に参加するには，いずれかの時点で現実に適応するための努力に気持ちが変化していったことは事実のようです。

1　中高年の場合

　特に，中高年で多発する脳血管障害者の場合は，それまで築き上げてきた自分の人生が崩れ去っていく深刻な心の様相が見られますので，以下に脳血管障害者の何人かの話を紹介しましょう。

　Aさんは，近未来の自分の生活のイメージとして，「霊界」の絵を描き，毎日死ぬことばかり考えていました。幼い頃に父親を亡くし，寝たきりの母親を長年介護し，母親が亡くなったときには正直ホッとし，やっと自分の自由な人生が始まると思ったときに発病してしまった，自分の人生は重荷を背負うだけのものだった，と語ります。

　Bさんは，一度は復職したものの，有能な経理の腕をもつ管理職だったにもかかわらず，たった2桁の計算がミスだらけで，全く仕事にならず，再度訓練施設に入所しました。表面上は何事もないかのように笑っていたのですが，あるとき作文に，「私の強さは，発病して今日まで死なずにいたことです」と書きました。

　Cさんは，病院の廊下で会うと，ピースサインを出すような明るく振る舞っている人でしたが，訓練施設に移ってしばらくしたときに「皆が杖で移動訓練しているのに，私は未だ車いすのままです。先生に聞いてみたら，歩行は難しいとのこと，不安が的中して，夜も眠れません」と手紙に書いてきました。

　Dさんは，非常に温厚な人でしたが，家に外泊をしたとき，テーブルの上の食器をすべて壁に投げつけ，怒りをあらわにしました。怒りがひとしきり収まったところで，「起きてしまったことは仕方ない。お父さんの責任じゃない。お父さんにはまだ娘を嫁に出すという役割があるんだよ」と妻に言われて，はっと我に返り，二度と妻に心配をかけるようなことはしまいと思ったと言います。

　このようにたとえ表面上は明るく見えても，心の中は穏やかではありません。彼らは皆一様に，今まで頑張ってきたのになぜ私がこんな目に遭うのか，何も悪いことはしていないのに，なぜ私だけがこのような罰を受けなければならないのかと嘆

き，涙を浮かべて悲しみます。周りにいる人たちがその辛さをじっくりと聞いて，真摯な気持ちで受け止め，その生活努力を認めると，それまで心の内に一人で抱え込んでいた荷物をおろしたようにホッとし，絶望や悲嘆から抜け出して，明日への希望を探そうとしだします。どの人も，一家の大黒柱として，また第一線で活躍する社会人として頑張って生きてきたなか，障害があることで，早めの定年を迎えたり，平社員としてやり直すような人生の再設計が行われます。心の中の嵐が過ぎ去ると，家族の一員としての役割を大切にし，家族がお互いに気遣って寄り添いながら暮らすような，穏やかな日々が訪れます。

2　若者の場合

　一方，若者に多い，車いすに乗った脊髄（頚髄）損傷者の場合は，少し様相が異なります。それまで築いてきた人生というよりは，自分の容姿が以前と異なってしまったことや，排泄や性の問題が大きく心を占めます。外へ出ることへのためらいや，人に見られることへの抵抗が強く，障害がない人から外へ出るように促されても反発するだけで，かたくなに閉じこもってしまうこともあります。

　しかし，若者だけに，同じ障害がある仲間に誘われて，一緒に遊びに出かけるようになると，みるみる変わっていきます。遊びやスポーツ，さらには自分で車に乗って外出できるようになると自信がついてきます。障害が重い場合でも，より重い人に頼られたり，自分のできることを手伝ってあげるなどの役割や責任を果たすという経験が彼らを成長させていきます。次には進路の選択が，重要な課題となってきます。

　Eさんは，地元を離れて一人暮らしをしながら，遠方の大学に行っていましたが，交通事故で頚髄損傷になり，訓練のために地元の施設に戻ってきました。無口で笑わない女の子でしたが，仲間に誘われてショッピングに出かけるようになって，パーマをかけ，化粧をし，チャーミングな娘さんに変身していきました。同じ障害がある大学生と会って，復学を決意し，親の心配をよそに，雪深い北国に旅立って行ったのです。

　ただし，受傷の原因が交通事故の被害者の場合には被害者意識が，同乗者を死亡させているような場合には贖罪の意識が複雑に絡み合って，社会に目が向くようになるまで，数年を要することもあります。

2　中途障害者の心のケア

　中途障害者の心の様相は今までの自分や人生がすべて否定されたかのような挫折

感が特徴的です。「障害をもったので人生が終わってしまった」のではなく，障害の影響を小さなものとし，障害をもって生活するイメージを再構成して，「障害をもっていても社会のなかで当たり前に生きていける」という気持ちに切り替えられるようケアすることが大切です。

　周囲の人たちは，本人の辛い気持ちに耳を傾けながらも，それまでがんばってきた人生を認め，何とかしたいと思っている気持ちをすくいあげていくような関わり方が心の立ち直りを促します。BさんやCさんの場合には「辛かったけど，がんばってきたんだね」と声をかけることで，自分の気持ちがわかってもらえたと思うようになり，一歩が踏み出せるようになりました。

　また，AさんやEさんは同じ障害をもった仲間に励まされることで，悲嘆のなかから抜け出していくことができました。同じような障害をもった仲間と出会って，障害をもって生活するモデルを見ることで自分の先が見えるようになったと語る障害者がよくいます。反面，まだ心の準備ができていないと，会いたくないと拒否的になる場合もあります。

　Dさんのように，家族が，今までと同じ役割が果たせなくても大切な家族の一員であることを伝えることで，辛く申し訳ない気持ちから救われることがあります。妻に「今までご苦労様でした。これからは二人で新婚生活をやりなおしましょう」と言われて，ほっとして，その後の人生を夫婦で楽しめるようになった人もいました。

　いずれにしろ心の立ち直りは時間をかけて行う作業です。あまり急いで立ち直らせようとしないで，辛く悔しい思いをする時期があることをわかって，じっと見守っていることや，水を向けてその気持ちを外に出せるようにすることも時には必要です。

2 先天性障害者の心理

1 先天性障害者の心の様相

　子どもが大人になるための重要な課題は「自立」です。特に思春期の特徴ともいえる反抗期は「親離れ」のためのステップであり，親の干渉を排除し，同年齢の仲間との親密な関係のなかで切磋琢磨し，親とは異なる自分の価値観を形成していく過程です。

　子どものときから障害があると，親から身の回りの介助を受け続けることになり，

そのことが子どもの自己判断や選択の機会を狭めることにつながりがちです。また，障害があることで，試行錯誤をしながら失敗から学ぶという経験も狭められてしまいがちです。

　自立には，身体面，精神面，経済面，社会面の四つの側面がありますが，先述したように，精神面での自立が重要なポイントとなります。以下に，その例を紹介しましょう。

　Fさんは，小児期からの難病によって右手の指先以外は動かすことができず，食事，排泄，移動のすべてにわたって親の介助を受けて暮らしてきました。20歳を過ぎたとき，自立生活の体験をしようと思い立って，初めて他人の介助を受ける体験をすることになりました。彼女の元を訪れたボランティアが彼女に「どのように抱いたらいいですか」と聞いたとき，彼女はハタと答えに窮してしまったのです。親は彼女に一度もそのような質問をしたことがなく，彼女も自分がどんな抱かれ方をしているのか考えてみたこともなかったからです。彼女の自立は，自分の介助をどのようにしてほしいか依頼するところから始まりました。今では，一人暮らしをして，一時宿泊施設のコーディネーターとして活躍し，その手腕が高く評価されています。

　しかしFさんのように思いきって家を出るのは，親子密着の生活を長くしてきた障害者にとってなかなか難しいことです。障害者仲間の旅行で，初めて親と離れて，親以外の他人の介助を受けた体験を，自立の第一歩として印象深く語る人たちが多いのもうなずけます。反面，準備が整っていないのに周囲から親離れを強制されると，不安が高まり，子ども返りをしたり，家に閉じこもってしまうこともあります。

　脳性まひのGさんは，通所していた施設の職員から，そろそろ旅行のときは親と離れてみたらと言われ，施設に通えなくなってしまいました。半年間の閉じこもりの後で出会った彼は，人に怯えてすくんでいました。彼は，大きな岩がいきなり目の前に落ちてきたようなショックだったと言います。自分の怯えを言葉にして出していくことで，岩が少しずつ小さなものになり，再び施設に通えるようになりました。さらに遠方での葬式へ両親が出かけたときには，一時預かりのホームでボランティアの学生と楽しい一夜を過ごすという画期的な体験もすることができるようになりました。

2　先天性障害者の心のケア

　先天性の障害者は身辺が自立しないと何もできないというような考え方から行動範囲や経験が狭められ，成長過程で障害のない子どもが普通にするような経験から遠ざけられてしまうことがよく見られます。また，障害のある人自身が，健常者と

は違うということを必要以上に意識したり，自分を否定的にとらえたりしてしまいがちです。このような価値観から脱皮して一人の人間として自立していくためには，様々な体験のなかで自分に対する肯定的な感情や自己効力感を育んでいけるようにケアすることが大切です。

重度の障害者たちへ提供されている「自立生活プログラム」では，様々な体験のなかで，自己選択，自己決定を重視し，「失敗する自由」を保障しようとしています。また，ほかの障害のある人の世話をする体験も貴重です。世話をされてばかりいた人がほかの人の世話をすることで，自分のできることが見えてきたり，自分自身を肯定的にとらえ直したりする契機になります。

長い間，未就学で家族だけの限られた生活空間で過ごしてきた先天性の障害者が自立のために更生施設で訓練を受け社会に出ていったときに，「籠の鳥が社会という大空に飛び立つためには止まり木が必要だった」と語ったのが印象的でした。

周囲の人たちは「障害があるから無理だ」ではなく，「障害があってもできることはないか」とか「失敗してもいいのでやってみよう」というような姿勢で関わることが大切です。しかし，まだ未熟な精神状態にある場合には，小さなことから，本人のできる範囲を見極めて選択肢を用意し，本人が選択した結果が「うまくいった」という実感を積み上げていけるようにすることも必要でしょう。

3 家族の心理

1 家族の心の様相

障害児の親は，障害のある子を生んでしまったという負い目や，こんなはずではなかったとの思い，自分に何か悪いところがあったのかもしれないという自責の念，親戚や近隣の人たちへの気がねなど，多くの傷つく思いを抱え，一度は親子で死ぬことを考えたという人も少なくありません。同じような障害児の親同士が支え合い，励まし合い，社会に向けた活動をしていくなかで，親も子も障害に対して率直に向き合えるようになることが多いようです。

しかし，周囲に支え合う仲間が得られない場合には，親は障害を正しく理解できず，負い目も癒されることがなく，障害がある子にその思いをぶつけてしまったり，子どもへの過剰な期待とその反動の挫折が交錯するようなことが起きてきます。このような親子関係のなかで育った子どもは，往々にして情緒的に非常に不安定で，過敏になりがちです。一方，自分がなんとか治してみせるとの思い込みが強すぎて，

子どもを訓練に縛りつけ，子どもらしい楽しみや，豊かな友人関係を奪ってしまう親もいます。

障害のない親子関係と同様，親の価値観や子どもに対する態度は，子どもの自立を促進する反面，疎外する大きな要因にもなっています。自立生活運動のなかで，一番の敵は親だと障害者自身から語られることがままあるのは，こうした理由からです。しかし，子どもの選択や自己決定を尊重し，そのことがかなえられるようにと精一杯応援し，一番の理解者となり，味方となるのもまた親です。このように，親は子どもにとって強い影響力をもっているだけに，無視できない存在であるともいえます。

一方，夫婦の場合は少し様相が異なります。親子ほど心理的に密着した関係にはなく，もう少し客観的に相手を見ることができます。障害そのものよりも，障害者を引き受けていくことで生活が変わるといった側面が大きいようですが，それまでの夫婦関係が改めて問い直される機会にもなります。

どんなに忙しく働いてきて家庭を顧みなかった夫でも，家族のために身を粉にしてきたと受け取られていたか，好き勝手していたと受け取られてきたかで，障害を受けた後の家族の受入れは，ずいぶん異なるようです。前者の場合は労をねぎらい，今後は自分が支えとなって共に歩もうとの決意に達しますが，後者の場合は離婚ないしは家庭への引き取りを拒否するということになりかねません。妻が障害を受けた場合でも同様のことが生じます。

2 家族の心のケア

「夫が病気で倒れ，不安で胸が張り裂けそうだった」とか，「本人が一番辛いのだからと思って自分の気持ちを押し込めてきて苦しかった」と語る家族にお会いすることがあります。

周囲の人たちは本人のみならず，家族の辛い気持ちにも耳を傾け，家族のこれまでのがんばりを認め，労をねぎらうことが大切です。また，家族もぐちを言ったり，なげき悲しんでいいのだと伝えることで，家族の心が軽くなることもあります。

同じような辛い感情を共感できるのは同じような体験をしてきた家族です。障害当事者のみならず，家族の会が必要なのもこうした理由からです。家族会ではお互いの気持ちがわかり合えること以外に，情報を交換して学び合うこともできます。また，お互いに助け合って問題の解決に当たることもでき，心強い思いをします。家族の会を紹介したり，参加をすすめたりするのもよいでしょう。

障害のある人が「障害があっても当たり前に生きていける」と思うように，家族も「障害のある家族がいても当たり前に楽しんでいい」という気持ちになれるよう

にケアすることが大切です。そのためには，周囲の人たちは，家族が後ろめたい思いをせずに障害のある人を残して遊びに出かけたり，時には家族が荷をおろす機会を作ってあげるなど，家族の気持ちが追い詰められないように支援していくことが必要です。

4 障害者を取り巻くバリア

　障害者が社会に出ようとしたとき，社会の側にそのことを阻むいくつかのバリアがあります。病院や施設などの保護された環境から町なかに出かけたときに，段差の所で立ち止まっていたら，声をかけられて手伝ってもらったとか，バスのなかで席を譲ってもらうなどの親切な対応をされると，世の中の人は自分の思っているほど冷たくはなかったと感激し，外へ出ることに弾みがつきます。反面，ジロジロ見られたり，迷惑だと言われたり，言葉がうまく通じずに無視されたり，レジでお金の計算ができるかとバカにされるなど傷ついて落ち込んでしまうような体験もまた多くあります。

　社会の側のバリアとその影響，およびそれらを取り除くための方策について見てみましょう。

1　物理的バリア

　最も目につきやすいバリアは，町なかの段差や階段，トイレ，公共交通機関へのアクセス，情報へのアクセスなどです。

　これらは，重度の障害者が町に出ようとしたとき，一番のネックとしてあげられていましたが，現在では，各自治体のまちづくりへの取り組みやバリアフリーに対する意識とともに，法律も整備され，エレベーターやスロープが設置され，リフトの付いたバスが走るようになったり，スーパーや飲食店にも車いす用トイレや駐車場が整備されるなど，公共の建物以外にもバリアフリーの建物が増えてきています。かつては，トイレに行かなくて済むようにと，外出する前日から水分を我慢したという話もよく耳にしましたが，今は当時に比べるとずいぶん気楽に外出できるようになり，障害のない人たちと同様の楽しみをもつことができるようになってきました。

　しかし移動の問題は，まだまだ未解決の部分が多く残されています。大多数の駅では，車いすの場合，人手を借りなければホームに降りることも，電車に乗ることも難しいのです。ある駅にエレベーターが設置されたときに，車いすの障害者が，

「駅員さんは頼めば手伝ってくれるけど，やっぱり気がねがあったが，これで好きな時間に帰ってこられる」と喜んでいたという印象的な話があります。

2　社会的バリア

　進学や就職などにおいて，障害を理由に不合格になったり，就職先で解雇されるなどの差別を受けることがあります。アメリカにおいては，ADA（障害をもつアメリカ人法）という障害があるアメリカ人を差別から保護するための法律ができました。また，日本でも，「障害を理由とする差別の解消の推進に関する法律」（障害者差別解消法）という法律ができました。
　裁判闘争や頑張って立場を築いていった先例を通して，進学の間口が広げられたり，就職の機会が平等に与えられるようになるなどの変化が起きてきます。また，そのことが障害者自身の尊厳にも深く影響を及ぼします。

3　心理的バリア

　最も心の奥底に根差し，感情を支配し，人の行動に影響を与えるのが偏見です。子どものときから，年月をかけて形成され，最も変化しにくいものです。
　障害者が町に出たときに，「人の目が気になる」というのは，障害者に対する世間の偏見のことを指していますが，同時にその偏見は障害者自身の心のなかにもあります。きっと世間は，以前自分が障害者に対してもっていた偏見の目で，自分のことを見るに違いないと思ってしまうのです。
　いたずらをする子どもに「いい子にしないとああなるよ」と叱っていた母親の言葉に，傷ついた経験のある障害者が，カナダのバンクーバーで開催された障害者の世界会議に行ってきた感想を次のように述べていました。「ハード面のバリアフリーは確かに進んでいたけれど，日本で感じる人の目がバンクーバーでは気にならなかったのが，一番印象的だった」と。
　偏見が，幼いころから時間をかけて形づくられるものである以上，それを取り除くには時間がかかることはいうまでもありません。しかし，障害のある人との日々の付き合いを通して，悲しみや喜びの体験を共有するなかで，同じ人間だという確かな実感が芽生えてきます。心理的バリアを取り除くためには，障害者とふれあうことが何よりも大切です。

　障害者が外出しようと思ったとき，身内や訓練者ではなく，見ず知らずの他人の介助を受けるのは不安や抵抗があります。何人かの中途障害者が「障害者になって，健常者から『かわいそうに』と言われたのが一番いやだった」と言っていました。

また，言語障害のある人は，「わからないのにわかったふりをされたり，先回りして言われてしまうと，もう何も言えなくなってしまう」と嘆いていました。彼らは一様に，同情ではなく，理解して対等に付き合ってほしいと望んでいるのです。

第5章 移動介助の基礎知識

1 全身性障害者への接し方

1 全身性障害者のイメージ

　全身性障害者は，どのような障害があるのでしょうか。ガイドヘルパーの支援が必要な全身性障害者は，肢体不自由という手足のまひや切断あるいは体幹を含めた非常に重度のまひがある人です。例えば，次のような障害の状態が想定されます。

- 頸髄損傷により首から下に運動と感覚のまひがあり，屋内の床面などで抵抗が少ない所では，少しだけ自らの力で車いすを移動させられても，屋外の抵抗の大きいアスファルト路面ではほとんど移動できない。
- 脳性まひにより四肢や体幹など全身の筋肉に緊張が出やすく，車いすを自らの力で移動させることはもちろん，電動車いすの操作も十分行えない状態であり，話をする場合も呼吸の仕方や舌や唇などの動きが必ずしも円滑でなく，一回で相手に意思等を伝えることができない。
- 脳卒中後遺症により右片まひがあり，また，聞く・話すの両方が非常に難しい失語症がある。右の上下肢はまったく動かないと同時に感覚もほとんどない。日中は，車いす上で座った姿勢で過ごすことが多く，自宅では食事以外のほとんどで介助を必要とする。

　これらはあくまでもイメージで，かつほんの一例です。重度の全身性障害のある人は，障害部位の状態によって，支援を必要とする内容や程度は個別に異なります。そのため，障害の個別性として全身性障害のある肢体不自由のある人は，ほかの障害以上に幅が広いといえるかもしれません。例えば，上肢にまひがある場合，両上肢なのか片上肢なのか，片上肢であれば利き手なのか，非利き手なのかなどいろいろな状況があり，そのため介助などの支援技術は少しずつ異なってきます。

　このような個別性を考えると，支援を行うのが心配になりますが，次に挙げるいくつかのことを留意しておけば，決して躊躇する必要はないといえます。

2 留意点

障害をよく理解しましょう！

　全身性障害は，元となる疾病等が様々です。その疾病等により，障害のことが理解できることも多くあります。例えば，脳卒中後遺症で右片まひがある人であれば，失語の障害があるかもしれません。そのため，言いたいことがあってもうまく言葉として出せなかったり，あるいは聞いた言葉をうまく理解できなかったりするかもしれません。また，脳性まひの人のなかには，言葉を発しようとすると緊張が高まり，口の動きや呼吸がうまくできない構音障害があったり，難聴により相手の話が聞き取りにくく，少し離れたところから声をかけても応えなかったり，何回も言わないといけない場合があります。

情報をできるだけ得ておきましょう！

　どのような障害であっても，原則，利用者本人に支援の内容を確認することが必要です。また可能な限り家族などの身近な人からも，情報を得ておくことが大切です。そのうえで支援を行うと，サービス提供者ばかりでなく，利用者も安心して支援を受けることができるかと思います。

　少し堅苦しい感じがするかもしれませんが，「どこまでを，どのように支援するのか」と具体的に確認しておくことがよいでしょう。なお，事故防止のためには，臨機応変に対応することも忘れてはいけません。

できることであっても必要に応じて支援を考えましょう！

　ときどき「本人のできることは本人に任せて」ということを聞きます。それも大切なのですが，そのときの目的は何なのかを考えることが必要です。日常生活でほとんど問題なくこなしていることに対しては，介助をあまり意識しなくてもよいのですが，少し努力が必要なことについて「本人に任せる」ということは，機能訓練（リハビリテーション）の一環になってしまうかもしれません。

　外出の支援であれば，まずは外出の目的を果たせるように，利用者に確認しながら支援の範囲を判断すべきだといえます。なお，利用者は，体調等によって自分でできることが変わります。以前できたことが，当日できないかもしれません。判断するにあたっては，やはり利用者本人に確認することが大切でしょう。

何はともあれ笑顔でコミュニケーションを！

　笑顔もサービスの一つです。単に利用者へのサービスの提供という意味だけではなく，円滑な情報収集やコミュニケーションの円滑化にもつながります。コミュニケーションが円滑になれば，外出の時間を過ごすのがお互いに楽しくなるといえる

でしょう。

2 全身性障害者の社会参加

1　全身性障害者と社会参加

　人間は，社会的な存在です。多くの人と関わったり交わったりしながら社会生活を送っています。隣近所の知り合いやいつも買い物に行く商店の店員さん，学生時代の友だち，子どもを通した話し仲間，趣味やスポーツのグループのメンバー，仕事をしていれば職場の仲間と，それぞれの生活スタイルや生活の広がりなどに即して付き合う顔ぶれも多彩です。

　しかし，幼いときから肢体に重い障害がある人たちで，社会生活がなかなか広がらない人たちがいます。障害があるために皆と同じようにはできないと思い込んでいたり，生活体験が限られていたりすることなどがその理由にあげられます。人生の途中で肢体に重い障害をもち，以前の自分とは違ってしまったと消極的になってしまって，生活範囲が狭くなってしまう人もいます。肢体に障害があるので一人ではできないことがあること，一人では自由に外出しにくいことなどが，社会参加を狭めてしまうことにつながってしまいがちなのです。

　しかし，身体の機能的な障害は重度であっても，積極的に外に出かけて，多くの人たちと関わり，交わりながら，いきいきと生活している人たちもたくさんいます。それぞれに，その人らしい社会に溶け込んだ生活を送っていたりしています。自分の人生を前向きにとらえると社会生活は大きく広がり，バラエティに富んできます。これは，障害があること，ないことには関係がないようにも思えます。

2　全身性障害者の社会参加とは

　「全身性障害者の社会参加」というと，特別な社会参加の仕方があるように聞こえます。そうでしょうか。

　北欧のデンマークやスウェーデンから始まったノーマライゼーションの理念は，今，わが国でも障害のある人たちの生活を考える基本理念に位置づけられています。ノーマライゼーションの理念の実現とは，障害のある人も高齢者も子どもも，すべての人が同じように社会の一員として存在している社会がノーマルであり，日常の生活においては，障害のある人たちのいろいろな欲求が，社会のほかの人たちと同じように，ごく自然に満たされていることといえます。社会のほかの人たちと同じ

ように暮らすことができること，そういう社会が求められているのです。

「全身性障害者の社会参加」は，基本的には何ら特別なものではないのです。朝起きて，昼間は働いたり生きがいとしている活動に取り組んだりする，喫茶店でゆっくりする，休日にはデパートに買い物に行ったり，好きな映画を観に行く，同窓会に出かける，知り合いを病院に見舞うなど，それらは社会参加の一つです。この頃はパソコンを使う人も増え，インターネットで買い物をしたり，メールで知人と通信しあう人もいるでしょう。社会参加の形は様々です。「全身性障害者の社会参加」とは，肢体に障害のある人が，社会のなかで自分の考える生活を当たり前に送ることであるといえるでしょう。

ところで，2014（平成26）年1月に，わが国は国連が採択した「障害者の権利に関する条約」（障害者権利条約）を批准しました。この条約では，「障害に基づく差別」を，「障害に基づくあらゆる区別，排除又は制限であって，政治的，経済的，社会的，文化的，市民的その他のあらゆる分野において，他の者との平等を基礎として全ての人権及び基本的自由を認識し，享有し，又は行使することを害し，又は妨げる目的又は効果を有するものをいう。」と規定しています。続けて「障害に基づく差別には，あらゆる形態の差別（合理的配慮の否定を含む。）を含む。」とあります。「合理的配慮」とは，差別のない状態を確保するための「必要かつ適当な変更及び調整であって，特定の場合において必要とされるものであり，かつ，均衡を失した又は過度の負担を課さないものをいう。」としています。

この条約の締結国であるわが国は，障害のある人たちへの差別をなくし，人権や基本的自由を尊重する社会の実現に向けて幅広く取り組んでいく必要があります。2011（平成23）年に施行された改正障害者基本法は，第3条に「地域社会における共生等」を規定しています。障害のある人たちの地域社会での暮らし，社会参加は，「権利」であると認識する時代になりました。

3　全身性障害者の社会参加をすすめるために

全身性障害者の社会参加をすすめるために，様々な施策が整えられてきました。必要に応じて，大いに活用したいものです。

この施策を整理すると，①積極的に自信をもって生活していく力（社会生活力）を高める支援と，②社会参加をしやすくするための側面的な支援に分けられます。

ここでは，主として国の事業である施策をとりあげますが，ほかに地方自治体による単独事業や民間の事業などがあります。市町村によって異なりますので，詳しくは市町村にお尋ねください。

社会生活力を高める支援

　自分の生活は自分で決める，これが自立した生活の基本です。しかし，障害があることで，日常生活や社会生活をどのように成り立たせたらよいかを自分で決めることが難しい状況にいる人たちがいます。

　それは，機能的な障害があるからではなく，ご本人の責任でもなく，障害があるために生活していくうえで必要な力を獲得する機会が不十分であることがそうさせていることが多いようです。

　毎日の生活では，日常生活動作，例えば，洗面，着替え，食事などをどうするか，コミュニケーションや健康に留意した生活はどうしたらよいのか，買い物や通院のための外出などはどのようにしたらできるのか，誰かに支援を頼む方法で解決したほうがいいのかなど，自分で決めなければならないことがたくさんあります。こうしたことをどのようにしたらよいかを確かめ，決めて，自分の意思で毎日の生活が主体的に送れるようにしていくことが大切です。例えば，外出時にガイドヘルパーの支援を依頼するという選択は，解決方法の一つです。

　就労や趣味の活動，生きがい活動などについても同じです。見たり聞いたり，実際に確かめたりすることで，自分にふさわしい活動などが分かってきたり，それを可能にする場を見いだしたりすることができていきます。

　自分の意思で主体的に生活していくことで，積極的に自信をもって生活していく力（社会生活力）が高められていきます。

　こうした力を高めていく支援として，「障害者の日常生活及び社会生活を総合的に支援するための法律」（障害者総合支援法）の自立支援給付における自立訓練があります。このサービスは，在宅生活を送りながら，あるいは期間を定めて施設入所支援を使いながら利用することができます。相談窓口は，市町村です。

側面的な支援

(1) 福祉用具

　　身体機能を補完したり，代替するために用いられる用具を「補装具」といい，障害者総合支援法に，補装具費支給制度が定められています。全身性障害者が利用する補装具には，車いす，電動車いす，座位保持装置，歩行器などがあります。補装具の購入または修理を希望するときは，市町村に費用支給の申請をし，補装具費の支給決定を受けたのち，補装具製作（販売）業者と契約をして，補装具の購入または修理のサービスを受けることができます（第2章第5節の「**6** 補装具」を参照）。

　　補装具のほかに，日常生活がより円滑に行われるようにするために，障害者総合支援法では地域生活支援事業として日常生活用具の給付等を行う事業を定めています。

「日常生活用具」は，①安全かつ容易に使用できるもので，実用性が認められるもの，②日常生活上の困難を改善し，自立を支援し社会参加を促進すると認められるもの，③製作や改良，開発にあたって障害に関する専門的な知識や技術を要するもので，日常生活品として一般に普及していないもの，という要件をすべて満たすものをいい，①介護・訓練支援用具，②自立生活支援用具，③在宅療養等支援用具，④情報・意思疎通支援用具，⑤排泄管理支援用具，⑥居宅生活動作補助具（住宅改修費）の六種目の用具が規定されています。具体的な品目については，参考例として示されていますが，T字杖，携帯用会話補助装置などがあります。日常生活用具は市町村に申請し，給付等の決定後，給付を受けることができます。

1993（平成5）年に「福祉用具の研究開発及び普及の促進に関する法律」が制定され，開発がいっそう進んでいます。様々な福祉用具を展示し，実際に試すことができる展示室もありますので，活用したいものです。

(2) 就労・生きがい活動の場

障害者総合支援法には，障害のある人の自立や生きがい活動をすすめるために，様々な福祉サービスがあります。

自立支援給付における日中活動の場として，療養介護，生活介護，自立訓練，就労移行支援，就労継続支援（A型＝雇用型，B型＝非雇用型）があります。就労移行支援は，企業就労などを目指した事業です。

また，以前からある機能訓練，社会適応訓練，スポーツ・レクリエーション，創作活動などを提供してきた身体障害者福祉センターがあり，ほかに市町村の地域生活支援事業において位置づけられた「地域活動支援センター」においても創作的活動や生産活動の機会の提供，社会との交流の取り組みなどが行われています。

(3) 企業就労

2011（平成23）年の厚生労働省の「生活のしづらさなどに関する調査」（平成23年）によると，わが国の在宅の身体障害者数は，386万4000人と推計されています。うち，肢体不自由者は，170万9000人（44.2％）です。また，身体障害者総数のうち，身体障害者手帳1級，2級である重度の障害を有する人たちは，163万7000人で42.3％となっています。

「障害者の雇用の促進等に関する法律」（障害者雇用促進法）では，障害者雇用率制度が設けられており，民間企業の雇用率は2.0％です。従業員50人以上のすべての事業主は，常時雇用する従業員の2.0％以上の身体障害者，知的障害者を雇用することが義務づけられています。重度障害者は，2人を雇用しているとみなしてカウントされます。

同法は，障害者の雇用義務のある事業主に毎年6月1日現在の雇用状況につい

ての報告を求めています。2014（平成26）年6月の集計結果をみると，雇用障害者数は，43万1225.5人，実雇用率は1.82％で，法定雇用率を満たしていません。また，法定雇用率達成企業の割合は，44.7％です。

職業相談や指導の場としては，公共職業安定所（ハローワーク）のほか，各都道府県に1か所以上設置されている地域障害者職業センターがあります。また，職業訓練の場として，障害者職業能力開発校などが設置されてきました。

しかし，脳性まひによる障害などで上肢や言語に障害のある人たちは職域が限られてしまうこともあり，企業への就職が難しい状況がありました。知的障害や精神障害がある人たちにも同じような状況がありましたが，企業への就職が難しいとされてきた人たちの雇用の促進と雇用継続支援のために，様々な事業が整備されてきています。

障害者雇用支援センターが設置され，身近な地域で雇用，福祉，教育等の関係機関が連携して日常生活や就業面での一体的な相談・支援を行う「障害者就業・生活支援センター事業」や職場定着に支援を必要とする障害者等をその職場において支援する「職場適応援助者（ジョブコーチ）支援事業」などもあります。

ハローワークの紹介で，企業で原則3か月間試行的に働いてから雇用に切り替える「トライアル雇用」という事業もあります。その他にも特定求職者雇用開発助成金，障害者初回雇用奨励金（ファースト・ステップ奨励金）などの助成もあります。在宅就業障害者支援制度も2006（平成18）年より始められています。職業訓練の場としても，ハローワークの紹介により企業をはじめ，社会福祉法人，特定非営利活動法人（NPO法人），民間教育機関などへの多様な委託訓練が行われてきています。

このように，雇用を促進させるための事業が，多様に実施されています。

「障害者権利条約」批准との関係では，2013（平成25）年の障害者雇用促進法の改正において，雇用の分野における障害者に対する差別の禁止や障害のある人たちが職場で働くに当たっての支障を改善するための合理的配慮の提供が義務づけられました。2016（平成28）年4月1日に施行されます。

(4) 社会参加促進のための事業

障害者総合支援法には，市町村ならびに都道府県において実施する地域生活支援事業が規定されています。この事業は，障害のある人たちの自立した生活や安心して暮らすことのできる地域社会の実現を目指して実施されるものです。

市町村地域生活支援事業では，①理解促進研修・啓発事業，②自発的活動支援事業，③相談支援事業，④成年後見制度利用支援事業，⑤成年後見制度法人後見支援事業，⑥意思疎通支援事業，⑦日常生活用具給付等事業（前掲），⑧手話奉仕員養成研修事業，⑨移動支援事業，⑩地域活動支援センター機能強化事業（前掲）が，必須事業として位置づけられています。その他に，市町村の任意事業があり，

「日常生活支援」としては訪問入浴サービス，生活訓練等，日中一時支援などがあり，「社会参加支援」としてはスポーツ・レクリエーション教室開催等，文化芸術活動振興などがあります。

都道府県地域生活支援事業では，必須事業として専門性の高い相談支援事業，専門性の高い意思疎通支援を行う者の養成研修事業，専門性の高い意思疎通支援を行う者の派遣事業などを行います。他に，任意事業である「社会参加支援」には，障害者ITサポートセンター運営，パソコンボランティア養成・派遣，都道府県障害者社会参加推進センター運営，スポーツ・レクリエーション教室開催等，文化芸術活動振興などがあります。

地域生活支援事業は，地域の特性や利用者の状況に応じ，市町村や都道府県が自主的に取り組み，柔軟な形態により実施する事業です。自立支援給付の個別給付と組み合わせて利用することもできますし，地域生活支援事業単独で利用することもできます。

移動支援事業は，市町村地域生活支援事業の必須事業です。相談支援事業も同じです。社会参加について相談支援事業者に相談し，移動支援のサービスを利用することで，地域での暮らしに不便がないように，それだけではなく地域での暮らしを大いに満喫できるようになることが期待されます。

(5) 生活環境の改善

障害のある人たちの様々な社会参加やこれに伴う外出を快適で安全なものとするバリアフリー環境の整備に向けて，法律などが制定され，改善がなされてきました。

1994（平成6）年に，「高齢者，身体障害者等が円滑に利用できる特定建築物の建築の促進に関する法律」（ハートビル法）が制定されました。この法律では，2000㎡以上の病院，劇場や映画館，デパート，スーパーマーケットなどは特別特定建築物として，また，学校，事務所，共同住宅などは特定建築物として，敷地通路や出入り口，トイレ，廊下，エレベーター，階段，駐車場などのバリアフリー対応が求められました。

各都道府県は，福祉のまちづくり条例を制定し，建築物などの整備基準を定めました。この整備基準の対象範囲は，日常生活に関係深い建物はもちろん，駅のコンコースやホーム，道路や広場，鉄道車両などにも及びました。

2000（平成12）年に「高齢者，身体障害者等の公共交通機関を利用した移動の円滑化の促進に関する法律」（交通バリアフリー法）が制定されたことにより，駅，バスターミナル，鉄道車両，バス，航空機など，大半の公共交通機関のバリアフリー化が進められるようになりました。

さらに2005（平成17）年には，「どこでも，だれでも，自由に，使いやすく」というユニバーサルデザインの考え方を踏まえた「ユニバーサルデザイン政策大

綱」が策定されました。身体的状況，年齢，国籍などを問わず，可能な限りすべての人が，社会に参画し，安全で豊かに暮らせるよう，生活環境や移動環境をハード・ソフトの両面から整備し，改善していこうとするものです。基本的考え方として，①利用者の目線に立った参加型社会の構築，②バリアフリー施策の総合化，③だれもが安全で円滑に利用できる公共交通，④だれもが安全で暮らしやすいまちづくり，⑤技術や手法等を踏まえた多様な活動への対応，の五つが示されています。この基本的考え方に沿って展開する10の具体的施策があげられていますが，このなかに，ソフト面での施策の充実（「心のバリアフリー」社会の実現），IT等の新技術の活用も含まれています。

2006（平成18）年に，「ハートビル法」と「交通バリアフリー法」を統合し，一体的な整備を推進するための措置等を定めた「高齢者，障害者等の移動等の円滑化の促進に関する法律」（バリアフリー法）が成立しました。この法律では，「公共交通施設や建築物のバリアフリー化の推進」として，旅客施設および車両等，道路，路外駐車場，都市公園，特別特定建築物については，新設・改良時のバリアフリー化基準（移動等円滑化基準）への適合義務が，また既存の施設については適合の努力義務が規定されました。また，「地域における重点的・一体的なバリアフリー化の推進」としては，市町村が作成する基本構想に基づき，駅を中心とした地区や高齢者や障害者などが利用する施設が集中する地区を重点整備地区とした，重点的かつ一体的なバリアフリー化を進めるための措置などが定められています。

生活環境の整備はこのように進展してきたところですが，今後とも，更なる推進が望まれるところです。

4 社会参加をよりすすめるために

肢体に障害がある人たちの社会参加をすすめるためには，よりいっそうの社会的な配慮が必要とされています。物理的環境の整備とともに，障害のある人たちへの理解の促進も課題にあげられます。

外出先での「人の視線が気になる」「同情や憐れみの裏返しのような親切は嫌だ」などという，障害のある人たちの声を聞くことがあります。これらは，障害のある人たちへの理解が不十分なことからくる特別視や偏見から生まれています。誰でも，障害をもつ可能性があるのです。自分が逆の立場だったらどう思うだろうか，と考えてみることも必要ですし，人間として対等な存在であることを忘れずにいたいものです。「心のバリアフリー」を実現すること，これも社会全体の大きな課題であるといえるでしょう。

障害のある人たちの外出環境は，少しずつ整えられてきました。エレベーターや

エスカレーターが設置されている駅が増え，リフト付き路線バスも走るようになりました。車いすを使って外出する人にとってバリアとなる建物の段差など物理的に越えられないハードルは，徐々に解消されてきています。しかし，肢体に障害がある人たちにとって，まちには今もバリアがたくさんあります。自分の機能的な障害を改めて認識させてしまうような物理的なバリアの解消が，障害のある人たちが当たり前に外出し，様々な社会参加をしていくための大きな課題といえるでしょう。

前述した障害者権利条約の精神を，障害者総合支援法は基本理念において次のように定めています（第1条の2）。

「障害者及び障害児が日常生活又は社会生活を営むための支援は，全ての国民が，障害の有無にかかわらず，等しく基本的人権を享有するかけがえのない個人として尊重されるものであるとの理念にのっとり，全ての国民が，障害の有無によって分け隔てられることなく，相互に人格と個性を尊重し合いながら共生する社会を実現するため，全ての障害者及び障害児が可能な限りその身近な場所において必要な日常生活又は社会生活を営むための支援を受けられることにより社会参加の機会が確保されること及びどこで誰と生活するかについての選択の機会が確保され，地域社会において他の人々と共生することを妨げられないこと並びに障害者及び障害児にとって日常生活又は社会生活を営む上で障壁となるような社会における事物，制度，慣行，観念その他一切のものの除去に資することを旨として，総合的かつ計画的に行われなければならない。」

私たちが目指すのは，障害のある人たちを分け隔てしない社会であり，必要な合理的配慮がなされた差別のない社会です。ガイドヘルパーは，「外出」という社会参加への配慮として必要な人的支援です。ガイドヘルパーによる一人ひとりへの個別支援が，全身性障害者のもっと多様な社会参加をすすめていく原動力となるでしょう。

また，そうした積極的な社会参加が，「地域社会において他の人々と共生すること」を妨げていることや，「障壁となるような社会における事物，制度，慣行，観念その他一切のものの除去」に求められる，社会参加に関わる課題をより具体的に明確にしていくことも期待されるところです。

3 姿勢保持

1 良好な姿勢の必要性

1 姿勢の重要性

　姿勢は,「身体の構え方,格好,身体つき」という意味です。姿勢保持（ポジショニング）とは「姿勢をとること,姿勢をつくること」の意味で,身体各部（四肢〜両手両足,体幹〜首から腰までの支柱部分,胴体）が,お互いに適切な位置関係になるように整え,生活行為に適するようにすることです。

　人は活動するとき,腰掛けているとき,寝ているとき等々,各行為に適した姿勢を何ら意識することなく整えています。事故や病によって四肢体幹が不自由になってしまったとき,行為に合った適切な姿勢をつくるように意識して生活することになります。

　長時間同じ姿勢を続けたり,無理な姿勢をとり続けることは,どんなに安楽な姿勢でも苦痛なことです。姿勢や運動に障害のある方には,いかに苦痛を少なくし,安全・安楽に過ごすことができるようにするかについての援助が重要です。まひによる筋肉の萎縮および関節の拘縮,変形,筋緊張の種類や程度に配慮した姿勢保持を,主治医,利用者やその家族とともに考えます。

　寝たきり状態では,頭部や全身への血流の停滞,心肺等を中心とした自律神経の機能不全を起こしやすく,また,視線が常に低く視界も限られ,コミュニケーションの機会も少なくなります。そして,ほぼ全面介助の生活となり,心理的情緒的側面にも影響を及ぼします。自ずと依存せざるを得ず,消極的な生活となり,社会参加等への積極性も薄れてきます。心理,情緒面は,身体と深く関連しあっています。

　自発的な動きの少ない重度の障害のある人にとって,他動的にでも頭部を垂直に保持し,身体を重力に抗して起こし,座位を保持することにより,脳や内臓,血液循環等の生理的機能を活性化する効果が期待できます。また,日常生活における,「上肢機能の改善」「摂食・嚥下機能の改善」「呼吸機能の改善」「認知・コミュニケーションの向上」「ADL（日常生活動作）の拡大」「介護の負担の軽減」「筋緊張のコントロール」「変形・拘縮の予防,矯正」「QOL（生活の質）・社会参加のための能力向上」等の効果が期待できます。これらの機能の改善・向上が図られることによって生活領域が拡大され,生活が豊かになり,心身両面の安定と自立,社会参加につながり得る状況となります。

何のための姿勢づくりなのか（リラクゼーションを目的とする等）を明らかにし，生活の各場面（食事・排泄等）に適した，そして，一人ひとりの実態に応じたアプローチを行う必要があります。

2　姿勢の基本

姿勢とは，頭部，体幹，四肢の相対的な位置関係で，立位，座位，臥位を基本とする様々な形があります。直立姿勢は動物のもっとも進化した姿勢です。

体位とは，体格，健康，運動能力などの基準から見た身体の状態，身体の位置ということです。姿勢の種類と体位の特徴は，以下のとおりです。

(1) 仰臥位

　最も安定した体位で疲労感が少なく，筋肉がほとんど弛緩状態になります。しかし，この体位は背部と臀部等に圧迫があり，その部分に循環障害をきたしやすい状態です。また，一般的に摂食には向かず，時には誤嚥の危険があります（図5-1）。

(2) 側臥位

　片側面と背部が解放された状態です。背部のマッサージや手当て，衣類の着脱等が容易です。下側になった上肢，下肢等の圧迫に留意を要します。背部や下肢部分等に枕などを当て，支えにして安楽にします（図5-2）。

(3) 腹臥位

　腹部を下にしたうつ伏せ状態です。安定はしていますが，胸部，腹部が圧迫されるので呼吸しにくく，長時間は困難です（図5-3）。

(4) 半座位

　仰臥位から上半身を起こした状態です。背中の支えによって角度の調節を行い

図5-1　仰臥位

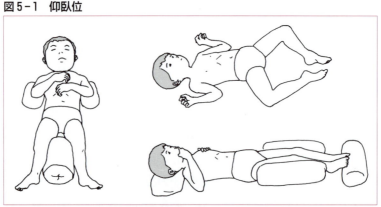

資料：高橋純，藤田和弘編著『障害児の発達とポジショニング指導』ぶどう社，38頁，1986年

ます。臀部が圧迫され，長時間の姿勢保持は，ずり落ちるなど難しいのですが，極力，座位姿勢を促すために有効です（図5-4）。

(5) 起座位

胸部が圧迫されないので呼吸が楽です。起座呼吸は，強度の呼吸困難のとき，より楽な姿勢です。前に机やテーブルなど身体を支えられるものがあれば，より楽になります。長時間になると下肢が痺れたり，腰痛が見られるので注意が必要です（図5-5）。

(6) 座位

上体を起こした状態で，骨盤と大腿骨が底面になります。座位を保つためには，頭部や体幹を常に垂直に保ち，重心がいつも臀部の上にあるように調節する必要があります。それには，相応の筋力と頭部・体幹・四肢の運動機能の発達が必要です。

生活のなかで一般的にとられる姿勢で，えんこ座り・長座位・あぐら・正座・横座り・とんび座り等，様々な座り方があります（図5-6）。

(7) 立位

体重を支える面積が足底面のみで少なく，ほかの姿勢に比較すると疲れます。

図5-2 側臥位

資料：図5-1と同じ，41頁

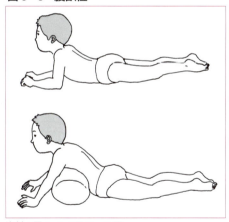

図5-3 腹臥位

資料：図5-1と同じ，41頁

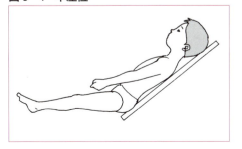

図5-4 半座位

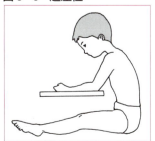

図5-5 起座位

しかし，身動きが自由なので，移動等，動作が容易です（図5-7）。

これらの姿勢で，ガイドヘルパーがよく関わる姿勢は，半座位・起座位・座位・立位です。一般的に，人間は姿勢を保持するときには，安定感のある姿勢や快い姿勢を好みます。そして同一姿勢を続けるのではなく，むしろ姿勢を変換しようとします。移動介助の際にも，この点を考慮して対処する必要があります。

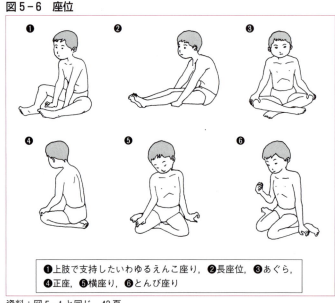

図5-6　座位　　　　　　　　　　　　　図5-7　立位

❶上肢で支持したいわゆるえんこ座り，❷長座位，❸あぐら，❹正座，❺横座り，❻とんび座り

資料：図5-1と同じ，43頁

2　良好な姿勢保持の方法

　自力で身体を支えて座ることが困難であったり，長時間安定して座れない人の姿勢保持は，障害の特性や程度に応じた座位保持装置を使用したり，車いすの工夫，また，クッションやマット等を当てて改善する等して，良好な姿勢を保持するようにします。

　その際，専門家（リハビリテーション専門医，理学療法士，作業療法士など）による適切な評価と処方，指導を得ることが大切です。また，座位姿勢のとり方・修正の仕方については，以下の点について基礎的知識として押さえ，配慮することが必要です。

(1)　原疾患の特性はどうか

　　進行性か，非進行性か，変動性か，起こりやすい合併症があるかどうか

(2)　医学的リスクはどうか

　　　　誤嚥，けいれん，窒息，呼吸障害，褥瘡などへの配慮はどうか
(3) 年齢・発達のレベルはどうか
　・乳幼児期……発達の促進，将来の変形の予防に主眼
　・学　童　期……教育的配慮，将来の変形の予防，子ども集団への参加に主眼
　・青　年　期……社会的自立への準備，同年代，男女両性との交流に主眼
　・成　　　人……職業的配慮，機能低下への対応，安楽性，社会参加，介護の軽減
　　　　　　　　　等に主眼
(4) 機能障害の特性はどうか
　・筋緊張の種類と程度……痙性まひなのか弛緩性まひなのか，不随意運動はどうか
　・座位保持能力（図5－8）
　　❶ 補助がなくても良好な座位保持が可能か（座位保持良）
　　❷ 補助があれば何とか良好な座位保持が可能か（座位保持不良）
　　❸ 補助があっても良好な座位保持が不能か（座位保持不能）
　・運動のコントロール……口腔のコントロール，頭部・体幹のコントロール，上肢のコントロール，骨盤・体幹と下肢の分離，下肢の支持性，身体各部の協調
　・異常姿勢反射……非対称性緊張性頸部反射，対称性緊張性頸部反射
　・変形・拘縮・圧迫の問題，呼吸機能，認知機能
(5) ADL・介護の状況はどうか
(6) 生活環境はどうか
(7) 座位保持の経験はあるのかどうか
(8) 余暇活動（社会参加の機会）はどうか
(9) 利用者，介護者，関連スタッフの希望はどうか

　ガイドヘルパーとして関わる場合，利用者の個々様々な障害に対する安全・安楽な対応という面から，「その日の状態がどうなのか」と全身状態に留意する必要があり，本人あるいは家族に聞きながら関わり，その表情，訴え等から姿勢をとったり

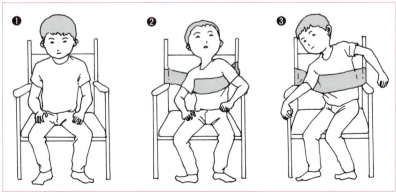

図5－8　座位保持能力

修正したりします。

　また，知的障害等のある重複障害者に対しても，快，不快等の表情の変化や身体の動きの変化について細かく観察し，その変化によって家族に聞きながら対応したり，あるいはガイドヘルパーが判断して対応します。前もって家族から，表情や身体の動きの特徴と訴えの表現等の関連について情報を得ておくことも必要です。

　これらの対応については，ガイドヘルパー側のペースですすめるのではなく，「利用者本人にとってどうなのか」ということを常に考慮して対応することが求められます。

1　座位姿勢のとり方

　車いす等に座位姿勢をとる場合は，利用者が不安を感じないように，利用者の様々な身体の状況に合わせて安全・安楽に座位保持することが大切です。また，それに応じた工夫は，利用者や家族に聞いて，慣れた方法で実施し，不安を少なくします。

(1) まず，確認することは，車いすのブレーキがかかっているかどうかです。この確認は，安全面で忘れてはならないことです。
(2) 車いすの座面，背面のシートがしっかり張ってあるかどうか，この確認も良好な姿勢を保持するうえで大切です。
(3) 座位姿勢のとり方は，
　① 車いすの座面に対して頭部を垂直に保持し，頭が十分に高い位置にあるように座ります。重力に抗して身体を起こします。
　② 車いすの背もたれ部と座面に隙間のないよう，骨盤後傾とならないよう座位し，フットサポートに足底を付けます。
　③ 骨盤は座面に対して垂直に保持することが大切です。骨盤の安定を図ることは，座位保持の原則です。左右の座骨に体重が均等に加重されれば，頭部と体幹の均衡が図れます。骨盤・下肢・腰部・胸部・頭部の順に，座面に対して垂直に保持されているかどうか確認します（図5-9）。
　④ 股関節を十分に開いて外転し，座面との接触面積を大きくして安定を図ります。
　⑤ 重度の脳性まひにおいては，脊柱変形や四肢の拘縮，筋緊張の異常などにより，不安定な座位姿勢になります。腰部から体側への支持，下肢を開くための股パット等で安定させ，体幹のコントロールを図ります。
　⑥ 筋ジストロフィー症のような進行性疾患においては，特に，デュシェンヌ型進行性筋ジストロフィーの場合，よい姿勢をとることは，体幹変形の進行を遅延させるうえで大切です。しっかりした座面と背面シートにより骨盤の安定化を図って座位し，腰椎前わん位を保持します。側方支持部により側わんの矯正

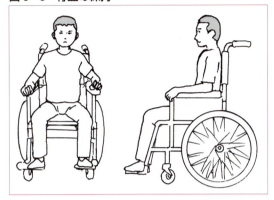

図5-9 骨盤の保持

および体幹の支持を図ることで安定します。

ただし，あまりしっかりと固定すると日常生活の妨げとなり，また，呼吸に悪影響を与えるので，注意が必要です。

⑦ 関節リウマチにおいては，身体各部の関節に痛み，変形，拘縮，機能障害があり，安楽な姿勢での座位保持となります。背面シートを頭部まで支持できるようにした，リクライニングの車いすで座位の角度を調整します。また，立ち上がりやすいように座面を高めにします。

2　座位姿勢の修正の仕方

座位姿勢の修正は，良好な姿勢を保持するうえで，また，座位保持の目的を達成するために重要です。車いすの工夫に加え，身体状況に十分配慮された座位保持装置によって修正することで，安楽，快適な座位となり，変形の予防，日常生活のなかでの障害の軽減が図られることになります。介護の負担も軽減されます。

座位姿勢の修正の仕方は，

(1) 重度の脳性まひにおいては，首の座りが不安定で前に折れ曲がってしまったり，顔を上に向けたままにした状態が定まった状態の場合，リクライニングできて座面と背面が一体化して動く，振り子式モールド型，モジュール型，バケットシート型の座位保持装置に座らせ，肩からと胸からベルトで支持し，股から腰部にもベルトで支持し，姿勢を整えて車いすに移動します（図5-10）。

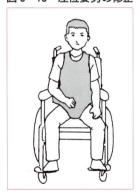

図5-10　座位姿勢の修正

(2) 重度脳性まひで痙直型四肢まひにおいては，全身が硬く緊張するので，骨盤が後傾し，下肢が突っ張るように伸展し，腰が浮いてしまうような場合，また円背，肩の緊張から前かがみ

になり首が肩に寄るような姿勢では，骨盤・腰椎の位置関係を整えることが重要です。股関節を外展させて座面を後ろに下げて，骨盤を起こします。
(3) 重度脳性まひでアテトーゼ型においては，下肢より上肢機能に問題のあることが多く，非対称性緊張性頸部反射のため両手を前に出すことができないので，車いす等に工夫を加え，握り棒などを握り，上肢を前に出し，姿勢の安定を図ります。

　円背の強い脊柱側わんの場合，体幹を対称的に伸ばします。

　側わんがある場合は，変形して弓なりに出た部分の中央から下の方を抑え，反対側凹側の上下を抑え，骨盤で均衡を図ります。
(4) デュシェンヌ型進行性筋ジストロフィーにおいては，
・伸展型……体幹の前傾姿勢が保持しやすいように，体幹前面に軟性コルセット，車いすへの固定装置を用いています。
・側わん型……体幹の側方と，側わんしている側の座骨部分に痛みを生じやすいので，骨盤を安定させるための側方パットを用います。ポリプロピレン製の側方支持部，矯正用ベルトで調整します。
・後わん型……仙骨部と背部に痛みが生じやすく，体が前に倒れやすいので，体幹前面に軟性コルセット，側方からポリプロピレン製の板で支えます。車いすの固定用ベルトで安定を図ります。

3 姿勢保持の留意点

　姿勢保持がなぜ必要なのか，それによって何が得られるのか，ということを押さえて関わることが大切です。

　車いすに座位保持し，外出することは，大変な不安と緊張を伴います。ガイドヘルパーは，車いす走行中の利用者の座位の安定感や，痛みが生じていないか，窮屈なところはないか等，時々声をかけて確認し，利用者の心身のリラックスにも配慮し，訴えには適切に対応します。また，言語表現が困難な場合，意思の疎通が図れないような場合には，利用者の細かい表情の変化や動き等に留意し，障害に応じた配慮が必要です。

　座位姿勢の崩れがあると安全・安楽が確保できません。

　注意することは，
(1) 両下肢が車いすのフットサポートからずれてはいないか
(2) 両上肢がアームサポートからずれてはいないか
(3) 背部や腰部がずれて深く沈み込んではいないか
(4) 体幹が左右いずれかに傾斜しすぎてはいないか

(5) 頭部が深く前倒しすぎてはいないか
(6) 姿勢保持のための矯正ベルトやパット，クッション等が窮屈そうではないか

　このような状態が見られれば，ガイドヘルパーは，利用者に声をかけ，確認してそれぞれの修正を行い，良好な姿勢にします。利用者への声かけは，車いすのストッパーを必ずかけて，ガイドヘルパーは，利用者と目の高さを同じにして対面し，些細なことでも安心して話せるような雰囲気づくりを意識して対応します。

　さらに，車いすには，個々の障害に応じた工夫があります。事前に操作方法を把握しておきます。

　外出先やその目的にもよりますが，目的地で車いすから降りて，畳，床の部屋や，野原等で座位姿勢を保持する場合は，事前に十分な準備が必要になります。

参考文献

里宇明元・峯尾喜好・千野直一「当院における Seating Clinic の経験」『総合リハビリテーション』15(2)，117～123 頁，1987 年

里宇明元・千野直一・君塚葵・木佐俊郎・正門由久・長谷公隆「小児の補装具に関する問題点―利用者，処方者，製作者に対するアンケート調査より―」『総合リハビリテーション』23(10)，885～894 頁，1995 年

里宇明元「体幹装具と Seating system (8)　筋ジストロフィー症児に対する座位保持装具：1. 基本的な考え方，2. 体幹装具，3. 車椅子の工夫」『総合リハビリテーション』17，545～546 頁，637～638 頁，717～718 頁，1989 年

「特集―からだに合わせたいす―」『はげみ』8・9 月号，1997 年

花山耕三・里宇明元「重度脳障害児の Seating system」『臨床リハビリテーション』7(2)，168～171 頁，1997 年

Seating Resource. Current Trends for the Disabled. Otto Bock, Canada, 1989.

金子芳洋編，金子芳洋・向井美恵・尾本和彦『食べる機能の障害―その考え方とリハビリテーション―』医歯薬出版，1997 年

4 介助に関わる車いすおよび装具等の理解

1 車いすの構造と機能

　全身性障害者の外出介助に当たっては，車いすが欠かせないという点から，車いすの構造をよく知っておく必要があります。一般的な車いすの構造は，「自在輪（キャスタ）」と呼ばれる車いすの進む方向によって，自由に向きを変えることができる二つの前輪と，「駆動輪」と呼ばれる前後の向きに方向を固定された二つの後輪

4 介助に関わる車いすおよび装具等の理解

に，背もたれの付いた椅子と，「フットサポート」と呼ばれる足置きが取り付けられたものになっています。駆動輪には，障害者自身が駆動する際に力を加えるための「ハンドリム」といわれるパイプが取り付けられています。

一般によく使用されている車いすの構造と各部の名称を，図5-11に示しましたので，参考にしてください。

ガイドヘルパーとして，特に知っておいたほうがよい構造について表5-1にまとめました。ここで示したものは，必ずしも外出介助を必要とする障害者が使用する車いすだけのものではありませんが，移乗や移動の介助に当たっては，これらの構造もよく知っておくことが必要です。これらの使い方を知らないと，事故を誘発することにもなりかねません。例えば，フットサポートを開閉する構造がある車いすでは，これを開くことによって，その空いたスペースに介助者の足を置くことができます。このことを知っていると，抱き上げている障害者を車いすに降ろす際に，車いすの近くに立って，無理の少ない姿勢で介助を行うことができ，介助者の負担が減るばかりか，障害のある利用者も急に降ろされずにすみ，安全性が増します。

特に，車いすに特殊な構造がある場合には，事前に家族あるいは本人にその機能等を聞いておくことが必要でしょう。

図5-11 車いすの構造と各部の名称

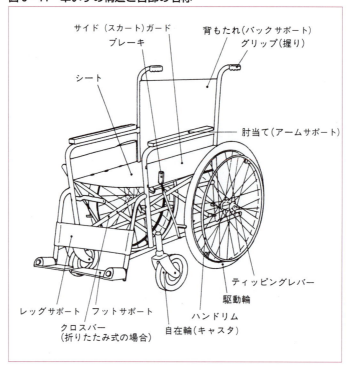

表5-1 知っておくべき車いすの構造

知っておくべき構造	参　考　図
❶リクライニングシート 　背もたれが後方に傾く構造になっており，重度の障害者（児）や，頸髄損傷者の起立性低血圧時などに，車いす上での臥位をとれるようになっている。後方に傾ける場合に，介助者が車いすのグリップをもったままできるように，通常は自転車のブレーキレバー様のものが取り付けてある。 　車いすの機能として，シートと背もたれの角度が一定のまま後方に傾けることができるティルト型のものもある。このタイプでは，臀部が滑って仙骨座になりにくい。 ❷ヘッドレスト 　リクライニングシートが必要な障害者で，頭部を安定させるために取り付けられている。ただし頸髄損傷者などでは，将来的には取り外すことが多い。	ヘッドサポート リクライニングシート リクライニング調整用レバー
❸折りたたみ・取り外し式背もたれ 　車での移動を考慮して，車のトランクなどに積み込めるように背もたれが折りたためたり，取り外せるものがある。折りたたみ式は，後方のレバーを解除することで，折りたたむことができるものが多い（右図）。 　また取り外し式には，ピンを押し込むタイプがある。	

4　介助に関わる車いすおよび装具等の理解

知っておくべき構造	参考図
❹取り外し・跳ね上げ移動可能なサイド（スカート）ガード 　車いすとベッドなどの間を移動する場合に，サイドガードを取り外すなどを行っておくと，その間の移動を容易にすることができる。 　サイドガードの取り外しが可能なタイプは，前側の支柱にあるピンを押し込むなどで，サイドガード全体をパイプから抜き取るようになっている（右図上）。 　また跳ね上げが可能なタイプは，前側の支柱にあるレバーを解除するなどで，サイドガードの前側を持ち上げて，背もたれの方に移動させることができる（右図下）。	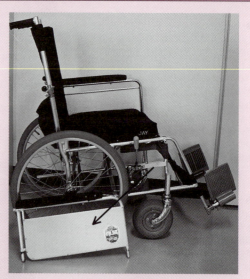 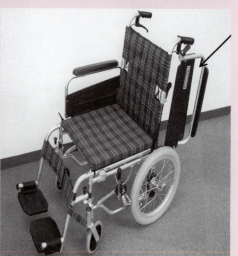
❺腕固定用アームサポート 　腕がまひにより動かなかったり，不随意運動がある場合にその腕を置いたり，固定するための台。台がない場合には，腕を肘当てにそのまま固定する場合もある。	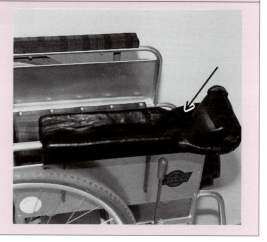

知っておくべき構造	参 考 図
❻キャリパーブレーキ 　介助者が，グリップから手を離さずにブレーキの操作ができるように，自転車のブレーキの構造になっている（右図○の部分）。リクライニングシートを後方に倒すレバーとともに設置されている場合があるので，間違わないように注意が必要。	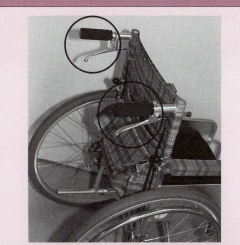
❼ブレーキペダル 　これも介助者がグリップから手を離さずにブレーキをかけるためのペダルである。キャリパーブレーキと異なり，車いすが完全に止まっている状態で用いる。 ❽ティッピングレバー 　前輪（キャスタ）を上げる際に，介助者が両グリップ（握り）を手前に引きながら，このレバーの一方を片足で体重をかけるように踏む。このことで，車いすの前側だけが上がる。	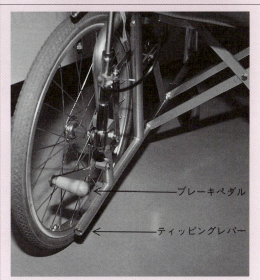 ブレーキペダル ティッピングレバー
❾駆動輪の形状 　車いすの目的が介助のみしかない場合，本人が後輪を回すためのハンドリムを取り付けていない場合が多い（右図）。また，車いすを車のトランクに入れて運びやすいように通常より小さな後輪を使用することもある。	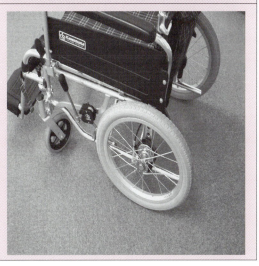

4　介助に関わる車いすおよび装具等の理解

知っておくべき構造	参　考　図
❿エレベーティング式フットサポート 　フットサポートの角度が変えられるもので，膝関節に拘縮があったり，リクライニングの姿勢をとる場合に，膝の関節も無理のない位置にすることができる。	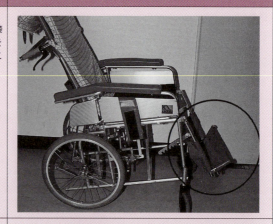
⓫フットサポートの開閉 　足を置くサポートが，左右それぞれ外側に開くようになっている。開けておくことで，障害者を車いすとベッド間の移動等の介助をする際に介助者の足をフットサポートのあった位置に置くことができ，介助が楽になる。 　フットサポートの形には，布製のベルトタイプで，左右がつながっているものなどもある。 　車いすによっては，フットサポートの取り外しができるものもある。この形状の場合も，介助者の足元を広くできるため，いったん取り外すとよい。	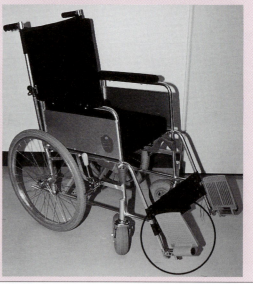

特殊な車いすの構造

　脳性まひのある人のなかには，不随意運動などによって座位を保持することができない人がいます。そのような人の車いすでは，不随意運動により姿勢が崩れることを防ぐ特殊な改造をしているものがあります。このような車いすの例を図5-12に示しました。

　この図で座位保持用バケットは，脊椎や股関節の変形により，通常の平らなシートでは座位を保てない場合に，その人の臀部などの形状に合わせて特殊な樹脂により作製します。これを使うことにより，比較的長時間の座位が可能となります。

　この車いすには，上肢や下肢が不随意的に伸びてしまわないように，それぞれにベルトが付いています。特に，このような車いすを使用する障害者を介助する場合に注意することは，障害者の手足の位置や姿勢を変えるとき，ほかの部位の位置も考慮することです。例えば，リクライニングシートを倒すとき，上肢を固定しているベルトを必ず開放しなくてはなりません。上肢を，このベルトで固定したままリクライニングシートを後方に傾けた場合には，障害者の肩や肘などの関節を痛めてしまうなどの事故を起こすことがあります。十分に注意する必要があります。

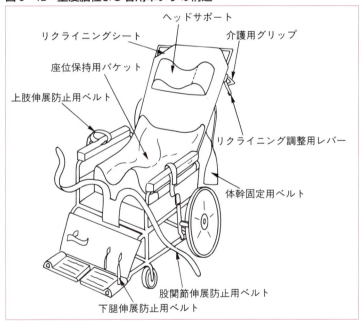

図5-12　重度脳性まひ者用車いすの構造

2 電動車いすの構造と機能

　電動車いすは，上肢の筋力が弱いため，手動で駆動する車いすがまったく使えないか，不随意運動により操作が大変困難な重度の障害者を対象としたもので，推進力源はバッテリーを電源とするモーターです。その構造は，車体，車輪，モーター，制御装置（コントロールボックス），バッテリーからなっています。これらの構造からなる電動車いすのほかに，電動リクライニング座席，電動昇降座席などがついた多機能型や，高齢者がよく使用するスクーター様の三輪型などがあり，手動の車いすに比較的コンパクトなモーターとバッテリーを取り付けるものもあります（図5-13）。

　通常の電動車いすは，コントロールボックスに付いているジョイスティック（コントロールレバー）を操作するものが一般的ですが，このジョイスティックを手で操作できない場合などに，障害の特性に応じてあごの下にコントロールボックスをセットして，あごの先でスティックを操作するチンコントロール方式を用いることもあります。

　従来から見かける電動車いすの構造と名称を図5-14に示しました。特にコントロールボックスとクラッチレバーの位置を確認しておいてください。コントロールボックスには，電源スイッチが取り付けられているほかに，バッテリーの電気の残量が表示されます。クラッチレバーは，解除しておくとモーターとの接続が外れ，介助者による移動介助が可能となります。

　JIS規格における最高速度は6.0km/h以下（屋外用）とされていますが，速度切り換え用スイッチで，最高4.5km/hにすることができるものもあります。なお，走行中の速度の調整は，ジョイスティックを倒す角度で調整します。

　電動車いすのバッテリーは，自動車と異なり走行中に充電されないため，使用する前にバッテリーの充電量を確認しておく必要があります。

　電動車いすを使用する障害者を移動介助する場合は，特に次の4点について注意してください。

① 使用するときには，バッテリーの電気の残量を確認します。特に遠出の前日の夜には，十分に充電を行っておきます。
② 移動する必要がない場合は，電源を切っておきます。
③ 電動車いすを押して介助しなければならない場合は，クラッチを解放し，使用しないときも含めそれ以外は接続しておきます。
④ 乗っている人も合わせた重量は100kgを超えるものもあるので，どうしても人力だけで階段を上り下りしなくてはならないときには，必要な人数を確保します。

図5-13　手動の車いすにモーターとバッテリーを取り付けたタイプの電動車いす（他に電動アシストユニット付のものもある。）

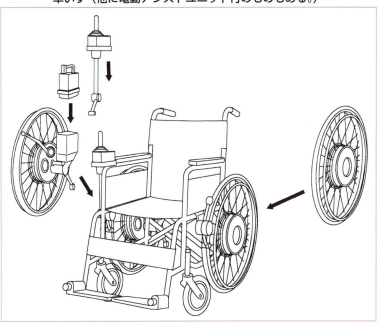

図5-14　電動車いす各部の名称

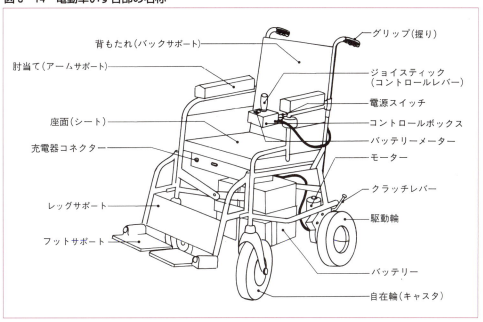

3 装具や自助具等の機能

1 装具等

　車いすを除く装具には，上肢，下肢および体幹に用いるものがあり，それぞれにいくつかの種類があります。ここではガイドヘルパーとして知っておいたほうがよい，比較的多く使われている下肢装具と，装具ではありませんが体幹を車いすへ固定する際に用いるベルトおよびベッドと車いす間などの移乗介助に用いる移乗器具について説明します。

下肢装具

　全身性障害者が用いる下肢装具は，長下肢装具（LLB：Long Leg Brace）と短下肢装具（SLB：Short Leg Brace）に分けることができます。

　長下肢装具は，足部から骨盤までのものと，下肢の付け根までのもの（図5-15）があり，どちらも膝を伸ばしたままで固定することができます。この機能を用いることで，立位をとることが難しい障害者であっても，少しの介助で立位姿勢を保つことが可能となる場合があります。この装具で膝関節を伸ばしておくには，膝を完全に伸展させ，左右二つある膝継手の部分を固定し，さらに膝頭に当てる「膝当て」を，左右の軸に固定します。最初に装着するのに手間がかかりますが，外出前に膝を曲げた状態で装着して車いすに乗車しておき，トイレへの移乗などで一時的に立位をとる必要があるときに，先の手順で膝を完全に伸ばしておくことができます。このことで，介助者の負担を軽減することができます。

図5-15　靴型長下肢装具

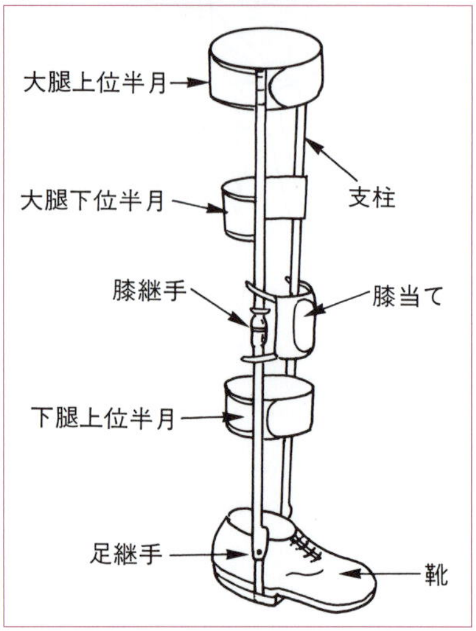

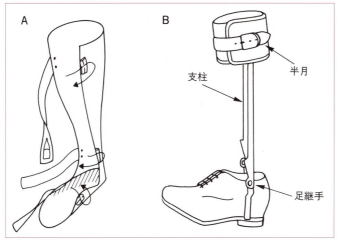

図5-16 短下肢装具

短下肢装具は、足部から膝下までの装具であり、足底からふくらはぎにかけて包み込むような形状をした靴のなかに履くプラスチック製のもの（図5-16のA）と、左右に軸の付いた長下肢装具を短くしたもの（図5-16のB）があります。歩行が自力により何とか可能な片まひの人が用いることが多い装具です。

体幹固定用ベルト

非常に座位バランスの悪い障害者の場合に、体幹をベルトなどで車いすに固定することで、移動中のバランスの崩れを最小限にすることができます。

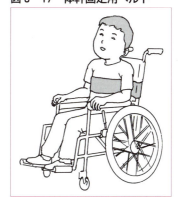

図5-17 体幹固定用ベルト

頚髄損傷の人では、背もたれと体幹を幅の広いベルトで固定するものを多く用います（図5-17）。このベルトは背もたれにすでに取り付けられているものと、車いすには取り付けず、車いすの背もたれに障害者の体幹を巻き付けるようにして使用する1本のベルト状のものがあります。

また、脳性まひの人で身体の反りかえりが強くずり落ちのおそれがある人の場合には、それを防止するために本人等と相談しながら、股関節伸展予防用ベルトを必要に応じて活用します。

4 介助に関わる車いすおよび装具等の理解

移乗器具

　移乗するための器具としては，吊り上げ式リフト（図5-18）などがありますが，ここでは，回転式簡易移乗機について，その取り扱い方を図5-19に示しましたので参考にしてください。
　この器具は，1本軸の取り付けられた円形シートによるもので，その軸は回転板の上に取り付けてあります。使い方は，軸を倒しベッドに腰掛けている障害者の上

図5-18　吊り具式床走行リフト

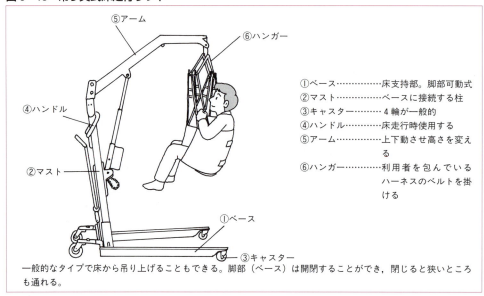

①ベース……………床支持部。脚部可動式
②マスト……………ベースに接続する柱
③キャスター………4輪が一般的
④ハンドル…………床走行時使用する
⑤アーム……………上下動させ高さを変える
⑥ハンガー…………利用者を包んでいるハーネスのベルトを掛ける

一般的なタイプで床から吊り上げることもできる。脚部（ベース）は開閉することができ，閉じると狭いところも通れる。

図5-19　回転式簡易移乗機

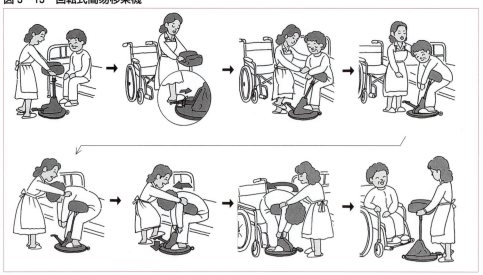

資料提供　㈱ハーツエイコー

半身を，この移乗器具のシートにもたれかけさせ，介助者は身体を支えながら軸を起こし，そのままの姿勢で回転板を回転させて，障害者の背部側を車いすのシート面に向け，ゆっくりと軸を倒して車いすなどに移乗させます。脊柱や股関節に拘縮をもつ障害者には適しませんが，片まひで身体の大きな障害者の移乗に適しています。

なお，重度の障害者すべてに適応するとはいえませんが，ベッドと車いす間にスライディングボードを置き，座ったままで移乗する方法もあります。介助者同士などで，自らが経験するようにして確認しておくとよいでしょう。

2　自助具

自助具とは，障害や慢性の疾病をもった人が，生活の自立を助けるために残された力を十分に活用するように工夫された身近な道具のことをいいます。

全身性障害者の移動介助に当たっては，障害者の食事動作や更衣動作，排泄動作等において個々の必要性に応じた自助具の役割を十分に理解しておくことが大切です。

自助具にはほぼ三つの役割がありますので，どの役割のために自助具が活用されているのかを理解して使用してください。

下記に三つの役割を紹介します。
① 障害された身体部位の機能や能力を補う。
② 障害や疾病の状態をそれ以上悪くしないように予防する。
③ 自助具を活用することで機能回復を図る。

①～③のどの場合を目的とするかは，個人的な需要や障害・疾病の段階，状態像によっても異なりますので，多面的に判断して使用することが大切です。それは，代償機能として早く使いすぎると，まだ改善する可能性の芽を摘んでしまうことになるためです。

逆に，障害のレベルに合わなければ機能が悪化することもありますので，活用する場合には適切に使用される必要があります。

自助具が適切に選択されて用いられるときには，身体の諸機能の向上や動作速度の短縮，生活動作の効率化や自立，積極的な社会参加等を促すことになります。具体的には，障害や疾病によって起こる関節可動域の制限の代償や予防，軽減，筋力低下の代償や予防，軽減，感覚低下の代償，手の巧緻性や協調性の代償，両手動作の代償，コミュニケーション障害の補助や代償により心理的な満足感が得られて生活への自信につながります。

また，自助具を実際に選択する場合には次の条件を備えていることが望ましいと考えられています。

- 安全性が確保されているもの
- 装着も含めて使用方法が簡単なもの
- 軽くて丈夫であるもの，壊れたとしても修繕が簡単にできるもの
- 感触がよいもの
- 外見上利用者に受け入れやすく見栄えのよいもの
- 購入しやすい価格のもの

では，下記に移動介助の際に活用すると便利な自助具を紹介します。

食事動作に使用される自助具

食事動作では，主として箸やスプーン，フォーク，皿，コップ等の食器を使用するため，食器を操作するのに必要な手指機能を代償，補助する自助具を活用することが多くあります。

(1) バネつき箸

脳性まひにおいて手指を曲げて箸の先をそろえることはできても箸先を開くために伸ばすことが困難な場合に活用されます（図5-20）。ただし，拘縮や痙性が強い場合には利用できない場合もあります。また，把持しやすい形のグリップがついているタイプの箸もあります。

(2) 曲がりスプーン

関節リウマチのように痛みや変形拘縮のため肘の屈曲角度が少なく，スプーンなどの食事用具が口に届かないために食事動作を一人で行うことが困難な場合にスプーンの柄を長くしたり，柄の角度を曲げて，口に届きやすく工夫すると食事の自立を可能にします（図5-21）。これにはスプーンと柄のつなぎの部分の角度を自由に調節できるものと，もともと柄に角度がついているタイプのものがあります。

(3) スプーンホルダー

頸髄損傷の場合や脳性まひで，手指の巧緻運動が不良であるためにスプーンを保持し続けることが困難な場合には手部ホルダーにスプーンを固定すると食事の自立が可能となります（図5-22）。

(4) 食物ガード付き皿

脳性まひや頸髄損傷において手首を返す動作が困難なために食べ物をスプーンでうまくすくえない場合に利用します。皿の固定には滑り止めマットを併用すると便利です（図5-23）。

(5) くるくる皿

筋ジストロフィーにおいて，筋力が弱いためにテーブルの数々の皿に手が届かない場合や関節リウマチのように痛みや拘縮があり離れたところにある皿に手が届かず，手近な所にのみ届く場合には利用すると便利です（図5-24）。最近では

スプーンやフォークの把持ができない場合や口まで運ぶことができない場合には食事用の支援ロボットを使用すると，簡単なスイッチ操作のみで食事の自立が可能です。

(6) コップホルダー

頸髄損傷や脳性まひにおいて，手指を十分伸ばしてつかみ，コップを持ち続けることが困難である場合に利用します（図5-25）。

図5-20 バネつき箸

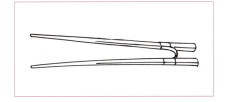

図5-21 曲がりスプーン

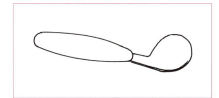

図5-22 スプーンホルダー

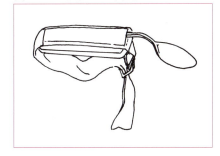

図5-23 食物ガード付き皿

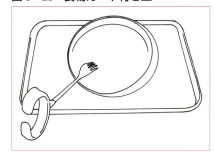

図5-24 くるくる皿

図5-25 コップホルダー

整容動作に使用される自助具

(1) 長柄歯ブラシ

関節リウマチや筋ジストロフィーの場合には，肩や肘の動きが少なく市販の歯ブラシを操作するときに口にうまく届かないことが多いため，そのようなときは，市販の歯ブラシに長い柄をつけることで一人で使用できるようにします。柄には，軽量のものを使用すると，筋肉や関節に負担がかからない状態で使用可能となります（図5-26）。また，手の細やかな動きが困難な場合には電動歯ブラシを

使用すると便利です。
(2) レバー式水道栓

関節リウマチでは，一般的に使用されている水道栓では小指側に手首をひねって水を出さなければならないために，より特有の変形や痛みを強めてしまいやすいことがあります。レバー式水道栓やタッチセンサー付きの水道栓を利用することで関節を保護することが可能です（図5-27）。

図5-26　長柄歯ブラシ

図5-27　レバー式水道栓

更衣動作に使用される自助具

(1) ボタンエイド

関節リウマチで，手指の変形が強く小さい関節に力が加わるとより関節の状態が不良になる場合や，痙性まひのために手指の巧緻運動が困難である場合には，このような自助具を活用すると，関節の保護や巧緻運動の代償として活用できます（図5-28）。

(2) リーチャー

関節リウマチや脊髄損傷のため，両手や両下肢の運動性が不十分なために手が下肢に届かず，ズボンの着脱やスカートの着脱が困難である場合に，代償機能として利用できます（図5-29）。

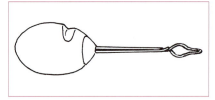

図5-28　ボタンエイド

図5-29　リーチャー

排泄動作に使用される自助具

(1) パンツ式収尿器

脊髄損傷の場合に装着ベルトがないので圧迫感がなく，皮膚かぶれの心配がなく，着用も簡単です。蓄尿袋を下腿にベルトで固定することができます（図5-

30)。

(2) 座薬挿入器

脊髄損傷で，手指の巧緻運動が困難であるため，座薬をつまんで肛門に挿入することが困難である場合に使用します。手部に座薬を取り付けた挿入器を固定して，肘関節の動きで挿入することができます。ただし，巧緻運動が困難なため，肛門に挿入する際に傷をつくる可能性がある場合には指導を受ける必要があります（図5-31）。

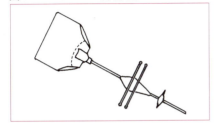

図5-30 パンツ式収尿器

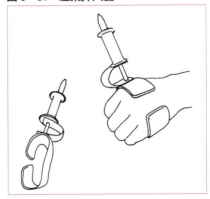

図5-31 座薬挿入器

参考文献

伊藤利之・江藤文夫編『新版 日常生活活動（ADL）―評価と支援の実際―』医歯薬出版，2010年

伊藤利之ほか編『ADLとその周辺―評価・指導・介護の実際（第2版）―』医学書院，2008年

日本作業療法士協会監『作業療法学全書 作業療法技術学2 福祉用具の使い方，住環境整備（改訂第3版）』協同医書出版社，2009年

5 外出に向けた移動介助の心がけ

移動介助の目的は，安全・快適に外出の目的が達成できるようにすることです。そのためには，以下のことに留意して準備，介助します。

外出準備の確認

外出までの準備は，原則として障害者自身あるいは家族が行っていますが，家に誰もいなくなるような場合には，戸締まり，火の始末の確認を口頭ですることが必要です。また，障害者自身の顔色や身体状況などから健康状態の把握に努める必要

があります。障害者自身の持ち物についても確認が必要ですが，詳細にわたる確認は障害者自身の自尊心を傷つけることにもなります。最低限の確認としては，いつも飲んでいる薬，緊急連絡先のメモ，必要なお金，身体障害者手帳などにとどめておくほうがよいでしょう。

移動介助に適した服装や持ち物

　ガイドヘルパーは，障害者を抱える，車いすに移動させる，車いす上の障害者の姿勢を変える，車いすを押すなどの介助が行いやすいように軽快な服装をすることが必要です。靴は安定感があり，滑りにくいものを選びます。また，余分な物は極力持たないようにし，バッグ類は肩に掛ける，あるいは腰につけて，ガイドヘルパー自身の両手が空くようにしておきます。

外出先と目的，経路の確認

　外出を快適にし，無駄な労力を避けるために，外出先と目的をはっきりさせ，主な経路と時間の配分について確認します。公共交通機関を利用する場合は，その経路が車いすで移動することが可能かどうかを調べておくべきでしょう。インターネットによる障害者向け情報も利用することができます。

　外出先や利用する交通機関等で人手を借りる場合には，可能な限り事前に協力を依頼しておくことも必要でしょう。また，混雑が予測される場合には，余裕のある計画を立てておくことも大切です。

　外出すると，交通機関の利用，博物館やスポーツ観戦への入場などに伴う料金の支払いがついてまわります。必要な額を事前に準備してもらうことの確認は当然ですが，外出時の財布の所持や支払いは，できるかぎり本人に行ってもらうよう配慮したほうがよいでしょう。物理的に困難な場面で介助するようにします。

不測の事態のときの連絡先の確認

　外出時には，病気，けがなど不測の事態が発生する可能性があります。そのような場合に備え，障害者のかかりつけの病院や家族等への連絡先を確認しておきます。

車いすの確認

　タイヤの空気が不十分であったり，ブレーキの効きが悪かったりすると，ガイドヘルパーの負担が増すことになり，障害者の安全確保にも問題を生じかねません。少なくとも，タイヤの空気，ブレーキの効き具合，フットサポートの高さ，背もたれなどのフレームの接続状態を確認しておきます。車いす付属の工具（スパナなど）があれば持参するとよいでしょう。

車いすを押す速さ

　車いすに乗っている人は，地面が近いため，押している人が感じる以上に速さを感じます。また，歩いているときと違って，速さを自分自身で調節することができないため，路上の障害物の傍らあるいは部屋の入口を通り抜けるときなどに不安感を抱きやすいものです。個々の障害者と移動場面に適した速さに気をつけることが必要です。加えて，テーブルに着く，便器などに近づくときには対象物が急速に迫ってくる感覚を持ちやすいので注意が必要です。

介助の度合

　外出行為すべてにわたって介助が必要な全身性障害者ばかりとは限りません。ある特定の場面では完全に自立している人もいます。過剰な介助はかえって煩わしいものとなります。障害者の主体性を尊重し，必要な場面における的確な介助が，障害者との信頼関係を築くことになります。外出時には，階段，段差，溝，狭い通路，混雑，不整地あるいは不測の出来事などのすべてが障害ですが，これを克服する行動すべてが障害者とガイドヘルパーの共働作業です。単に物理的な介助にとどまることなく，言葉かけなどを通しての心の通い合いが，障害者と介助者の双方にとって「心地よい環境」のもとで真の介助が成立すると思われます。

6 事故防止に関する心がけと対策

1 事故防止のための移動の留意点

　移動中に起こりやすい事故は，車いすからの転落，移乗の際の転倒，車いす自体の衝突や移動中の上肢・下肢の周囲の物との接触です。事故発生の防止のために気をつけなければならない点を以下に説明します。介助方法の詳細は，それぞれの項を参照してください。

平地を移動するときの座位バランスの崩れ

　平地の移動では，急停止，片流れ地面（道路の中央から路肩に向かって傾斜する路面，車道の方向に傾斜している歩道あるいは駅の線路側に傾斜しているホームなど）の移動，段差の乗り越え，下り坂の移動，溝を越えるなどの場面で障害者の座位バランスが崩れやすく，車いすから転落したり，ずり落ちたりするおそれがあります。段差や溝を越えるときには，車いすが側方へ傾いたりしないように注意して

行います。片流れや傾斜の角度は様々で，介助者には認識できない程度の角度でも障害者の座位バランスに影響しやすいことを知っておく必要があります。障害者のバランスが崩れそうなときは，障害者の肩などを片手で押さえる必要があるかもしれません。段差や溝に対して車いすが斜めの状態で越えようとしたときにも車いすは傾斜します。必ず直角にして越えるよう気を付けます。また，たとえ平地であっても凹凸がある場所では，車いす上の身体は座面の傾斜の影響を受けやすくバランスの崩れの原因になることにも注意が必要です。

階段の昇降における座位バランスの崩れ

　車いすごと昇降するときは座面が傾き，障害者のバランスが崩れるおそれがあります。前のめりになることを防ぐために，原則として昇り降りともに，障害者が階段の上を見るような向きで行います。また，介助者が車いすを持ち上げるとき，持つ場所によってはその部分が外れることもあります。特に何人かで協力して持ち上げる場合は，持つ場所をはっきりと指示します。さらにこの場合は，タイミングを合わせるため声で合図をしながら，静かに持ち上げたり，降ろしたりすることが大切です。

エレベーター，エスカレーターやリフト付きの車を使うとき

　特にエスカレーターでは車いす全体が傾くため，障害者のバランスが崩れないように注意しなければなりません。基本的には，昇り降りともに障害者がエスカレーターの上方を見る向きで行い，介助者は必ずエスカレーターの下方（障害者の後方）に立って車いすの後輪をエスカレーターの段差に押し付けて固定するように介助します。また，不随意に動いてしまった手足が周囲の機器（エスカレーターのベルトや側板，エレベーターの扉，車とリフターの間隙など）に接触したり，挟まれたりする危険性があります。そのため，これらを利用するときには，事前に手足の位置に注意して安全な位置に直すなどを行う必要があるかもしれません。また，リフトの操作中にも，車いすの位置がずれたり，周囲の物に車いすや身体が接触したりすることがないよう注意することが必要です。

他人および周囲の物との接触

　混雑した場所での移動では，車いすのフットサポートが他人と接触しやすくなり，接触した相手を傷付ける可能性があるので注意します。また，車いす上の障害者の身体の位置は，ほかの通行者よりも低くなるため，他人の携行物（鞄，傘や手に持った煙草の火など）が障害者の身体に接触する危険性にも気をつける必要があります。また，感覚の障害がある場合には，手がタイヤに触れたり，足がフットサポートから落ちたりして地面に接触しても障害者自身は気付かないことがあります。とくに

足部の様子は，車いすを押す介助者の死角となり把握しにくいので注意します。

車いすからほかへ移乗するとき

　車いすからほかへ移乗する方法には，抱き上げる，立位をとる，背負うなどのいくつかの方法がありますが，原則として，その障害者のいつも行っている方法が最も安全といえます。1人で行うことが困難な場面では，迷わず協力を得られる周囲の人の手を借りて複数で行うほうが安全です。障害者を急激に降ろしたり，降ろした後にすぐ手を身体から離したり，姿勢を変えるために手足の先だけを持って引っ張ったりすると，痛みを生じたり，骨折や脱臼を引き起こすこともあるので注意します。

車いすから立ち上がって歩くとき

　介助によって歩くことのできる障害者は，車いすからほかのいす，ベッド，便座，乗用車の座席などに移乗するとき，一時的に立ち上がったり，歩くことがあります。立つ，歩く，座る動作はバランスを崩しやすいので，介助はできるだけ障害者のペースにあわせ，立ち上がった後あるいは一時的に立ち止まるときも安定するまで手を身体から離さないようにします。車いすから立ち上がるときは，車いすのフットサポートを上げ，障害者の両足を適切な位置にして，立ったときに身体のバランスを少しでも保ちやすくする配慮が必要です。

2　外出に伴う緊急時の対応

　外出では，天候，交通機関や人の混雑状況などにより，事故や体調不良が起きないとはいえません。ここでは，外出に伴い起こりうる急病やけがなどの対応について紹介します。

1　熱中症

　外出支援では，状況によっては日差しが強く暑い日に屋外を移動しなければなりません。また，たとえ日差しが強くなくても，気温と湿度が非常に高いときに外出することもあるでしょう。このような状況での外出は，熱中症の予防とともにその対策の準備も必要です。

　高温や多湿の環境下では，無風などの条件も重なり"立ちくらみ"がみられる「熱失神」，"筋肉のこむら返り"がみられる「熱けいれん」や"全身の倦怠感や虚脱感，頭痛，吐き気"などがみられる「熱疲労」，"体温調整が破綻し昏睡状態にも進行す

る"こともある「熱射病」の可能性があります。熱中症は，これらの総称になります。それぞれの症状は，次の通りです。また，熱中症の症状と重症度分類を表5-2に示しました。

【症状】
・熱失神
　炎天下に立っていたり，立ち上がったりしたときなどで，皮膚血管の拡張と下肢への血液貯留のために血圧が低下，脳血流が減少して起こるもので，めまいや一過性の意識障害（失神）などの症状がみられます。
・熱けいれん
　夏の炎天下などの高温環境下で，特に作業や運動により大量の発汗があるのに水分の補給がされなかったり，場合によっては塩分の補給がなかったりしたときに，痛みを伴った筋肉のけいれん，嘔吐や腹痛が現れますが，体温の上昇はほとんどないといえます。
・熱疲労
　特に高温多湿な環境において，大量の発汗による脱水症状と，その後の熱放散不足による体温上昇があり，訴えとして，疲労感，頭痛，めまいや吐き気などの症状があります。
・熱射病
　異常な体温上昇がみられ，精神的な興奮や錯乱がみられたり，けいれんや昏睡などの意識障害を伴う場合があります。ショック症状の非常に危険な状況になる

表5-2　熱中症の症状と重症度分類

分類	症状	症状から見た診断	重症度
Ⅰ度 現場で対応できる応急処置で対応できる軽症	**めまい・失神** 「立ちくらみ」という状態で，脳への血流が瞬間的に不充分になったことを示し，"熱失神"と呼ぶこともあります。 **筋肉痛・筋肉の硬直** 筋肉の「こむら返り」のことで，その部分の痛みを伴います。発汗に伴う塩分（ナトリウムなど）の欠乏により生じます。 **手足のしびれ・気分の不快**	熱ストレス（総称） 熱失神 熱けいれん	
Ⅱ度 病院への搬送を必要とする中等症	**頭痛・吐き気・嘔吐・倦怠感・虚脱感** 体がぐったりする，力が入らないなどがあり，「いつもと様子が違う」程度のごく軽い意識障害を認めることがあります。	熱疲労 （熱ひはい）	
Ⅲ度 入院して集中治療の必要性のある重症	Ⅱ度の症状に加え， **意識障害・けいれん・手足の運動障害** 呼びかけや刺激への反応がおかしい，体にガクガクとひきつけがある（全身のけいれん），真直ぐ走れない・歩けないなど。 **高体温** 体に触ると熱いという感触です。 **肝機能異常，腎機能障害，血液凝固障害** これらは，医療機関での採血により判明します。	熱射病	重

資料：環境省「熱中症環境保健マニュアル 2014年3月改訂版」14頁を一部改変

場合もあります。太陽光が原因の場合には一般に日射病といわれます。

【予防】

　障害者には，自律神経の障害のため，発汗できず，体温を調整できない人もいます。障害によっては，障害のない人よりも熱中症になりやすいといえます。そのため，予防について特に配慮が必要でしょう。予防には，次のようなものがあります。

① 誘因として，衣服の不適，疲労，睡眠不足や薬剤服用などがあるため，外出前の準備はもちろんのこと，前日からの体調や普段の外出状況なども情報として得ておくとよいでしょう。

② 衣服については，吸湿性，通気性のよい身軽な衣服を選択できるように相談するとよいでしょう。また，直射日光をできるだけ避けるため，可能であれば鍔(つば)の広い帽子をかぶるようにします。

③ 屋外であれば，可能な限り風通しのよい日陰で，休憩をとりましょう。

④ 屋内であっても，人混みや通風の状況などにより，熱中症を引き起こすこともあります。できるだけ，そのような場所に留まることは避けます。

⑤ 休憩時などに，できるだけ水分補給を行います。水分は，スポーツ飲料を使用することもよいでしょう。

【手当】

① もし，大量の発汗を伴い，疲労感やめまいなど気分が悪い訴えがあれば，できれば人混みのない屋内のソファーなどのある冷房が効いている場所を探して，利用者に確認したうえで臥位姿勢をとり，衣服などを緩めます。もし，このような環境がなければ，風通しがよく，日陰などの暑くない場所を選びます。

② 意識がはっきりしており，吐き気や嘔吐がなければ，できればスポーツ飲料などの水分補給を少しずつ利用者の様子を確認しながら行います。

③ 体温が高いときには，全身を濡らしたタオルなどで湿らせながら，扇子や雑誌などで扇ぎ風を送ります。逆に，寒気があったり体温が低いときには，上着や大きめのタオルなどで身体を包み，必要に応じて四肢のマッサージをします。

④ 万が一，意識がないときには，側臥位（回復体位：図5-32）をとらせ，一刻も早く医療機関への搬送（119番に連絡など）をします。もちろん，意識があっても体調によっては，医療機関への搬送を優先しなければなりません。なお，呼吸停止などにより，蘇生が必要な場合の処置は，次の「**3** 事故時の対応」を参照してください。

図5-32　意識がないときの側臥位（回復体位）

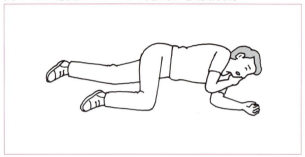

2　け　が

　外出に伴いけがをすることがあってはなりません。しかし，一般の救急処置では，けがの占める割合が極めて多いといわれています。ですから，移動介助を行う場合も，けがの予防に最大限に注意するとともに，万が一に備えて，けがに関する知識とその状況になった場合の処置について知っておくことは非常に大切なことです。
　ここでは，けがについての症状や処置について紹介します。

傷

　傷は，皮膚や粘膜が破れているかいないかで，開放性と非開放性に大別することができます。開放性の傷（図5-33）には，切り傷（切創），刺し傷（刺創），すり傷（擦過傷）などがあります。非開放性の傷には，打撲のほかに，熱傷・凍傷などもあります。
　ここでは，開放性の傷を中心に手当の方法を紹介します。この傷は，痛みのほかに出血や細菌感染の危険性があります。

図5-33　開放性傷の種類

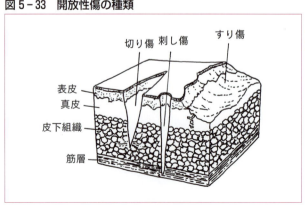

【手当】
　手当に先駆けて，介助者は手を洗い，衛生を保ちます。
・出血がほとんど見られない場合
　開放性の傷は感染の危険性が高いので，滅菌したガーゼなどを傷口にあて，包帯などによりそのガーゼを固定し，できるだけ早く医療機関に行き治療を受けるようにします。滅菌ガーゼがなければ，使用していないハンカチの表面をライターなどの火であぶって使用することも可能です。もし，傷口に砂などが付着していれば，水道水で洗い流しておくほうがよいでしょう。
・出血が連続して続く場合
　出血が続くと，生命の危険性が出てきます。そのため，止血をしたうえで早急に医療機関へ搬送して治療を受ける必要があります。
① 止血は，上下肢であれば出血部位が心臓よりも高い位置になるような姿勢をとります（患部の挙上）。もし，下肢であれば車いすなどから降りて平坦なところで臥位をとるなどを行い，傷口が高くなる肢位になることも必要でしょう。これで止血できれば，その間に傷口に滅菌ガーゼなどをあて，包帯などで固定（図5-34）し，止血の状況を見ながら医療機関へ搬送します。
② 患部の挙上だけで止血できない場合には，厚くした滅菌ガーゼを傷口にあて，介助者の手で傷口を直接強く圧迫します（直接圧迫止血法）（図5-35）。その状態で止血ができれば，その滅菌ガーゼを包帯等で固定し，医療機関へ搬送します。
③ もし，患部の挙上と直接圧迫止血により止血できない場合には，傷口より心臓に近い部位の動脈を手や指で圧迫し，血流を止めて止血します（間接圧迫止血法）。その圧迫する部位は，止血点といわれる図5-36から図5-39に示したものがあります。この止血の間に，出血部位を滅菌ガーゼなどにより圧迫固定します。止血点の圧迫を中止しても，この圧迫固定により止血できればでき

図5-34　包帯による圧迫固定

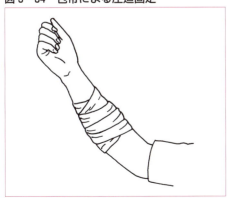

図5-35　手による患部の挙上と直接圧迫止血

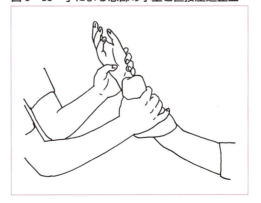

6　事故防止に関する心がけと対策

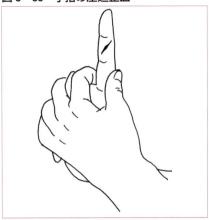

図5-36　手指の圧迫止血

図5-37　前腕に対する肘窩の圧迫止血

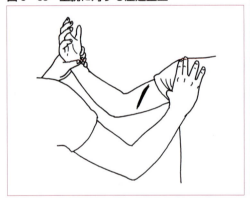

図5-38　上腕に対する圧迫止血

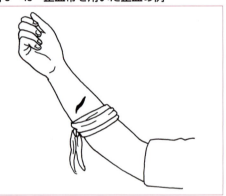

図5-40　止血帯を用いた止血の例

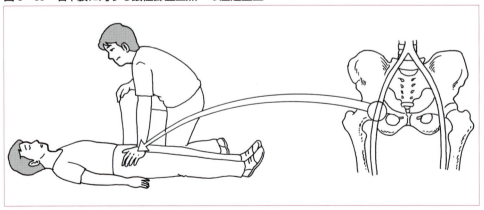

図5-39　右下肢に対する鼠径部止血点への圧迫止血

るだけ安静にして医療機関へ搬送します。もし，止血点の圧迫を中止すると再度出血する場合は，次の「止血帯」を使用します。

④　止血帯による止血は，上肢と下肢の出血でほかの方法では止血できない場合や，搬送中に振動などにより出血してしまう場合にのみ適応します。止血帯は，できるだけ滅菌した三角巾を使用するのがよいのですが，なければネクタイ，ズボン，ストッキングやベルトなどを利用することもできます。

　止血帯は，傷よりも心臓側になる傷からやや離れた場所に，止血帯の帯をできるだけ重ねるように巻き付け，必要以上に強くならないように止血できるまでゆっくりと締め付けたあと，結んで固定します（図5−40）。止血帯を30分以上続けて行わなければならない場合には，30分に1回程度締め付けを緩めて，傷口から血液がにじむ程度に血流の再開を行い，そのあと再度ゆっくりと締め付け，結んで固定します。

骨折，脱臼，捻挫など

　まひなどにより身体的な活動が低くなっていると，骨の強度が落ちてしまい，少しの外力でも骨折することがあります。また，まひのある四肢の関節では，筋肉の力が低い（ない）ため，捻られたり引っ張られたりすると脱臼や捻挫を起こしやすいと考えるべきでしょう。

　骨折には，大別すると骨折部付近の皮膚も損傷し出血を伴う開放性骨折と，骨折部の皮膚に傷のない皮下骨折（非開放性骨折）があります。

　開放性骨折では，出血を伴うため，生命に危険を及ぼす重篤な状態になる可能性があります。そのため，止血や傷口の感染予防などの処置をしたうえで，早急に医療機関への搬送（119番連絡など）が必要となります。

　皮下骨折の場合には，変形を伴うことが多い完全骨折と，ひびが入る程度の不完全骨折があります。移動介助にあたっては，高いところから転落したり，車に衝突されたりすることなどがない限り想定しづらいところですが，重篤な状況に対しては，より高度な技術が必要であるため，ほかの専門書や講習会などにより学習されることをお勧めします。

　ここでは，不完全骨折の処置を紹介します。捻挫あるいは脱臼は，不完全骨折とほぼ同じ処置になります。

【症状と予防】

　けがをした場合は，腫れや皮膚の変色を見ることが多くあります。痛みについては，まひがない部位では，その場所を訴えられたり，軽く触れてみて痛がる場所を探すことで特定できます。しかし，まひのある部位では，骨折や捻挫などの場所を特定することは非常に難しいといえます。そのため全身性障害者の移動介助では，すべてにおいて事故防止を最優先する必要があります。この予防については，ほか

の章で紹介した移動介助の知識や技術のレベルを高めるとともに，人混みや狭い場所などの移動で人や物などに接触をしないようにするべきでしょう。

【処置】

① 痛みの確認をして，その場所があれば，変形や内出血の有無を調べます。すでに内出血が見られる場合には，間違いなく皮下に損傷があります。なお変形があれば，医療機関への搬送を早急にすべきです。

② 障害の部位で痛みがなくても，その可能性があれば皮膚や衣服の擦過などの状況を見て判断します。もし，皮膚に少しでも擦過のあとがあれば，その部位に何らかの損傷があるとすべきです。

③ 何らかの損傷が予想される場合には，その部位をできるだけ心臓よりも高い位置に挙上させます。

④ 可能であれば，収縮性のある包帯で患部を包み込むように圧迫します。部位が手指や爪先でなければ，患部の末端はいつも見ることができるようにしておきます。これは，患部の圧迫による，それより末端部の血行障害を最小限に防ぐための観察を行うためです。

⑤ 患部の皮膚の損傷がなければ，冷やすことも有効です。冷やすことは，内出血を少なくし，痛みの軽減になります。冷やす方法は，もっともよいのは冷却用瞬間パックですが，持ち合わせていなければタオルなどを水道水で軽く濡らし，患部を包み込むようにします。タオルを頻繁に濡らし直して使用します。

⑥ 患部は，痛みを軽減させるためできるだけ安静が保てるように固定します。上肢であれば三角巾によって吊ることも検討します（図5-41）。三角巾でなくても，ネクタイやストッキングなどでも吊ることはできます。下肢であれば，ネクタイやタオルなどを使用して健側に沿わせるように固定するとよいでしょう。

なお，骨折，脱臼や捻挫は，必ずしも変形が伴うとは限りません。また，まひの

図5-41 三角巾による上肢のつり

前腕骨折で副木（添え木）を使用した例　　　つりのみの例：鎖骨骨折には非適合

ある部位ですと痛みを訴えることもない場合があります。もし，まひのある部位でその恐れがある場合には，利用者や家族に了解を得て早急に医療機関を受診するようにします。

3　起立性低血圧への対応

血液が下半身に貯留すると，心臓に戻る血液の量と心臓から送り出される血液の量が減少して血圧が低下します。正常な状態では，すぐに循環器系機能が反応し，心臓は速く力強く拍動して送り出す血液の量を増やし，細動脈は収縮して血流への抵抗を強め，血圧を上げることになります。

「第3章　障害・疾病の理解」で紹介したように，頸髄損傷の障害者では長時間上体を起こしていることで下半身に血液が貯留して，この起立性低血圧になる場合があります。また，高齢により，血圧の変化に循環器に関わる機能が即座に反応できなくなってくると，例えば急に立ち上がるとこの状態になることもあります。なお，「起立性低血圧」は脳貧血の状態ですが，病気ということではありません。

【対応】

移動介助の際に起立性低血圧の訴えがあったり，会話の途中で話がとぎれたり，姿勢が急に崩れたりした場合には，その可能性があります。その場合には，すぐに車いすを止めブレーキをかけたうえで利用者の顔色を確認し，また「大丈夫ですか」などと声をかけて意識を確認します。顔色が青ざめていたり，視点が合わなかったりする場合もあります。

対応としては，屋内であれば人通りが少なく，屋外であれば日差しを避けて，気候に応じてできるだけ安静を保てる場所に移動します。可能であれば，介助者が座れる場所があるとよいでしょう。その上で，図5-42にあるように車いす全体を後方に倒し，下半身を上げ頭部を下げるようにし，安静にします。この姿勢になる際

図5-42　起立性低血圧のための対応

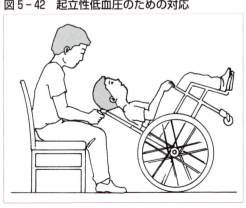

には，車いすのブレーキをかけて行います。また，利用者の頭を支えるには，畳んだ上衣や小さめのバッグを介助者の両膝の上に置くとよいでしょう。なお，車いすを後方に傾ける方法は，「第6章　移動介助の基本技術」を参考にしてください。

　気分がよくなり，元の姿勢に戻り移動を再開した後でも，起立性低血圧は貧血状態ですので頭痛が残る場合もあります。利用者に調子を聞きながら無理をしないように外出を継続する必要があるでしょう。

4　AED（自動体外式除細動器）の使用について

　AEDは，2004（平成16）年7月から一般の人による使用が認められました。最近は，鉄道の駅，公共施設や学校などの多くの人が利用する場所に設置されています。

　AEDは，心臓の心室が小刻みに震え，全身に血液を送ることができなくなる心室細動などの致死性の不整脈の状態を，心臓への電気ショックにより正常な状態に戻す機器です。そのため，従来は医師のみが使用できたのですが，心臓発作や心不全により一般の生活のなかで急病になる人の増加や，一般の人でも比較的安全に使用できる機器の開発がされ，また欧米諸国などにおける一般の人への普及などもあり，日本でも一般に使用できるようになりました。

　使用するにあたって，本体のケースなどに絵の表示や文章により説明がされており，また機器が自動的に判別し，音声により指示を出すようになっています。しかし，実際の場で使用するには，心室細動などがAEDにより除去できても，完全な心停止に対応する音声の指示はありません。実際の傷病者を前にすると慌ててしまうためか，AEDの設置が進んでいても実際に活用されていない状況もあるようです。日本赤十字社や消防署などによる講習会を受講しておくことを強く推奨します。

　ここでは，そのAEDを使用するに当たっての手順だけを紹介します。
①電源を入れます。
②電極パッドを傷病者の胸部に貼り（図5-43），ケーブルを本体に接続します。
　この時，特に女性の傷病者であるときには，バスタオルなどで周囲を囲ってもらうことができるとよいでしょう。
③AEDが自動的に傷病者の心電図を解析します（解析ボタンを押すことが必要な機種もあります）。
④AEDから除細動の指示が出たら，<u>周囲の人は傷病者から離れ</u>，その確認ができたら除細動ボタンを押します。
⑤③と④が繰り返され，必要に応じて人工呼吸や胸骨圧迫式心臓マッサージ（以下「胸骨圧迫」という）を継続します。

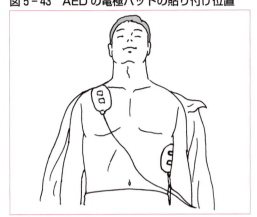
図5-43 AEDの電極パッドの貼り付け位置

3 事故時の対応

　事故は，防止策をいくら講じたからといっても，絶対に起きないという保障はありません。そのため，事故が起きたときに次のような対応ができるように，心がけておく必要があります。
① 第一に心を落ち着かせ，情勢をよく見て，どうしたら最もよいかの判断をします。
② 必要に応じて，周囲の人に救急車を呼ぶように依頼をします。
③ 駅のホームからの転落のように，その後の二次的な事故を予想できる場合には，まず，その防止に努めます。
④ 生命に関わるけがをした場合には，その処置を優先して行います（大出血など）。
⑤ 呼吸停止や心停止があれば，心肺蘇生のための処置を早急に行います。
⑥ 大けがや呼吸停止がなくても，意識がなければ危険な状態であることには変わりがありません。その後も観察を続けて，できるだけ早く医療機関へ搬送します。
　心肺蘇生の方法には，人工呼吸と胸骨圧迫があり，呼吸や心臓の停止している人に対して，できるだけ早く実施しなければなりませんが，その方法を誤るとさらに悪化させることになります。特に胸骨圧迫については，誤った方法で行うと肋骨の骨折を招き，このことで最悪の場合，肺や心臓を痛めることがあります。そのため，胸骨圧迫については熟練した技能が必要となります。各地の団体等（日本赤十字社各支部，消防署など）で行われている蘇生法の講習を受講して身につけておくことを勧めます。ここでは，人工呼吸の方法のみを紹介しておきます。
　また，呼吸が停止する原因として，食物などが空気の通り道である気道内に詰まっ

てしまう場合があり，この場合は，至急その詰まらせた物を除去しなければ意識がなくなり，危険な状態になります。

これが原因で意識がなくなってしまった場合には，その異物を取り除かなければ人工呼吸を行うことはできません。そのため，気道内の異物の除去についても紹介します。

1　人工呼吸の方法

人工呼吸は用手法と呼気吹き込み法（マウス・トゥ・マウス）がありますが，呼気吹き込み法の有効性が高いことから，現在ではこちらが主流となっています。その手順を説明します。

① 呼吸がされているかいないかを確認します。呼吸の確認は，介助者の耳をできるだけ利用者（傷病者）の口元に近づけて，口および鼻から出る空気の音と，頬への息の当たる感覚で行います。同時に，胸・腹部の動きを見ることによっても確認します。

② 呼吸をしていなければ，傷病者を地面(床)に降ろし，頭部の横に座り，もう一度呼吸の有無を確認します。

③ この状態で呼吸がされていれば，介助者の上着などを傷病者の下に敷き，身体が冷えないようにするなどの対応を行い，常に状態を観察しておくとともに，救急車の依頼などを周囲の人にお願いします。

④ この状態で呼吸がなければ，図5-44のように，頭側の手を額に置き，もう一方の手の指先を顎先に引っかけ下顎を引き上げるようにして，できるだけゆっくりと頭部を後屈させ（気道確保），さらに，この状態でもう一度呼吸の有無を調べます。

・呼吸があれば，気道確保を維持したまま，周囲の人に救急車の要請など至急に依頼します。救急処置を行っている人は，救急車が到着する間に，呼吸が止まらないかの観察を続けます。

図5-44　気道確保と呼吸の確認

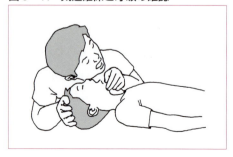

図5-45　人工呼吸（マウス・トゥ・マウス）

・呼吸がなければ，次のように人工呼吸を開始します。同時に，周囲の人の協力を得て救急車を呼びます。
⑤　人工呼吸は，まず額に当てた手の親指と人差し指を使って鼻をつまみ，介助者の口で完全に傷病者の口をふさぎます。傷病者の胸が数cm膨らむ程度に呼気を吹き込みます（図5-45）。以下，これを5秒に1回のリズムで，自発呼吸が始まるまで，またはほかに任せられる人と代われるまで続けます。なお，この方法での人工呼吸に当たっては，一般的に感染防止のために専門のフェイスシールドマスクなどを使用します。同行に際し準備しておくとよいでしょう。

2　気道内の異物の除去

　ガイドヘルパーであっても，外出時に食事の介助をすることがあります。万が一，食物で喉を詰まらせて，すぐに吐き出せない場合に備えて，気道内の異物の除去のための緊急処置を身につけておくことが必要といえます。
　固形物が気道に詰まった場合には「背部叩打法（はいぶこうだほう）」といわれる方法を行います。この方法は，誰でも容易に行うことができます。
　まず，処置の必要な人（傷病者）の胸を介助者の一方の腕で支え，傷病者の肩甲骨と肩甲骨の間をもう一方の手のひらで叩く方法（図5-46のA）と，介助者の膝の上に傷病者をうつ伏せにのせた状態で，先と同じように肩甲骨と肩甲骨の間を叩く方法（図5-46のB）があります。前者は身体の大きな人に対して，後者は比較的身体の小さな人に対して行われます。

図5-46　背部叩打法

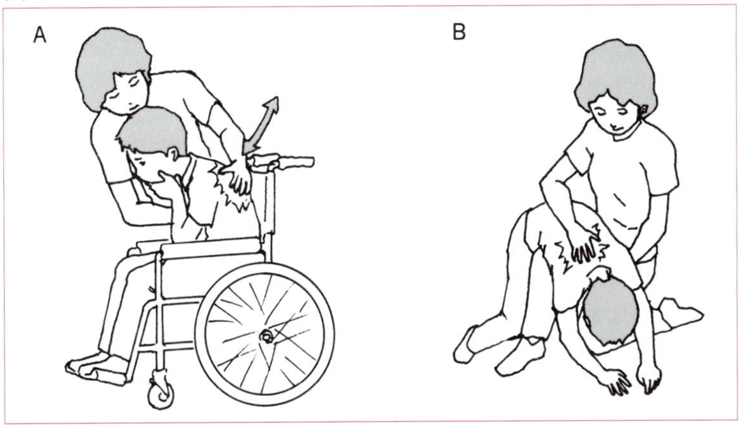

4 介助者の心がけ

　介助者の身体に最も負担がかかるのは「腰」といえます。看護の仕事にあたる看護師においても，多くの者が腰痛を訴えています。ガイドヘルパーにおいても，利用者を車いすへ移乗させたり，利用者の乗った車いすを長時間押し続けていると，腰に負担がかかり，腰痛に至ることが予想されます。以下のことがらは腰痛をできるだけ予防するための方法ですが，介助にあたっての基本でもありますので，よく理解しておいてください。さらに，介助者自身の身を守るばかりか，利用者の安全にもつながります。

① 履き物は，運動靴に限ります。
② 介助の前に，介助者自身の身体を暖めておきます（準備体操をします）。
③ 事前に介助者自身の腰をベルトなどで少し締めておきます（腹圧を高めます）。
④ 利用者を抱きかかえたまま移動する距離を少なくするために，最初の準備として車いす等の位置に配慮します。
⑤ 移乗には可能な限り道具を利用し，その使い方にも熟知しておきます。
⑥ できるだけ利用者に近づき身体を密着させます。
⑦ 利用者の家族等が同居している場合，移乗などは協力を得て可能な限り一緒に行います。
⑧ 抱きかかえる際には，腰を低く構え，しっかりと踏ん張ります。
⑨ 両足を肩幅よりやや広めになるようにし，介助者自身の姿勢を安定させます。
⑩ 利用者を持ち上げる場合は，できるだけ腰の曲げ伸ばしを使わず，膝の曲げ伸ばしを利用します。
⑪ できるだけ反動をつけずに持ち上げます。

参考文献等

　移動・移乗技術研究会編「今日から実践 持ち上げない移動・移乗技術」中央法規出版，2012 年
　環境省「熱中症環境保健マニュアル 2014」
　日本赤十字社「救急法講習教本」2004 年
　日本赤十字社「知っていれば安心です―AED の使用に関する救急法―」2009 年
　田角勝ほか編著「小児の摂食・嚥下リハビリテーション」医歯薬出版，2006 年
　公益財団法人日本体育協会「スポーツ医・科学研究『熱中症を防ごう』」（http://www.japan-sports.or.jp/medicine/tabid/913/Default.aspx）

第6章
移動介助の基本技術

第7章
生活行為の介助

第6章 移動介助の基本技術

1 抱きかかえ方および移乗の方法

　重度の障害のある利用者（以下「利用者」という）を車いすで移動介助するためには，まず車いすに移乗させなくてはなりません。そのために，まず利用者を抱きかかえる必要があります。ここでは，その一つの例を示しましたが，障害の程度，利用者の体重や介助者の能力などによって異なった方法になりますので，関係する各種の研修会への参加や情報収集により各自の工夫も必要になります。また，移動に車いすの介助が必要な人であっても，車いすへの移乗については，時間をかければ自分でできる人もいます。本人やその家族などに，その人に適した移乗の方法を事前に確認しておくことが大切です。

　なお，一つひとつの介助に際し，例えば「身体の下に手を入れますね」などのように，次に何をするのか利用者に伝えながら行うことを心がけましょう。

　移乗の介助に当たっては，第5章第6節の「4 介助者の心がけ」で示した内容が基本になりますので，もう一度確認しておくとよいでしょう。

1 床と車いす間の移乗

1　介助者1人で移乗させる場合

　介助者が，1人で利用者をかかえて床から車いすへ移乗する方法を以下に示しますが，この方法で介助するのは，移乗のすべてに介助の必要な障害者です。車いすから床へ移る場合については，基本的にはここで紹介する方法の逆の順番で行います。

　なお，移乗介助の前には，利用者の皮膚を傷つけないようにするため，介助者の指輪，腕時計，ブローチなどを必ず外しておきましょう。

❶　介助者の開始姿勢

　介助者は，まず車いすを利用者の近くに置き，ブレーキをかけ，フットサポートを開いておきます。次に，臥位になっている利用者の腰の横あたりに，両膝立ちの

姿勢で座ります。
▶ポイント
　　たとえ体重の軽い利用者であっても，重心の高い不安定な姿勢から介助をしないようにし，低く安定した力の入りやすい姿勢から行います。

❷　身体を起こす

　次に利用者の身体（上体）を起こします。その際に，可能であれば，利用者の両腕を胸の前で組んでもらうとよいでしょう。次に，図6-1のように，利用者の頭側にある介助者の手を利用者の頸の下を通して，反対側の脇まで回すようにして頸と背中を支えます。もう一方の利用者の脚側にある手を反対側の肩の後ろから支え，反動を使わずに，ゆっくりと利用者の上半身を起こします。

▶ポイント
　　腹筋などに障害のない，あるいは少ない利用者では，頸や肩を少しだけ支えてあげるだけで身体を起こすことができる人もいますので，障害の状況をみながら，一方的な介助にならないように注意することが大切です。

❸　立ち上がるための準備

　❷で利用者の脚側にある介助者の手を，利用者の両膝の裏から通し，両方の大腿部をかかえるようにします。そこから，いったん，利用者を抱き上げた後，介助者自身の体勢を整えます。このとき，障害によっては「反り返り」を示す人がいます。このような障害の特性があるようならば，最初から頸を少しだけ屈曲（曲げすぎると頸を痛めてしまう人もいますから注意が必要です）させるような姿勢で，できるだけゆっくりと抱き上げるようにするとよいでしょう。

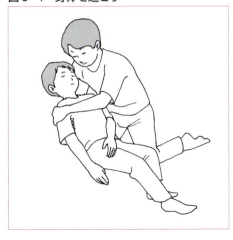

図6-1　身体を起こす

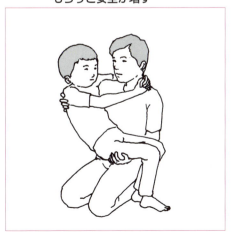

図6-2　利用者に介助者の頸に手を回してもらうと安全が増す

▶ポイント

　　上肢の障害がない，もしくは少ない利用者であれば，片腕を（もしくは両腕を輪のようにして），介助者の頸に回してもらいます（図6-2）。
　　なお，介助者の手が，利用者を安全に支えることができない位置になっているのであれば，介助者の一方の膝を立て，その大腿部で利用者を支えておき，その間に適切な位置に移動させます。また，両方の大腿部を一緒に支えることができなければ，図6-3のように，利用者をさらに密着させておき，片方の大腿部を支える方法もあります。

❹ 立ち上がり

　介助者は，足を肩幅よりやや広めに開きます。また，腰痛を予防するために腹筋にしっかりと力を入れ，あまり前屈みにならないように立ち上がります。

【縦に抱きかかえる場合】

　障害によっては，頸の筋肉に力が入らず，頭の位置が安定しない人もいます。その場合には，頭が下垂しないように上体をできるだけ垂直にして，図6-4のように抱き上げるとよいでしょう。
　特にこの抱き方は，体重が軽く，全身の筋肉に力が入らない利用者に向いています。常に頭を支持して，頸などを痛めないよう注意してあげてください。

▶ポイント

　　「介助者の心がけ」でも述べたように，介助者自身の腹部をベルトなどで軽く締めておくと，腰痛の予防になります。

❺ 車いすへの移乗

　介助者は，できるだけ「すり足」で近くに置いた車いすに近づき，介助者自らの

図6-3　片方の大腿部を支えての抱きかかえ方

図6-4　頸が不安定な利用者を縦に抱きかかえる

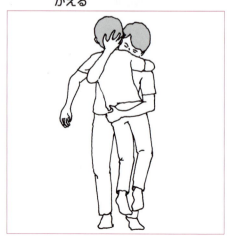

膝をゆっくりと曲げて，利用者の腰が車いすのシートに確実に乗るように降ろします。介助者の片方の足は，車いすのフットサポートのあった位置にするとよいでしょう（図6-5）。

▶ポイント
　　上肢の障害がない，あるいは少ない利用者であれば，片方の手で車いすの肘当てを持ってもらうと，より安全に降ろすことができます。

❻ 座位姿勢を整える

利用者の腰が，確実に車いすのシートに乗ったら，上体をゆっくりと背もたれに降ろし，利用者の座位姿勢を安定させてからフットサポートを元の位置にもどし，足を乗せてあげます（図6-6）。最後に，本人に聞きながら，姿勢を整えてあげてください。

⑴　車いすに深く座り直す場合

　　介助者は，利用者の後ろに回り，片腕あるいは両腕（片方の腕に障害がある場合は障害のないほうの腕を，両方の腕に障害がある場合には両腕を）の前腕を利用者の脇から回した手で握り，身体全体を上に持ち上げるようにします（図6-7）。車いすに深く座ることはバランスが悪くなることにもなりますので，姿勢を直した後に，介助者は，その手を急に離さず，様子を見ながらゆっくりと離してください。

　　なおこの方法は，深く座り直すときばかりでなく，下半身の感覚がない利用者の臀部の褥瘡を予防するために，定期的に身体を浮かす際にも用います。外出介助の必要な障害者では，自らの力で臀部を浮かすことができない人が多いので，本人の要望に応じて介助してあげてください。

図6-5　車いすへの移乗
　　　　（片方の大腿部をかかえた場合）

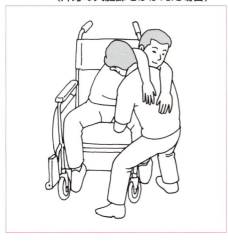

図6-6　フットサポートに足を乗せる

I 抱きかかえ方および移乗の方法

　また，介助者の身長が利用者よりも低く，先ほどの方法が難しい場合には，利用者のバランスがある程度よければ，利用者の前方から片方ずつ腰を押し込む方法があります（図6-8）。この方法は，介助者の腰痛の予防にもなります。まず介助者は，利用者の前に，可能であれば片膝立ちで座ります。その後，利用者の押し込む側の腰（臀部と大腿部）を軽く浮かすイメージで，上体を一方に傾けるように誘導します。この時，大きく傾ける必要はありません。軽く除圧できる程度で可能です。その状態で，除圧されている側の膝頭を介助者の手のひらで少しだけ押し込みます。これを左右繰り返して，適正な腰の位置に修正します。修正は，一気に行うよりも数回繰り返しながら利用者に確認するほうがよいでしょう。

　もし家族などがいれば，利用者の後方から上体を傾ける誘導をしてもらうと，バランスがとりにくい利用者にも使用できる技術です。なお，姿勢を直した後に

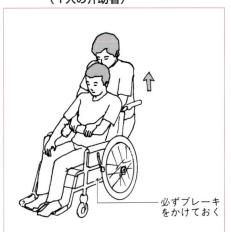

図6-7　深く座り直す場合の介助
　　　　（1人の介助者）

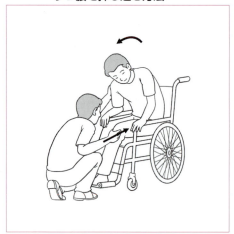

図6-8　深く座り直す介助で前方から片方ずつ腰を押し込む方法

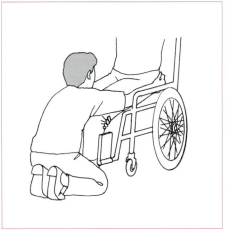

図6-9　浅く座り直す場合の介助
　　　　（1人の介助者）

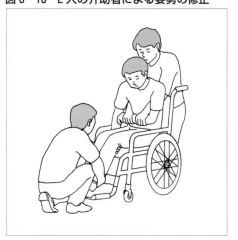

図6-10　2人の介助者による姿勢の修正

シート面などにある衣服が撚れていないかなどを確認し，必要であれば直すことは大切です。

(2) 車いすに浅く座り直す場合

　介助者は利用者の前に座り，図6-9のように介助者の一方の手を利用者の腰の後ろに，もう一方の腕を両膝の裏に回し，この両方で利用者の腰を引き出すようにします。

　特に下半身の感覚がない利用者の場合には，腰を引き出す際に，臀部などの皮膚がねじれないようにゆっくりと注意して行ってください。

　また，協力者などが得られれば，図6-10に示したように2人で行うようにするとよいでしょう。

▶ポイント
　　利用者の姿勢を整えるには，腰の位置も重要なポイントとなります。上記に示した方法で，本人に確認しながら腰の位置を調整してください。

2　2人の介助者で行う場合

　特に体重のある利用者を床から車いすに移乗させる場合は，可能な限り家族などの協力を得て，2人で行うほうがよいでしょう。ここでは，2人で行う方法を，移乗に全介助の必要な臥位になっている利用者を車いすに移乗する例で示します。

　なお，移乗の前には，車いすをできるだけ利用者の近くに置き，ブレーキをかけ，フットサポートを開いておくことは，介助者1人で移す場合と同じです。

　また，車いすから床へ移る場合は，基本的にはこの逆の順番になります。

❶　介助者の開始姿勢

　床や畳に敷いてある寝具の上にいる利用者を2人の介助者で抱きかかえる場合には，2人とも利用者に対して同じ横側の，一方は頭側，もう一方は脚側に位置し，2人とも両膝立ちの姿勢になります（図6-11）。利用者が寝具の上でなく，床に直接いる場合は，一方の介助者は利用者の左右どちらかの頭側に，もう一方の介助者は，その反対側の脚側に位置します。

　ここでは2人の介助者が，利用者の同じ横側に位置した場合の例を示します。

❷　介助者の手の位置

　1人は頭と上体を，もう1人は腰と下肢を支えるような手の位置にします。

　図6-12のように，利用者の頭側に位置する介助者は，一方の手を利用者の肩口から反対側の脇の方向に差し入れて両肩をかかえ，もう一方の腕を腰の位置に入れ

図6-11 2人の介助者の位置と姿勢

図6-12 介助者の手の位置

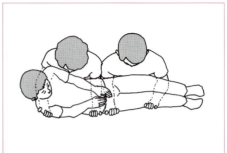

ます。利用者の脚側に位置する介助者は，一方の腕を腰から入れ，特に臀部側を支えます。もう一方の腕は膝の裏側から入れ下腿を支えます。

▶ポイント

利用者のなかには，骨や関節の弱い人がいます。2人の介助者により，利用者の腰を中心に身体全体を支えるように特に注意してください。

❸ 持ち上げの準備

利用者を持ち上げる前に，介助者の身体を利用者にできるだけ近づけておきます。持ち上げる際には，介助者同士で声をかけ合い，お互いの準備ができたかを確認します。

立ち上がる前に，介助者の手が利用者を安全に支えることができない位置にある場合は，一方の介助者にその旨を伝えたうえで，片膝を立て，その大腿部で利用者を支え，手などの位置を調整します。

▶ポイント

介助者の腕（肘）を深く曲げて，利用者を介助者に密着させるようにして立ち上がると，介助者の腰に対する負担が少なくなります。

❹ 立ち上がる

介助者は，自らの腰痛を防ぐためにも，できるだけ反動をつけずに腹筋に力を入れ，かつあまり前屈みにならないように立ち上がります。立ち上がるのは，利用者の頭側の人が少しだけ早めにします（図6-13）。

▶ポイント

特に立ち上がるときには，2人のタイミングが合わないと危険です。どちらか一方の介助者が声を出して，タイミングを合わせて立ち上がってください。

図6-13 2人の介助者で抱き上げて立つ

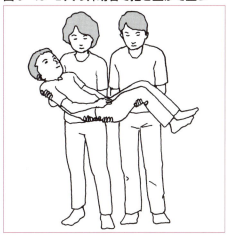

❺ 車いすへの移乗

　利用者をかかえたまま車いすまで移動するときは，できるだけ「すり足」で歩きます。車いすまで来たら介助者の膝をゆっくりと曲げ，利用者の臀部を車いすのシートにゆっくりと降ろします。

▶ポイント
　　利用者の脚側にいる介助者が，利用者の腰が車いすの座面にうまく乗るように誘導してください。

❻ 座位姿勢を整える

　利用者の腰が車いすに完全に乗った状態で，利用者の上体を支えている介助者は，ゆっくりと背中を背もたれに降ろします。次に，利用者の脚側を支えている介助者は，フットサポートを元の位置に戻し，利用者の足を乗せます。
　最後に，利用者自身に確認しながら姿勢を整えてあげてください。

▶ポイント
　　利用者の腰を車いすに乗せた後も，安定した座位姿勢になるまでは，2人の介助者が手を同時に離さないようにしてください。

2 ベッドと車いす間の移乗

1 利用者自身の能力を生かした介助

　介助に当たっては，利用者自身にその動作の能力があれば，それを優先して介助します。このことは，介助者の負担を軽減するばかりか，利用者の自らの活動を支

1 抱きかかえ方および移乗の方法

援するという観点からも大切です。

ここでは，介助すればなんとか立てる利用者にいったん立ち上がってもらい，車いすに移乗してもらう方法を説明します。

なお，利用者自身の動作を優先するといっても訓練ではありませんので，叱咤激励して促すというよりも，利用者が目的とする動作を円滑にできるように介助するよう心がけてください。また，その介助に当たっては「少し支えますね」などのように，利用者に声をかけてから行うことが大切でしょう。なお，車いすからベッドへ移乗する場合は，基本的にはこの逆の順番で行います。

最近では，介助者の腰痛予防などを目的とした上体の引き起こしや移乗などの方法が紹介されていますので，利用者の状況に合わせて活用することは可能です。

❶ 移乗のための準備

車いすは枕側に，ベッドの側面と車いすの側面を合わせるように置きます（図6-14）。脳卒中後遺症などによる片まひの障害がある人の場合には，車いすを置く位置を，利用者がベッド上で座位になったとき，健側のほうになるようにします。車いすはブレーキをかけ，フットサポートは開き，さらに必要に応じてベッド側のサイド（スカート）ガードを外しておきましょう。

サイドガードの固定は，パイプの差込みと，内側からバネの力によって頭を出しているピン（前のパイプのみ）で行われているものもあります（図6-15 ○の部分）。取り外す際には，このピンを鍵の先などを使って中に押し込み，その後に少しずつずらして引き抜くようにします。

図6-14 ベッドと車いすの位置

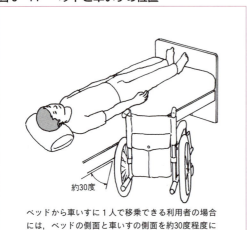

約30度

ベッドから車いすに1人で移乗できる利用者の場合には，ベッドの側面と車いすの側面を約30度程度にしておくと，移乗しやすい。

図6-15 サイドガードを固定しているピン

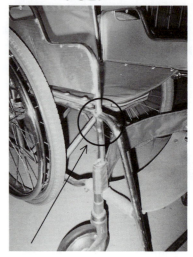

▶ポイント
　車いすへの移乗がなんとか1人でできる利用者の場合には，車いすのサイドガードは取り外しません。これは，立ち上がったあとにサイドガード（肘当て）を持ってもらうことにより，立位姿勢を安定させることができるからです（図6-16）。

❷　身体を起こす

　介助者は，前に示した方法で，一方の手で利用者の頭と頸を支え，もう一方の手を利用者の手前の肩口から反対側の脇に回して，ゆっくりと上体を起こします。
　ただし，人によっては，少しだけ身体を支えてあげるだけで起き上がることができる場合もありますので，必要以上に介助をしないように注意してください。

▶ポイント
　前記の例以外にも，下腿をベッドから出してあげるだけで，自分で身体を起こせる人がいます（図6-17）。障害をよく理解しておくことと，本人や家族から情報を得ておくことが必要です。

❸　身体の向きを変える

　介助者は，背中に回している手で，利用者が後方に倒れないように支えておき，足をベッドの外に出すように，利用者の頭と頸を支えていた手を両膝の裏に移し，

図6-16　車いすの肘当てを持ってもらい立位姿勢の安定を図る
　　　　（1人で車いすに移乗できる人の例）

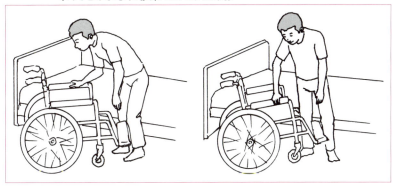

図6-17　下腿をベッドの外に出して1人で起き上がる（左片まひの例）

下腿がベッドの外に出るように誘導します（図6-18）。
▶ポイント
　足をベッドの外に出す場合，利用者の臀部を中心に身体全体を回転させるように介助すると，比較的スムーズに行うことができます。

❹　ベッド上でいす座位になる

利用者の足が，床に着く位置まで腰をずらし，ベッドの端でいす座位になれるようにします（図6-19）。このとき，腰を前にずらしすぎて，ベッドの端から落ちないように注意が必要です。
▶ポイント
　脳性まひの人では，下肢の急激な屈曲や伸展が起こり，非常に不安定な座位姿勢になる場合もありますので，介助者の手を離さないようにしておくことが大切です。

❺　立ち上がる

立ち上がる際に介助をあまり必要としない場合には，利用者の横に介助者が位置し，腰のベルトの後ろの部分等を持ち，立ち上がる際に上方に軽く引き上げてあげます。

立ち上がる際に多くの介助を必要とする利用者の場合には，その身体の下に介助者が潜り込むようにします。次に，介助者は両手で利用者の左右のベルト（または臀部）のあたりを支えながら，介助者自身が伸び上がるようにして，利用者の膝を伸ばすように誘導します（図6-20）。

もし利用者の手指の障害が少ない場合には，介助者と利用者の腰にバスタオルなどを縛り付けておき，介助者は両手で，利用者は両手または片手で相互に支えられるようにすると，介助を安定して安全に行うことができます（図6-21）。

図6-18　身体の向きを変える

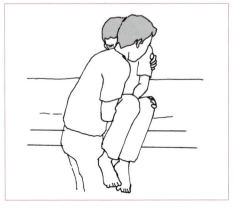

図6-19　ベッド上でのいす座位

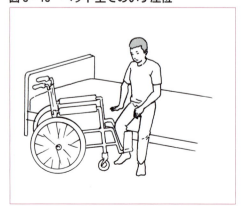

図6-20 立ち上がる際の誘導（介助を多く必要とする利用者の場合）

図6-21 バスタオル等を利用しての立ち上がる際の誘導（利用者の手指の障害が少ない場合）

▶ポイント

介助を多く必要としている利用者では，介助者の両膝で利用者の片方の膝をはさみ，そこを支点として膝を伸ばす方法もあります。

❻ 車いすへの移乗と座位

　介助者の身体を密着させておき，少しずつ利用者の身体の向きを変え，必要に応じて軽く一歩から二歩程度車いすに近づき，利用者の臀部が車いすの座面まで来たら，腰をゆっくりと降ろすように誘導します。その際に，可能であれば利用者にサイドガード（肘当て）を持ってもらうと，お互いの姿勢が安定します。

▶ポイント

利用者のなかには，強い反り返りや，腕や脚の力が強く伸展・屈曲する人もいますので，そのような場合に備え，介助者は腰を低くし，安定した姿勢を保っておきます。

❼ 姿勢を直す

　利用者が完全に車いすに座ってから，サイドガードを取り付け，足をフットサポートに乗せ，本人の最も楽な姿勢に整えてあげてください。

▶ポイント

姿勢を整える際に，利用者の衣服が車いすの外に出ていないかについても注意してください。衣服がタイヤなどにあたり汚れてしまうばかりか，擦れて傷めてしまうおそれがあります。

車いすからベッドへの移乗

　車いすからベッドへの移乗については，基本的には，これまで説明したベッドか

ら車いすへの移乗の方法と逆の順番になります。しかし注意することは，車いすでの座位から立ち上がってもらう際は，必ずフットサポートを開けた後に，利用者の腰を前に出し，足が床に着くようにしておくことです。介助に慣れていなかったり，油断していると，まだ利用者がフットサポートに足を乗せたままなのに，立つように誘導してしまうことがあります。

▶ポイント

利用者に車いすから立ち上がってもらう場合には，車いすの前輪を前側（後進したときの位置）に直し，また利用者に車いすの肘当てを持ってもらい，立つようにすると移乗に際して安定性が増します。

2 背負って移乗する場合

やや離れた場所に移乗する場合などでは，背負って移乗する場合もあります。この方法は，バスのなかなどの狭い通路などを通るときにも有効です。ここでは，車いすに座っている利用者を背負うための例を示します。なお，リウマチなどで骨や関節が非常に弱くなっている利用者の場合には，股関節や肩関節を痛める可能性があるため，この方法は実施しないようにしてください。

❶ 背中に乗せる

車いすのフットサポートを開き，利用者の両脚が左右にある程度開くことができるまでシートの前のほうに座るように誘導します。その次に，介助者は利用者の身体を片手で支えながら，背中を向け，できるだけ低い姿勢で座り，利用者の両腕を介助者の両肩にのせ背負います（図6-22）。

▶ポイント

介助者は，利用者の頭が自分の肩の上に完全に出るように背負います。

❷ 立ち上がりと移動

介助者は前屈みのまま，利用者の大腿部を両手でしっかりとかかえて立ち上がります（図6-23）。頸の筋力が弱い利用者の場合は，介助者の肩と頭で利用者の頭がぐらつかないように支えておきます。

移動は，利用者が背中から滑り落ちないようにやや前屈みのままで，できるだけ「すり足」で歩きます。

図6-22 利用者の頭が介助者の肩の上に出るように背負う

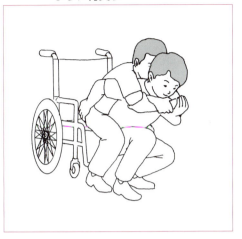

図6-23 利用者の両大腿部をしっかりと支える

図6-24 利用者の両手を介助者の一方の手で持つ（いすなどに降ろす場合）

▶ポイント

　介助者の姿勢を前屈みにすることは，利用者と介助者を合わせた重心を前方に移し，介助者の腰への負担を少なくするためにも必要です。介助者の膝を軽く曲げることで重心が低くなり安定性が増します。

❸ いすに降ろす

　介助者は，利用者がいすに座れるように，背中を向けてできるだけいすに近づきます。その後，身体をやや深く前屈させ，利用者の両手首を一方の手で持ちます（図6-24）。ゆっくりと介助者の膝を曲げていき，利用者の臀部が座面に来るようにします。利用者の両手を離さないようにしたままで，利用者の腰をいすに降ろし，その後，介助者の頭を，持ったままでいる利用者の腕の間から抜き，利用者の背中を

いすの背もたれに降ろします。

▶ポイント

　座ろうとしているいすが壁に背面していないなどで固定できなければ，利用者の臀部が座面に少し触れた段階で利用者の腰を支えている後方にある手のひらを座面に移し，いすが動かないようにすることも必要です。また，介助者の頭を利用者の両腕の間から抜くときは，介助者ができるだけ低くなり，利用者の両腕を上に持ち上げないようにします。

　以上が床やベッド等から車いすに移乗するための介助の例ですが，脳性まひのある利用者の場合には，抱き上げた介助者の腕のなかで緊張が高まり，姿勢が不随意的に変わることもありますから，介助者は利用者を両腕に乗せただけという抱き方ではなく，かかえ込むようにして身体を密着させるようにしてください。また，絶対に動けないように抱くよりも，多少は動ける程度の抱き方のほうが，かえって緊張が強まらないようです。ここで大切なことは，絶対に利用者を落とさないことであり，抱きかかえていることが不安定になった場合には，いったん下に降ろしてから，もう一度抱きかかえるようにしてください。

2 車いすの移動介助

1 車いすの取り扱い方

1　車いすのチェック

　車いすは，多くの部品が集まって構成されています。車いすを継続して使用していると，取り付けた部品がゆるんできたり，後輪（駆動輪）の空気が減ってきます。利用者に車いすへ移乗してもらう前に，次のようなチェックをしてください。

ブレーキ

　ブレーキをかけた状態で，後輪を回して効き方を見ます（図6-25）。なお，ブレーキの効きが悪い多くの場合は，タイヤの空気が少なくなってしまったことが原因です。

グリップ（握り）

　車いすの移動介助を行うときは，グリップを持ちます。グリップは背もたれに取

り付けられているため，特に背もたれが外せたり（図6-26），折り曲げることができる構造のタイプでは，しっかりと固定されているかチェックをしておきます。

図6-25 ブレーキの効きの確認

図6-26 取り外しが可能な背もたれ

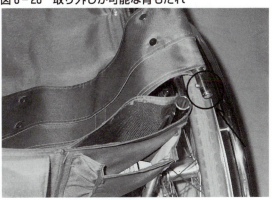

ブレーキをかけ，車いすの後輪を前後に回転させたり，介助者自身が車いすに乗り，ハンドリムをつかんで車いすを移動させたりして確認するとよい。

取り外し可能な部分

　サイドガード，フットサポート（図6-27のA）や後輪（図6-27のB）などが取り外せるものがあります。利用者が乗っているときに外れてしまっては大変です。パイプがしっかりと押し込まれ，ピン等で固定されているかチェックしてください。

図6-27 取り外し可能な部分の確認

タイヤの空気圧（図6-28）

ほとんどの車いすの後輪は，空気を注入するタイプです。空気が少ないと，チューブを傷めたり，ブレーキの効きが悪かったりします。また，介助で車いすを押すのにも大きな力が必要となります。なお，「むし（空気を入れる口）」から空気が漏れている場合もありますので，ここからの漏れがないかもチェックしてください。

図6-28　空気圧の確認

親指でタイヤを押して，少し凹む程度にする。多めに空気を入れると車いすを移動させやすいが，あまり入れすぎると，特に気温の高い日の移動中にパンクすることがある。

2　車いす取り扱いの基礎

車いすの折りたたみ方と広げ方

　車いすは，保管したり車への積み込みの際に場所をとらないようにするため，折りたためるようになっているものがほとんどです。

　車いすを折りたたむには，まずブレーキをかけたうえで，フットサポート付きのものであれば左右ともに開いておきます。同時に，車いすによっては，シートの下に車いすを広げたままにしておくための止め具があるため，解除しておきます。次に，シートの前後を持って上に持ち上げ左右の幅を狭くします。後は，両方の肘当て等を持ってさらに幅を狭くしておきます（図6-29）。

　車いすを広げる（元に戻す）場合は，肘当てを持って外側に開きます。次に，手のひらでシートの左右端を下に押しつけ，完全に広げます（図6-30）。このとき，シートの左右端にあるフレームで指をはさまないように注意してください。

　なお，念のため介助者が一度座ってみたり，車いすによっては，シートの下にある（広げたままで固定しておく）バーを完全に伸ばしておくことなども必要です。また当然のことですが，フットサポートは利用者の足を乗せる際に元に戻します。

ブレーキをかける

　移乗の前や姿勢を直す際などには，必ず左右のブレーキをかけなくてはいけませ

図6-29 車いすの折りたたみ方

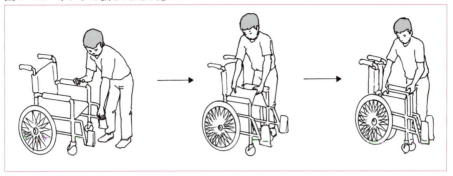

図6-30 車いすの広げ方

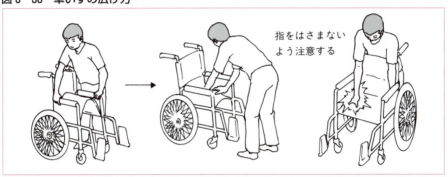

指をはさまないよう注意する

ん。利用者が車いすに乗っているときにブレーキをかける場合，図6-31に示したように，介助者は片手をグリップから離し，その手でブレーキをかけます。

このほかにも，「キャリパーブレーキ」といわれる自転車のブレーキのようにかけるものと，ブレーキペダルを踏んでかけるものがあります。どのようなタイプのブレーキであっても移乗させる前に，その構造と効き具合をチェックしておきましょう。

前輪（キャスタ）を上げる

外出介助を行う場合には，段の上り下りや溝を越えたりするときに，前輪を上げる場面があります。

介助者が前輪を上げるには，まず片方のティッピングレバーを踏み，同時にグリップをやや手前に引くように下に押しつけます。ティッピングレバーを踏む場合は，体重をかけるようにします（図6-32）。

なお，利用者が車いすに乗っているときに前輪を上げる場合は，「前を上げます」あるいは，「前輪を上げます」などと声を必ずかけてください。

図6-31 ブレーキをかける

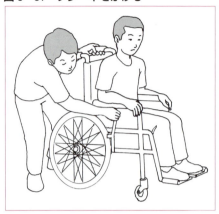

図6-32 前輪を上げる

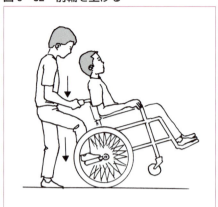

2 平地での移動

　平地の移動介助で注意することは，わずかな段差でもそれを乗り越える際に衝撃があり，この衝撃で乗っている利用者の姿勢が崩れたり，最悪の場合，前に投げ出されてしまう可能性があるということです。そのため，たとえ平地であっても，特に初めて担当する利用者であれば，座位バランスの様子を見ながら移動する必要があります。また，車いすでの移動介助中には，「右に回ります」あるいは，「後ろ向きになります」などと声をかけながら行うこともよいでしょう。

　デパートなどのような人混みのある狭い場所を移動介助する場合には，車いすや利用者の手・足を，歩いている人や陳列台などにぶつけないようにすることは当然のことですが，横を見ながら歩いている人には，「前を通ります」などと声をかけ，注意を促すことも大切です。

1　歩道などの舗装された道

　見た目平坦な道であっても，片流れ（左右どちらか一方に傾いている）している道がほとんどで，油断をしていると傾いている方向に車いすが向いていってしまいます。この構造は，電車の駅のプラットホームにも見られます。さらにこのような道などを移動していると，利用者の身体が横に傾いてしまう場合もあります。このようなときは，安全な場所で姿勢を直す必要があります。

　移動中に利用者のバランスが崩れはじめても，例えば下り坂を進んでいる場合などで，平坦な場所まで移動しなくてはならないときには，図6-33に示すように，一方の手で肩を支えます。この場合は，低くなっている側の肩を横から支えながら，

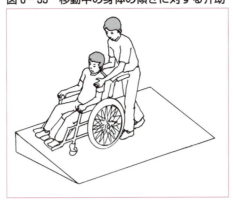

図6-33 移動中の身体の傾きに対する介助

車いすの方向を保ちます。このとき，もう一方の手はグリップから絶対に外さないようにしてください。

2 砂利などの路面が不整地の道

　車いすでは，砂利や砂地などの不整地，あるいは工事などで舗装の一部が不整備になっている道を移動することは，できるだけ避けるべきです。これは，車いすのバランスをとることが難しいことと，特に前輪の軸のなかに細かい砂などが入り込み，故障することがあるからです。

　しかし，一時的にこのような場所を通過しなければならないときには，前輪を上げ後輪だけで移動したり（図6-34のA），凹凸が小さな不整地であれば後進するようにして（図6-34のB）通過します。なお，前向きで進む場合に，前輪を上げすぎると，バランスを崩してしまい，車いすごと後ろに転倒する危険がありますので十分に注意してください。

　参考までに，最近は，海岸などの砂地などで使用できる車いすもあります（図6-35）。これは，車いすを使用する人のレジャーを支援するという視点で有効なものといえます。

図6-34 不整地の移動

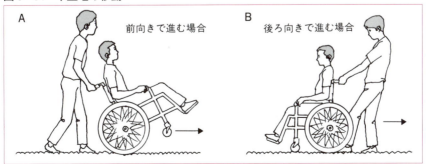

図6-35 砂地の海岸を移動介助することができる車いす

ランディーズ

3 移動しながら車いすの方向を変える

　移動しながら車いすの方向を変える場合には，方向を変える前に必ず減速します。減速しないと，車いすのバランスを崩してしまったり，乗っている利用者が怖がり，介助者に対して不信感をもってしまいます。

　また，方向を変える際には，段差のあるところは極力避けます。例えば横断歩道から歩道に入る際のほんのわずかな段差でも，前輪が引っかかり，前輪を破損してしまったり，最悪の場合，車いすがバランスを崩し，乗っている利用者が転倒することもあります。なお，横断歩道から歩道に入る際のわずかな段差は，縁石に対し直角にゆっくりと進むとともに，介助者が握っているグリップを下に押しつけ，前

図6-36 横断歩道などから歩道に入る際の注意

縁石と直角になるように車いすの進行方向を変える

歩道に入る際は，前輪を少しだけ上げて進む

輪をほんの少しだけ浮かせるようにします（図6-36）。

3 坂道・段差・溝における移動

1　急な坂を上り下りする場合

急な坂を上る場合には，介助者の体重を利用するため，少しだけ車いすに「もたれかかる」ようにし，できるだけ歩幅を広くして進みます（図6-37）。途中で休む場合には，介助者は車いすの後ろに必ず位置したままでブレーキをかけます。なお，利用者が自分でブレーキをかけられる場合にはかけてもらい，その後に介助者によってしっかりとかかっているかを確認します。

急な坂を下る場合は，図6-38で示したように後ろ向きで進むと，利用者が前に倒れ込んでしまうことなく安全に移動できます。介助者自身の足元には十分に気をつけてください。

2　段を上り下りする場合

段を上り下りする場合には，次のようにします。

まず段に上る場合は，段の前で前輪を上げます。その前輪を段の上に乗せてから前に進み，後輪を段の上に持ち上げるようにして車いすを押し上げます（図6-39）。なお，慣れていないと前輪がまだ段の上に来ていない位置で降ろしてしまう場合もありますので，注意が必要です。

下る場合は，後ろ向きになり後輪をできるだけ静かに降ろします。そのあと前輪を上げて後方に進み，前輪とフットサポートが段を完全に過ぎたら，ティッピング

図6-37　急な坂を上る

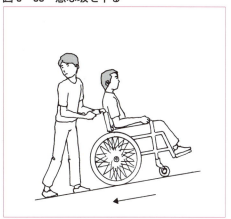

図6-38　急な坂を下る

図6-39　段を上る

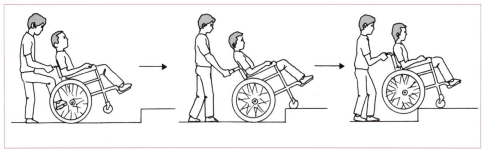

図6-40　段を下る

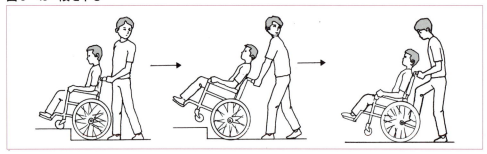

レバーを踏んでゆっくりと前輪を降ろします（図6-40）。また車いすの向きは前向きのままで，前輪を上げて，後輪だけで下ることもできますが，この場合には，左右の後輪を同時に降ろすように注意してください。

3　溝を越える場合

　溝を越えるときは，まずは溝の前で止まり，ティッピングレバーを踏んで前輪を上げ，後輪が溝の直前になるまで進み，ティッピングレバーを踏みながらゆっくりと前輪を降ろします。次に，後輪をほんの少しだけ地面から浮かすようにし，溝を越えます（図6-41）。なお，溝の幅が前輪の直径の半分以下であれば，後輪を浮かさずに，無理をせずゆっくりとそのまま進むこともできます。この場合，溝に対し直角に進むようにしてください。斜めに進むと後輪が溝にはまり，車いすのバランスを失うこともあります。

　また，側溝などに使われているグレーティング（道路端に，排水をするために使用している格子状になったフタ）の上を移動することは，できるだけ避けたほうがよいでしょう。これは，特に格子の目が大きい場合に，前輪がその溝にはまり（図6-42），破損したり，車いすのバランスを崩してしまう場合もあるからです。このような場所をどうしても通過しなければならないときには，前輪を上げて移動します（図6-34のA参照）。

図6-41 溝を越える

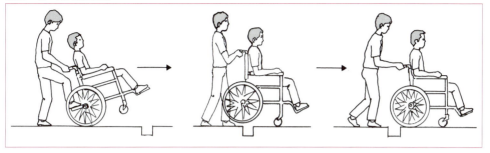

図6-42 グレーティングの溝に前輪がはまる場合がある

4 階段における移動

　階段の移動はできるだけ避けるべきですが，どうしても通らなければならない場合には，周囲の人などに依頼して原則4人で行うようにしてください。駅や公共施設などでは，駅員や係の人に協力を得るのもよいでしょう。この場合には，慣れていない人もいることを前提に，具体的な打ち合わせをしてください。また，車いすを持ち上げるときなどには，全員のタイミングを合わせると同時に，利用者に次の行動を知らせることにもなりますので，「持ち上げます。いち，にの，さん」などと声をかけながら行うことが大切です。

　4人で介助を行っている場面を，図6-43，図6-44に示しました。車いすの向きは，階段を上るときも下るときも，利用者が階段の高いほうを見るようにします。この姿勢であれば，たとえ介助者の1人が，途中で車いすを持っていられなくなっても，下に降ろすことができます。車いすを階段に降ろしても，利用者は背もたれに寄りかかっている姿勢になりますので安心です。もし階段の低いほうを見る姿勢

2 車いすの移動介助

図6-43　階段を上る介助

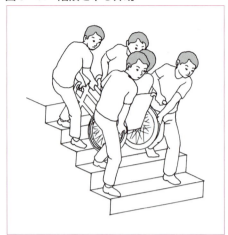

図6-44　階段を下る介助

ですと，階段の途中で持っているバランスが崩れたり，車いすを降ろしてしまった場合に利用者が前のめりになってしまったり，最悪の場合，下に落ちてしまう危険性があります。

　車いすを持つ場所は，できるだけ取り外しのできない部分を選びます。通常は，前輪側の人は両手でフットサポートの上とサイドガードの上の肘当てを持ち，背もたれ側の人はグリップとタイヤ（ハンドリム）を持ちます（図6-45）。後輪は必ずブレーキをかけておいてください。なお，車いすによっては，介助者の持つ部分が容易に外れてしまうものもありますので，その都度確認が必要です。

　できれば避けたほうがいいのですが，どうしても4人の介助者で対応できない場合のために3人および2人で行う方法を，図6-46と図6-47に示しました。

　この場合の車いすの向きは，階段の上り・下りとも利用者が階段の低いほうを見るようにします。車いすは，乗っている利用者が背もたれに軽く寄りかかる程度に前輪側を浮かし，後輪のみで一段ずつ上る（下る）ようにします。

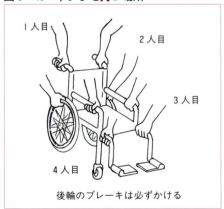

図6-45　車いすを持つ場所

後輪のブレーキは必ずかける

図6-46 3人で階段を上る（下る）介助

一段ずつゆっくりと行う

図6-47 2人で階段を上る（下る）介助

一段ずつゆっくりと行う

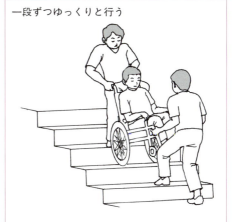

　後輪側の介助者は，グリップもしくは背もたれをしっかりとつかみ，腰を低くしてできるだけゆっくりと車いすを引き上げ（降ろし）ていきます。前輪側の介助者は，できるだけ利用者の前側に立ち，利用者の姿勢が前に傾かないように車いすの傾きに気をつけ，一段ごとに，上る際には引き上げが楽になるように，下る際には降りた際の衝撃が少なくなるように補助します。

5 エレベーター，エスカレーターの利用

　エレベーターやエスカレーターを利用することは，介助者にとっても負担が減るという意味で非常に有効です。ただし，どちらも乗り降りする際に，わずかな溝や段差を越えることになりますので，その際に，車いすのバランスを崩さないなどの注意が必要です。なお，エレベーターとエスカレーターの両方が設置されている場合には，少々迂回してもエレベーターを利用することはいうまでもありません。

1　エレベーター

　エレベーターに乗るときは，原則，後ろ向きで，まっすぐ（エレベーターの出入り口に対して直角）に進みます（図6-48）。乗り込んだ後は，車いすのブレーキをかけておきます。なお，エレベーターから降りる場合も，できるだけ後ろ向きで行えるように，可能であればエレベーターが停止している間に，向きを変えておきます。やむを得ず前向きで乗り降りする場合は，前輪が溝にはまらないように十分注意して進んでください（図6-41参照）。

　混んでいるときなどは壁際に位置をとり，介助者はその横に立っているのがよい

2　車いすの移動介助

図6-48　エレベーターに乗る

でしょう。なお，エレベーターなどの狭い場所で，車いすを真横に移動させたいときには，グリップをしっかり持って，後輪を少しだけ浮かせるようにし，そのまま横に移動させます。このとき，利用者のバランスには十分注意してください。

2　エスカレーター

　エスカレーターには，車いす対応エスカレーターとその他のエスカレーター（一般的な型式のもの）があります。車いす対応エスカレーターは，次の「**6**　乗り物の利用」の「3　鉄道を利用する場合」に紹介しますが，その操作はエスカレーターを管理している鉄道駅などの職員が行います。その際には，利用者の手足など身体の位置，車いすの位置やブレーキの状況などを確認します。移動中は，利用者の下になる段に位置し，状況を確認しておきます。

　ここでは，一般的な型式のエスカレーターの利用方法を紹介します。

　エスカレーターの利用方法を，図6-49に示しました。<u>車いすの向きは「上り」も「下り」も，利用者が高いほうを見るようにします。</u>

　「上り」は，エスカレーターの手前で止まらないようにゆっくりと進み，乗り込み，利用者のつま先に気をつけながら，車いすの前輪および後輪をエスカレーターのステップの面に押しつけるようにしておきます。介助者は，前後に足を開いて姿勢の安定を図ります。エスカレーターを降りるときは，前輪がエスカレーターと床とのわずかな段差（櫛板の部分）で越えられないときがありますので，直前に前輪を少しだけ浮かせるように，握っている車いすのグリップを下に押しつけます。このことで，スムーズに通過することができます。

　「下り」の場合は，乗る前に車いすを後ろ向きにして，介助者も最初から後ろ向きになって乗り込みます。介助者が乗る際に躊躇することは危険ですので，後ろ向き

図6-49 エスカレーターの利用

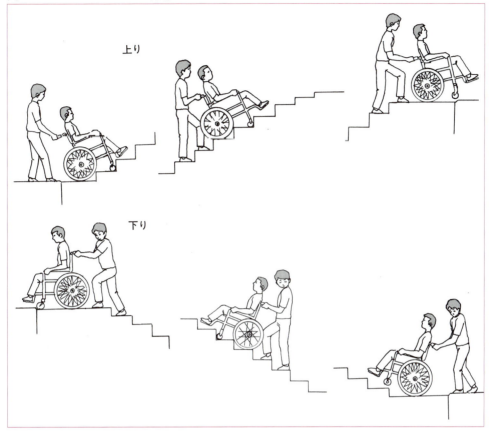

のままで止まらずに乗ってください。後は，利用者の手や足の位置に注意して，「上り」と同じように，車いすの前輪および後輪をエスカレーターのステップの面に押しつけたままでいます。エスカレーターを降りるとき，介助者は自分の足元の段を見るようにしてタイミングよく床に移り，そのまま車いすも床に移します。その際，「上り」と同じように，少しだけ前輪を浮かせて引くと，スムーズに通過できます。

エスカレーターを利用する場合，介助者にとって難しいのは「下り」といえます。「下り」のエスカレーターに介助者が乗る際には完全に後ろ向きになり，エスカレーターの動きに合わせ，足踏みをしながら乗り込むとよいでしょう。このとき介助者の両手は，車いすのグリップをしっかりと保持し，決してエスカレーターのベルトを持たないようにしてください。もし，車いすを支えている一方の手を離した場合には，車いすが横を向いてしまい，そのまま後方に転倒してしまう可能性もあります。

6 乗り物の利用

1 乗用車の乗り降り

　乗用車の乗り降りは，ベッドと車いす間の移乗と同じように実施すればよいのですが，車のドアが狭いため，特に頭や上肢をドアや天井などにぶつけないように注意する必要があります。また，座位保持がまったくとれない利用者では，座席に乗せた後，足を車内に入れる際にバランスを崩してしまうことがありますので，いったんシート上に臥位になってもらうなどの配慮が必要です。あればクッション等を使って，座位のバランスをとることもよいでしょう。

2 リフト付き自動車等の利用

　リフト等の付いている車の利用は，車いすを使用している利用者にとっても，その介助者にとっても非常に助かります。現在では，路線バスにおいてもリフト付きのバスや，ノンステップバス（図6－50）といわれる低床式のバスが多く運行されています。

　リフト付き自動車では，その取り扱いは，通常，運転手に任せます。その際の介助は運転手の指示に従えばよいのですが，上肢に不随意運動のある利用者では，昇降中に腕が横に広がってしまうこともありますので，そのときは介助者の見守りが必要です。

　リフトに乗っている間は，車いすのブレーキをかけておきます。また，車いすを

図6－50　ノンステップバス

ベルトで固定するものもありますので，この場合も確実に行ってください。乗り込んだ後は車いすのブレーキをかけておくとともに，車止めで後輪の前後の動きを止めておきます。

　なお，比較的長時間バス等に乗る場合は，車いすに座ったままでなく，座席に移乗していたほうが楽な場合があります。利用者に聞いたうえで座席へ移乗させてください。

3　鉄道を利用する場合

　鉄道を利用する場合は，まずホームに行くための移動が問題となります。最近では，エスカレーターやエレベーターの設置がすすんでいますが，まだまだ十分とはいえません。鉄道を利用する場合には，経路にあたる駅に事前に連絡をして，確認しておくことも必要です。また，エレベーターなどがない場合には，あらかじめ利用する時間を連絡しておくと，駅員が待機していて，重量のある電動車いすの場合でも，階段の上り下りなどに手を貸してもらえます。

　なお一部の駅では，車いすの人が容易に利用できる「車いす用ステップ付エスカレーター」（図6-51）を設置しているところもあります。これは，エスカレーターの三段分を車いすの人が乗れるように一段分にし，後輪の後方にストッパーが出る機能が付いています。この他にも，車いす使用者1人が箱型の昇降機に乗り込む車いす用階段昇降機が既存の階段に設置されている駅もあります。これらの使用に当たっては，通常は，駅員に操作をしてもらいます。

　列車に乗り込むときは，前輪を少し浮かせ，溝や段を越える要領で行いますが，特に注意することは電車に対して常に直角に移動することです（図6-52）。列車

図6-51　車いす用ステップ付エスカレーター

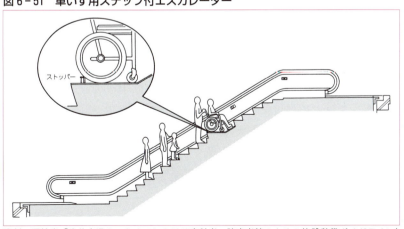

資料：運輸省「公共交通ターミナルにおける高齢者・障害者等のための施設整備ガイドライン」
　　　1994年3月より引用

図6-52 列車の乗降

列車に対し直角に入る

から降りるときにも，同じように溝や段を越える要領で行ってください。

　乗り物に乗った際に注意しなければならないのは，通常より大きな加速や減速の力が働くことから，利用者がバランスを崩しやすいということです。障害がなければ何でもない加速や減速であっても，バランスの悪い利用者では前のめりに倒れ込んでしまうこともあり，常に身体を支えておくなどの注意が必要です。

7 雨天時の移動

　雨天時に屋外を移動介助することは，できるだけ避けるべきでしょう。これは，利用者や，車いすの背もたれ，シートなどを濡らさないでいることは不可能なためです。このことで，利用者の身体が冷えてしまい，体調を崩すこともあります。費用がかかっても，タクシーなどを利用するよう本人や家族などと相談してください。

　しかし，突然の雨を避けるために，雨の中を一時的に移動する場合には，スッポリと上から被ることができるカッパ（レインコート）が有効です（図6-53）。このカッパは，車いすも同時に覆えるようなやや大きめなものがよいでしょう。強さの点も踏まえると，スキーのときに用いるポンチョを利用することが有効です。介助者が傘をさすことは，傘を持つことで片手が完全にふさがってしまいますので，安全確保の点からも避けるべきでしょう。

　カッパは，その日の天気予報などを調べ，出発前に本人や家族などに準備してもらうことが必要です。なお，介助者自身も安全な移動介助を行うためには，カッパを携帯しておく必要があります。

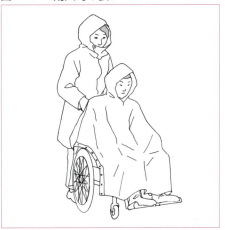
図6-53 雨天時の装い

8 歩行介助の留意点

　介助があれば歩行の可能な利用者は、車いすから、ベッドやトイレに移乗するときなど、一時的に歩行を行う場合もあり、そのための歩行介助の方法も知っておく必要があります。

　一般的な歩行介助は、利用者の横に位置し、腰のベルトやズボンの背中のウエスト部分を握っておき、必要に応じて上に引き上げるようにしながら、利用者のペースで歩きます（図6-54）。なお、加えて脇なども支えておくとよいでしょう。ただし、片まひのある人の脇を支える場合は、必ず健側を支えてください。

　歩行を介助するときの注意点は、次のとおりです。
① 立つ、歩く、座るを一連の動作で行わず、必ず区切って行います。
② 介助しすぎるとかえってバランスを崩すので、本人の能力に応じて介助量を減らします。
③ 介助で支える部位は、腰（ズボンのベルトやウエスト部分）と肩・脇であり、腕だけを持つことは避けます。
④ 歩く速さは利用者自身のペースですが、ゆっくりと歩いたり、座ったりするための介助者からの誘導も必要です。
⑤ 歩くことができても安全に止まることができない障害（例えば、パーキンソン病など）もあるため、そのような利用者を介助する場合は、介助者の身体を密着させ、ゆっくり止めるようにします。
⑥ 脳性まひの人では、図6-55のように、介助者が前に立ち誘導する方法もあります。

図6-54 歩行介助	図6-55 介助者が前に立って行う歩行介助
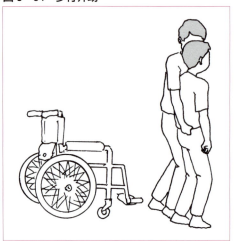	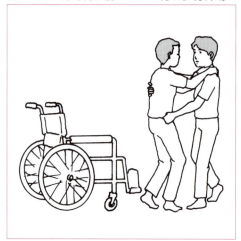

参考文献

　移動・移乗技術研究会編『今日から実践！"持ち上げない"移動・移乗技術』中央法規出版，2012年

　社団法人シルバーサービス振興会編『ケア輸送サービス従事者研修用テキスト（平成17年7月改訂）』中央法規出版，2005年

　日本障害者リハビリテーション協会『ガイドヘルパー研修用教材試案』1997年

第7章
生活行為の介助

1 食事の介助方法

1 食事姿勢

1 いす座位姿勢の基本

　食事時，良好な座位姿勢をとることは，嚥下困難や誤嚥を回避するうえで大切です。誤嚥とは，食物や水分が，食道ではなく，誤って気管（肺）に入ってしまうことです。気管と肺には空気以外は出入りしません。もし，空気以外の食物や水等が入った場合には，咳によって外にはじき出す反射が生じます。

　頭部の自律的な安定（ヘッドコントロール）と座位姿勢，そして，この頭部の位置と体幹との角度が大変重要です。

　食物が口腔内で処理されている間は，その食物が重力の作用で咽頭方向に自然に流れ落ちていかないように，口腔が座面に対して水平位にあることが望ましい状態です（頭部が垂直位ということです）（図7-1）。

図7-1　健常児（者）における口唇による食物摂取

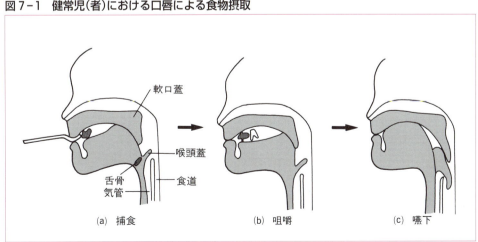

頭部を後ろに反らすと，唇を閉じること，噛むこと，ゴクンと飲み込むことが困難になります。また，頭部が前に倒れていると下顎が動かしがたく，食べることが困難になります。頭部はまっすぐにし，顔は正面を向いていることが，正常なヘッドコントロールで，食事姿勢の基本といえます。

ガイドヘルパーは，利用者個々の身体状況に応じた対応について，本人等に聞きながら，いす座位にして窮屈で苦痛なところ，当たって痛いところはないかどうか確認しながら，また，正常なヘッドコントロールを意識しながら，姿勢を整えるようにします。両上肢が十分機能するように整えることは，摂食活動に大変重要です。

食事時の良好ないす座位姿勢のとり方　(図7-2)

① 車いすは，本人の身体にぴったりした頭部に支えのあるものがよく，
② 座位の際は，座面と背面シートに隙間のないようにして深く腰かけ，
③ 骨盤を座面に水平にし，脊柱を座面に垂直に整え，太ももが浮き上がらないように，
④ 膝は直角に曲げ，足底は床や足台にしっかり平らに付けます。

姿勢が崩れないように

① 頭の後ろ側に枕等を入れて安定させ，身体を正中に保持するために，両脇腹辺に側方パッドやタオル等を入れて固定します。
② テーブルの高さは，座位姿勢を整えた状態で肘の高さくらいが適当です。外出先では臨機応変に対応し，身近な物を応用工夫して良好な状態に近づけます。

図7-2　食事時の良好ないす座位姿勢のとり方

〈正しい姿勢〉
・深く腰かけ
・足底は床や台にしっかり付け
・太ももが浮き上がらず
・机の高さは，肘に合わせる
・膝は90度に曲げ

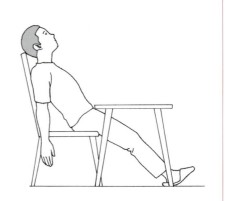

〈誤った姿勢〉
・浅く腰かけ
・頭は後方に反り返り
・手足，身体全体が伸びていて
・足底が床から離れている

2 疾患や障害の程度による違い

身体状況に応じたいす座位姿勢

① 重度の脳性まひやデュシェンヌ型進行性筋ジストロフィー症等においては，車いす座面に対して頭部・体幹を垂直に保持することが困難な場合があります。頭部の自律的な安定が図れず，リクライニング式車いすを45度くらいにします。これ以上頭部の位置が下がらないことが望ましいです。
② 座位保持装置によって頭部と体幹の位置の安定が図れ，誤嚥や誤嚥性肺炎を起こさなくなり，摂食機能が改善できた例もあります。

2 摂食機能に応じた食物形態

　人はいろいろな食物を食べて体内に取り入れ，それを栄養源として生命を維持しています。食べることは人間の基本的欲求であり，生命維持の観点から重要です。また，健康な生活を送るための礎であり，生活上の楽しみの行為です。栄養のバランスや調理形態に配慮した食事，本人の好みも考慮した食事が大切になります。

　食事のとり方については，利用者の身体状況によって，特に咀嚼の状態，嚥下の状態に応じた食物形態の工夫が必要です。種々の食物を体内に取り込むためには，摂食機能である捕食（食物を口に取り込む），咀嚼（食物をつぶして唾液と混ぜる），嚥下（咀嚼された食物を飲み込む）の各機能のどこに障害があるかによって，食物形態等を考慮します。

　摂食機能は，食物を口に取り込み，栄養を摂取するために，消化しやすく飲み込みやすいように処理していく機能です（図7-3）。

　摂食機能の状態に合わせた食物の調理形態（硬さ，大きさ，粘稠度）に配慮することは，誤嚥や窒息，肺炎等の危険を最小にするためにも必要です。

　時には，誤嚥，窒息，肺炎など生命に関わる危険が起こり得るので，経口摂取が可能かどうか，可能な場合はどのような注意が必要か，姿勢，食物形態，誤嚥の際の対処法などを医療機関に確認したうえで行う必要があります。

1 摂食機能に応じた食物形態の種類

　ガイドヘルパーは，利用者が常に摂食している食物形態，再調理の方法，食物の摂取の方法などを，家族や本人に聞きながら対応します。

(1) すりつぶし食〈半流動食〉／初期食
　捕食や咀嚼の機能が未熟で機能しないような場合，あるいは，嚥下機能が不十

図7-3 摂食機能

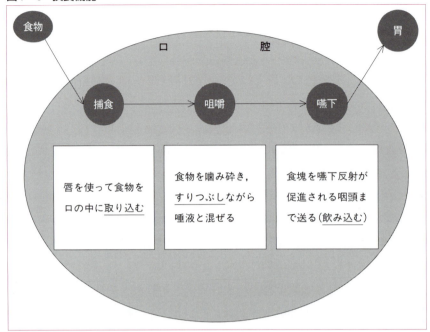

分で，むせたり，咳き込んだりすることが多い人の場合は，口に入ったら，そのままゴクンと飲み込める食物形態にします。つまり，食物が咀嚼によりすりつぶされ，唾液と混ぜ合わされたドロドロの形態で，嚥下直前の口の中にある食物の状態にするということです。

- ドロドロ（ペースト状）で粘り（粘稠性）があり，粒々のないなめらかな状態でスプーンにのせて傾けると，ドロリと落ちるような食物形態。
- ヨーグルト，ペーストがゆ等。
- 水分にもとろみをつけます。カタクリ粉やコーンスターチだけでなく，熱を加えないでとろみをつけられる増粘食品を利用します。

(2) 押しつぶし食〈粘稠軟固形食〉／中期食

　捕食が何とか可能で，形のある軟固形の食物を自分の力でつぶし，唇を閉じてゴクンと飲み込める（押しつぶし嚥下できる）人の食物形態です。軟固形の食物をつぶすことができても，咀嚼の大きな目的の一つである食物を唾液とよく混ぜてドロドロ状態にするということができませんので，あらかじめ調理の段階でとろみ（粘稠性）をつけ，飲み込みやすくします。

- 形があり，粘り（粘稠性）があり，舌で押してつぶせるぐらいの柔らかさの食物形態。
- 食物の大きさは，舌で押しつぶした後，食物繊維が残らない程度で大豆粒程度。
- 食素材の選択が必要で，舌で押しつぶせる柔らかさの素材か，加熱して柔らか

くなる食物等。
- 形が細かい刻み食や挽肉は，押しつぶし嚥下ができず丸飲みせざるを得ないため，むせやすいので，食塊を形成しやすくとろみをつけ，一塊として飲み込みやすくします。
- プリン，卵豆腐，カボチャ煮等（ハム，ソーセージ，かまぼこ，ちくわ等は不適）。

(3) 軟固形食・刻み食／後期食

捕食，咀嚼，嚥下がある程度可能で，食物を噛んで飲み込むことができる人の場合の食物形態です。

- 歯ぐきでつぶせる程度の柔らかさ，あるいは，歯で噛んでつぶれる食物の硬さがあり，咀嚼できる程度の大きさが必要です。十分に咀嚼できず，スムーズに嚥下することが困難な場合もあり，食物は適度の硬さに加え，弾性やつぶれた後の粘稠性，咀嚼した後の形態にも配慮が必要です。

  例えば，かまぼこやソーセージのように，硬さのわりに弾力があってすりつぶしにくい食物，また，食パンのように水分量が少なくても，口に入ると唾液を吸収して粘りが出てくっつきやすく，すりつぶしにくい食物，りんごやなしのように水分量が多くてすりつぶす力が弱く，細かくつぶれると食塊になりにくい食物は，飲み込みがよくありません。食物の大きさ・調理方法等は，食品の特性によって考慮します。

- 食物には，ソースやとろみ等で，適度に粘りをもたせます。小さくしても処理しにくい挽肉や魚の身をほぐしたものなどは，水分がなくパサパサしているので，マヨネーズやドレッシング等をかけてとろみをつけ，飲み込みやすくします。
- マグロ，大根，人参等の煮物。

(4) 一口食，普通食

正常な摂食機能の状態で，噛み切れない食物を除けば，ほぼ普通に食べられます。

- 歯で噛み砕き，すりつぶせる程度の大きさにします。

2　外出の際の留意点

① 摂食機能の未熟な人が，外出先で，調理された物をそのままで食べることが難しい場合には，再調理（再加工）します。再調理とは，一度調理された食物をその人の摂食機能に合わせて，もう一度調理し直すことで，食物を小さくしたり，粘稠性のない食物にとろみをつけたりして食べやすくすることです。

再調理する際には，おかずは一品ごとに再調理するようにし，それぞれの食物

の味わいを大切にします。

② 外出時には再調理に使う器具を持参すれば安心です。裏ごし器，すり鉢，おろし金，ベビークッカー，小型フードプロセッサー等を必要に応じて持参します（図7-4）。ベビークッカーは1人分の再調理に手軽な器具ですが，粒々が残ります。小型フードプロセッサーは水分が多くなくても再調理可能で，回転時間の調節で食物形態の大きさの調節も可能であり，ベビークッカーよりさらに細かく，ペースト状にすることができます。

③ 外出時の携行食は，本人の慣れた食物にします。再調理して密閉容器に密封して持参したり，あるいは，調理した食物と小型フードプロセッサー等を持参し，外出先で再調理しますが，季節によっては食物の安全管理に十分な配慮が必要です。再調理した食物を弁当にする場合は普通食よりいたみやすいので，夏場は避け，持参する場合は，クーラーボックスや保温性のあるジャー等を利用します。

食べ慣れていれば，栄養補助食品で濃厚流動食のパック入りや缶入り，半流動状のプリンやデザート等の市販食品は，携行に安全で便利です。

嚥下補助食品（とろみをつける増粘剤）を持参すると便利です。飲みにくい液体にこれを混ぜれば，ほどよいとろみがつきます。

図7-4 ベビークッカー，小型フードプロセッサー

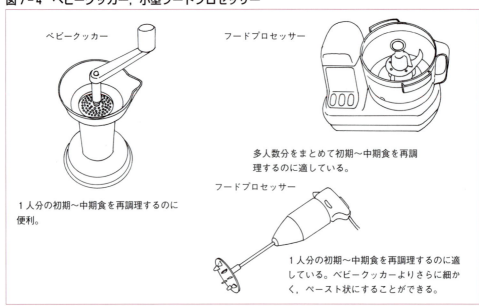

3 安全な食事介助

　外出先での食事は，利用者にとって最も楽しいことの一つでもありますが，介助を行う際には危険を伴う活動でもありますので，第一に安全性を配慮し，利用者が安心して楽しめる食事介助を行う必要があります。特に，以下の点に留意して介助に当たってください。

落ち着いて安全に食事をとれる場面を準備する

　外出先という新しい環境では，とかく精神的に興奮したり緊張しやすいものです。脳性まひのような全身性の障害者にとっては，精神的緊張が時には身体的な緊張として現れる場合もあり，普段可能なことでもスムーズに自分ではできなくなることもありますので，外出先のレストランや喫茶店では静かで利用者が落ち着ける位置や場所を確保します。床面が滑りやすくなっていないかどうかや，車いすが安定しているかストッパーがかけられているか等も確認しましょう。そして，新しい場面や人に慣れるのに時間を要する場合もありますので，場面に慣れるまで焦らずにゆっくりと対応し，その場の雰囲気を楽しむように援助していき，楽しみながら食事をとる準備をしましょう。

　また，気が散りやすい利用者には，部屋の一角が壁になっていて様々な方向から刺激が入ってこない場所を確保します。

　また，不随意運動や突発的に反り返ってしまいやすい脳性まひの利用者の場合には，不随意運動が起こる範囲に物を置かないとか，ほかの人とぶつからないように広い空間を確保しておき，特にナイフやフォークなどの危険な道具等はあらかじめ避けておいて，食事に入る直前に必要な道具を取り出すようにしましょう。

楽で安定した姿勢をとる

　食事をとる前に，利用者にとって楽で安定した姿勢に整えることが大切です。特に，緊張の強い脳性まひの利用者の場合には，頭や肩が後ろに引かれ，のけぞったりしないように注意します。このように反り返りを繰り返していると頸椎症になりやすく，悪化して痛みやまひの状態を悪くしてしまうことがありますので，頭は身体の中央に位置し，左右対称となる姿勢で股関節や膝関節を十分開いて曲げ，足底も安定させた状態でおしりに均等に体重がかかるようにすると，身体の不要なねじれや反り返りを直し，利用者にとって楽で安定した姿勢となります（図7-5）。

　頸髄損傷や脳血管疾患において起立性低血圧のある場合には，急に垂直位の姿勢にすると気分が悪くなったり，意識が朦朧とすることがありますので，徐々に身体を垂直位に起こしていく必要があります。

もう一つ重要なことは，食事の際，特に咀嚼，嚥下のときに身体を床面に対して少しでも起こしていられる姿勢をとり，身体に対して頭の角度が顎をやや引いた状態で随意的に嚥下し，食物がスムーズに重力の助けを借りて食道に流れやすくすることがポイントとなります（図7-6）。

　このような姿勢を確保できない場合には，飲み込んだ食物や水分が食道に入らず誤って気管に入ってしまい，窒息状態になったり肺炎になったりすることがありますので，十分に注意が必要です。

　頭を重力に抗して持ち上げ保持できないために過度に前屈する場合や，関節リウマチにおいて頸椎の亜脱臼がある場合には，頸部を前屈しすぎないように背もたれを倒して頭部を安定させたり，テーブルの高さを高めに調整して頸部が過度に前屈しないような位置に設定します。逆に脳性まひで伸筋の過緊張や口唇・舌による食物の送り込みが不十分なため頸部が後屈する場合には，頭部を正中位か少し前屈位に介助する必要があります。

　このように頭部や体幹の姿勢の保持が困難な脳性まひの場合には，ガイドヘルパーが前方か（図7-7）もしくは側方（図7-8）から介助して，頭部を保持しながら口腔機能の動きを助けると，安全で快適に食事がとれます。

図7-5　安定した姿勢の例

図7-6　嚥下しやすい姿勢の例

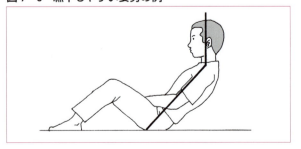

図7-7　前方からの食事介助

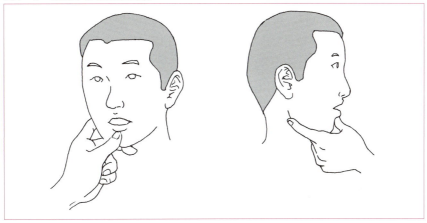

図7-8　側方からの食事介助

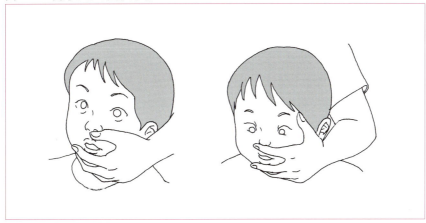

口腔機能に合った食物形態を摂取する

　障害者の口腔機能の状態は，障害の種類や程度によって一人ひとり異なっていますので，状態に合った食物形態を用意する必要があります。この点については，あらかじめ家族からきめ細かく情報を得ておき，外出先で利用者に必要な食物形態が得難い場合には，弁当を用意して出かけることも考慮します。特に，ドロドロしたものや刻み食は，夏場はいたみやすいということや，外出先のレストランでは調理を依頼できない場合もありますので，調理器具を外出時に持参するとよいでしょう。

　食物形態の種類には，水分やドロドロ状の物，ペースト状のすりつぶし食や粒が混じった物，刻み食などがありますので，利用者の吸う，噛む，嚥下する能力に応じて選択する必要があります。この選択を誤りますと誤嚥につながりますので，利用者の状態を詳細に把握しておく必要があります。この点について不明なことがありましたら，作業療法士，理学療法士に相談してください。

呼吸のタイミングを合わせる

　一般的には，健康な人は，鼻で息を吸ったり吐いたりして呼吸しますが，全身性の障害者の場合には鼻呼吸ができないために，口で呼吸をすることがあります。この際，口に食物を取り入れるときに息を吸い込むことが重なりますと，むせや誤嚥の原因となりますので，食物を口に入れるタイミングには十分気をつける必要があります。もし，誤嚥が疑われる場合，特に自分自身で咳反射を起こして食物を体外に出すことが困難なときには，あらかじめ本人および家族から吸引の同意書をもらっておき，口腔吸引を行うとよいでしょう。

介助量は対象者の状態に合わせて決定する

　利用者によっては，自分で食事動作が部分的に可能である，あるいは自立している場合もあります。過剰な介助は自尊心や自立心を失わせる可能性がありますので，利用者の能力に応じて可能な過程や動作は，自分で行ってもらうような介助のあり方が望ましいでしょう。

　しかし，逆に過少な介助は，姿勢のバランスを失うなど事故の原因となりやすいため，十分な介助を必要とします。また，手を動かそうとしたときに姿勢がくずれ，倒れやすいという場合もありますので，くずれやすい部位をあらかじめサポートしておくとよいでしょう。

　脳性まひにおいて触覚過敏性がある場合には，介助の際触れられることを嫌がることが多々ありますが，介助の方法としては介助者の手掌面を用いて触れる面積を広くとり，少し圧迫した介助を行うと，触れられることの不快感が少なくなります。

4 外出時の準備

1　下見のすすめ

　事前に行き先（レストラン，デパート等）や地域等がわかっている場合は，下見をしておくと，当日の戸惑いや不安は最小限に抑えられます。

レストラン等
① まず，車いすで店にスムーズに入れるかどうか。間口の広さはどうか，入口や店内に段差はないかどうか。
② テーブルの高さや配置はどうか。
③ どのようなメニューがあるのか，店によってはメニューを貸してもらえますので，事前にあれこれと検討することで，当日への楽しみと期待が高まります。

④ 再調理が必要な場合には，店の人に事情を話し，小型フードプロセッサー等が持ち込めるよう事前に了解（コンセント使用の確認等も含めて）を得ておきます。
⑤ あるいは，店で再調理してもらえるかどうか確認しておきます。
⑥ 急に具合が悪くなった場合のために，畳の部屋があるかどうか確認します。あれば安心です。
⑦ トイレや洗面所の確認，車いすでの使用が可能かどうか。
⑧ 条件に合う店であれば予約しておきます。

野外・公園等
① 野外に出る場合は，周囲の安全面には十分配慮する必要があります。車いすで移動して食事をする際の地面の状態はどうか。
② 日が差す場合，日陰が確保できるかどうか。
③ 手洗い場（水道），使いやすいトイレがあるかどうか。

2　事前の準備

レストラン等
① 店には本人の使いやすい食器等はありませんので，必要に応じて使い慣れたフォーク，スプーン，コップ，箸，エプロンなどを持参します。
② 再調理のための小型フードプロセッサー等を持参します。
③ テーブルの高さや，車いすでの座位の調節に必要なマットやクッション等を持参します。
④ もしもの場合に，畳の部屋で臥位になったり，座位になったりすることがあるかもしれませんので，小布団，座いすなど必要に応じて準備します。
⑤ 注文したメニューが好みに合わず食べられない物のほうが多かった場合に備えて，例えばバナナやヨーグルト等を持参していけば安心です。
⑥ タオルや布巾を少し多めに持参します。食後の口の周りや手指を清拭します。また，テーブルの上の食べこぼしの処理や，後片付けをするのに必要です。

野外・公園等
① 野外で過ごすことは，想像以上に体力を消耗しやすく，体温調節も難しい場合もあるので，本人の身体状況に合わせて，リラックスした姿勢のとれる場所（冷房のきく車，畳のある休息所等）の確保が必要です。
② 使い慣れた食器，スプーン，コップ等を持参すれば，普段と同様の手指の感覚と口までの食物運びになりスムーズに食事ができます。
③ 再調理のための小型フードプロセッサー等を持参します。

1 食事の介助方法

④ おしぼりタオルやタオル等を多めに持参します。

5 外出時の食事

　いつもと違う場所に出かけての食事は，楽しい反面，緊張する場でもあります。ガイドヘルパーがゆとりをもった対応をし，和やかな雰囲気がつくれるように，事前の準備と当日の細やかな心がけが大切です。

レストラン等
　外出したときぐらいはせっかくの機会なので，普段食べられないようなメニューを食べてみたいと思うようです。誤嚥やむせに十分な配慮が必要です。
① 本人の好みや希望に添って注文します。
② 注文したメニューがテーブルに運ばれるまでに，良好な姿勢をしっかりと整えます。
　　使い慣れたスプーンやフォーク，必要に応じて嚥下補助食品等を準備します。
③ メニューがテーブルに運ばれたら，本人の希望に添って食べてもらいます。
④ 食品の素材や調理形態に危険がなければ，食べてもらいます。
⑤ また，必要であれば，本人に確認しながら食べやすい形状（押しつぶしたり，適切な大きさにしたり，あるいはスープに嚥下補助食品でとろみをつける等）に整えて，楽しみながら，そして安全に食べられるよう配慮します。
⑥ 使い慣れたマグカップやストローでの水分補給も大切です。

野外・公園等
　野外に出ると気分も爽快になり，精神的に解放されます。時には，弁当を持参して自然のなかでの食事も楽しみます。その際には，野外でゆっくり過ごすための，過ごしやすい気温，風の強さであるかどうかに留意する必要があります。
① 車いすでの食事時の良好な姿勢を整えます。車いすの肘かけ部にオーバーテーブルを渡して安定させます。
② いつもと違う周囲の雰囲気を楽しみながらの食事にします。
③ 調理した食物を持参し，食べる直前に再調理します（刻み食やミキサー食など事前に再調理して持参することもあります）。
④ 使い慣れた食器，スプーン等で，普段のペースで食べてもらいます。
⑤ 本人の表情，身体状況の些細な変化にも留意します。
⑥ 食事が十分にとれなくても，水分摂取は十分にします。

その他の留意点

① 利用者の気分や体調の変化には十分に配慮し，必要に応じて，畳のある部屋や車，リラックスできる休息場所等を事前に準備しておきます。

　慣れない場所や雰囲気での食事は，体調や気分も変化しやすくなります。顔色や表情，食事の進み具合等に変わったところがあれば声かけし，リラックスできる姿勢で休息してもらいます。ガイドヘルパーは利用者の安楽に配慮しながら，状態の変化に細心の注意をもって対応します。

② 外出しての食事の機会は本人や家族の要望に添って行いますが，その経験がない場合は，初めから食事にせず，間食程度の食物を持参して食べてみることから始めてみます。

③ 食べる時間は，30～40分くらいが望ましいようです（個人差がありますので，およそ60分程度以内と考えます）。これ以上は疲労しやすいようです。また，無理強いすると食べる意欲をなくしてしまうこともありますので，ガイドヘルパーは常に利用者に声かけをし，確認しながら，そして，利用者の表情や目の動き，身体の動き，言動等に細心の配慮をし，利用者のペースに合わせて介助することを心がけることが何より大切です。

　一口に食べる量（介助して食べてもらう量）は，スプーンサイズの中位の量です。一口の量が多すぎても，食物を口に運ぶスピードが速すぎても，誤嚥のおそれがあります。ゆったりした音楽をかける等して食べるスピードを下げ，楽しい雰囲気づくりに配慮することも必要です。

④ むせやすい人の場合は，誤嚥性肺炎を起こす確率が高いようです。ただし，むせがなくても誤嚥している場合があり，注意が必要です。

　「むせ」とは，気管に入った物を外にはじき出そうとする現象をいいます。

　しかし，嚥下の反射が弱いか消失している場合，呼吸機能が弱い場合，あるいは全身状態が衰弱している場合等は，誤嚥しても「むせ」ないことがあります。このような場合は普段から微熱が続いていたり，痰がからんでいたりすることが多く，摂食時に誤嚥により肺炎や窒息を起こす危険が高いので注意が必要です。専門家の指導のもとに対応する必要があります。

　ガイドヘルパーは，利用者の表情が食事前と変化が見られないか，全身の状態に変化は見られないか，食事の進み具合，食物の飲み込みの様子はどうか，呼吸の仕方に変化はないか等々配慮しながら，十分に観察，声かけし，食事介助をします。

　誤嚥による肺炎の多くは，口腔内の雑菌によるものです。普段から歯を磨いたり，うがいをしたり，口腔清拭等によって口腔内を清潔に保つことが大切です。

　食物形態のランクを下げることで嚥下の改善を試みます。

　嚥下造影検査等で嚥下の正確な状態を知り，専門医の指導のもとに言語聴覚士

などの専門家による訓練を受ける場合もあります。
⑤　水分にむせる人の場合は，一口の量を減らします。コップ，大匙（さじ）から小匙，ストローに変えてみます。水分にとろみをつけて飲み込みやすくします。まひがある場合は健側から入れます。
⑥　食事介助の際，ガイドヘルパーはいすに腰かけ，利用者と同じ高さで介助します。利用者の口の高さと同じ位置から水平にスプーンを口に入れるようにします。

　利用者の食習慣や必要に応じて側方からの介助ということもありますが，本人や家族に聞きながら十分留意して行います。

参考文献

里宇明元・峯尾喜好・千野直一「当院におけるSeating Clinicの経験」『総合リハビリテーション』15(2)，117～123頁，1987年

里宇明元・千野直一・君塚葵・木佐俊郎・正門由久・長谷公隆「小児の補装具に関する問題点—利用者，処方者，製作者に対するアンケート調査より—」『総合リハビリテーション』23(10)，885～894頁，1995年

里宇明元「体幹装具とSeating system (8)　筋ジストロフィー症児に対する座位保持装具：1. 基本的な考え方，2. 体幹装具，3. 車椅子の工夫」『総合リハビリテーション』17，545～546頁，637～638頁，717～718頁，1989年

「特集—からだに合わせたいす—」『はげみ』8・9月号，1997年

花山耕三・里宇明元「重度脳障害児のSeating system」『臨床リハビリテーション』7(2)，168～171頁，1997年

Seating Resource. Current Trends for the Disabled. Otto Bock, Canada, 1989.

金子芳洋編，金子芳洋・向井美恵・尾本和彦『食べる機能の障害—その考え方とリハビリテーション—』医歯薬出版，1997年

西本典良『動作をみる介護　リハビリテーションの応用で介護力を高める』誠信書房，1997年

2　衣服着脱の介助方法

1　"服を着る"こと

　"服を着る"ということはいろいろな意味があります。皮膚を守る，体温を調節するなどの生命にも関係する機能（以下「防衛的機能」という）や，おしゃれなどの生活の質に直接関係する機能（以下「質的機能」という）があります。

この質的機能では、自宅にいるときはリラックスできる身体への締め付けが少ない服を着用することが多く、買い物や友人と会うための外出にはおしゃれを楽しむものを選ぶといえます。さらに、冠婚葬祭に関わり社会的理由などによる服装も生活の質に含まれるといえます。
　このような機能は状況に合わせて選択されており、障害の有無は関係しないものです。しかし、障害者の場合には、さらに障害に合わせた機能（以下「障害配慮的機能」という）についても配慮が必要になります。例えば衣服に対する障害配慮的機能には、図7-9に示したように、上衣の横がベルクロテープやファスナーになっていると、上肢の可動域があまりない人であっても、関節を痛めずに着ることができます。

図7-9　上衣における障害配慮的機能

ベルクロテープまたはファスナー

　外出支援を行うガイドヘルパーは、家でリラックスした状態の人の支援ではありません。ですから利用者が街に出た際に、気温や湿度等の気候に合わせた防衛的機能、買い物や冠婚葬祭などの外出の目的に合わせた質的機能と、その障害に対する障害配慮的機能を総合的に考慮した支援を可能な限り行うことになります。
　外出時に何を着るかについては、利用者あるいはその家族が決めることです。しかし、外出時の安全性を高めるには、ガイドヘルパーとして一緒に相談することも必要でしょう。すべての条件に合った衣服を選択するための量的な状況がないかもしれませんが、利用者の希望を最優先しながらも、安全な支援を可能にするために、それぞれの機能を総合的に検討して選択できるようにすることが大切だといえます。

2　外出に向く衣服

　外出時の衣服の選択は意外と難しいかもしれません。これは質的機能ばかりでなく、外出先の環境や気候に応じたものを選択する必要があるからです。例えば、冬の晴天の朝に、非常に肌寒く感じて上着を厚めのものにした場合、日中に風がなければその日はポカポカと暖かく、上着を脱ぎたくなります。また、夏の日差しの強い日に屋外に出ていなければならないとき、暑いからといって半袖や短パン・スカートで外出すると肌の出ていた腕や脚に日焼けをしてしまい、火傷と同じ状態になってしまうことはすぐに想像がつきます。このような場合、いくつかの機能をもつ衣服を複数組み合わせたり、補足的衣服などを持参するのが一般的かと思います。
　このことは、全身性障害者においても全く同じです。さらに障害配慮的機能も考慮しますので、より慎重に服装を考えなければなりません。とはいうものの外出に

あたって衣服のことで気を遣いすぎると徐々に気が重くなってしまいますので，いくつかのポイントだけは配慮して，できるだけ楽しく気軽に外出できるように考えたほうがよいかもしれません。

1 上　衣

外出する際の衣服で最も気を遣うのが，上衣だといえます。これは，外出の目的に応じた衣服を着用するといった質的機能という面ばかりでなく，体温の調節などの防衛的機能に影響するためといえます。つまり，体幹を包み込むことができる上衣は，暑ければ汗を吸収したり熱を放散させたりできるものを，一方，寒ければ体温が逃げにくい機能のものを選ぶことが求められるでしょう。

上衣は，ブラウス，ポロシャツなど（以下「シャツ」という）を着て，その上にジャケットを，さらに気候によってはコートを着ることになります。

更衣の手順は，着る場合は障害のある側からあるいは障害の重いほうから，逆に脱ぐ場合は健側からあるいは障害の軽いほうからになります。この順番を「着患脱健（脱健着患）」といいます。

前あき型の更衣

シャツについては，前あき型のものと被り型のものがありますが，上肢にもまひがある利用者にとっては，障害配慮的機能から考えて前あき型のほうがよいといえます。これは，袖を一側ずつ脱着でき，頭を通し入れる必要がないからです。

前あき型の更衣は，具体的には片まひの障害のある人が座位姿勢でいる場合，最初は，患側（まひ側）のシャツの袖をたくし上げた状態にして，利用者の患側上肢を通します。その際に患側の指がスムーズに袖を通るように，最初に介助者の手を，これから着せたい側の裾側から入れて，次に利用者と握手をした状態にして袖を通すと安全です（図7-10）。そのあと健側の袖を利用者に通してもらいます。その後，後ろ身頃をシワにならないようにして下方に下ろし，襟を整えてから前側を閉じます。

両上肢に障害がある場合には，障害の状態が重度といえるほうから行います。特に肩や肘の関節可動域が狭い側や，関節を動かした際に緊張が高まってしまう側から行います。最初に袖をたくし上げ，一方の上肢を先に紹介したように通します。できるだけ脇までしっかりと通しておくとよいでしょう。反対の上肢も関節を痛めないように袖を通しますが，こちらも障害があるわけですから，利用者と介助者が握手するようにして，スムーズに袖を通すようにします。

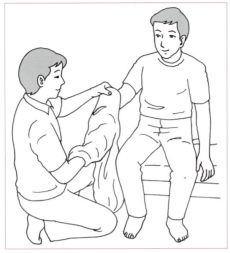

図7-10 上衣の袖の通し方

被り型の更衣

　トレーナーやセーターなどの被り型の上衣は、特に気候が寒いときに使用すれば、身体を保温し、またカジュアルな装い感も出せるといえます。気候によっては、ジャケットなどの重ね着をせずにいられることもあり、外出にあたって非常に便利な衣服の一つといえるでしょう。

　被り型の更衣の際には、袖口や襟口にボタンなどにより開閉する機能があれば、外しておき口を広くしておきます。このような被り型の上衣は、最初に身体の前面で両腕を通しておき、その後に後ろ身頃を持ち上げ、頭を襟口から通す方法になります。頸部が強く反り返るなどの障害がある場合には、まず襟口に頭を通して、次に左右どちらかの障害の重いほうの上肢から腕を通すようにしますが、できれば前あき型の上衣を選択してもらったほうがよいかもしれません。

2　下　衣

　ズボンやスカートなどの下衣は、移動介助にあたっての障害配慮的機能を考えるうえで大きく影響するものです。それは、移動に伴ってトイレでの介助があるためです。そのため、外出先やその目的・時間に応じて、場合によっては衣服の着脱介助のしやすいものを利用者とよく相談して決めるとよいでしょう。

　ズボンは、可能であればやや余裕があるものがよいかもしれません。これは、あくまでも利用者の意向によりますが、大きめのほうが下肢の血行を妨げにくいばかりでなく、トイレにおける下衣の着脱に際しても、生地に余裕があるため介助しやすいといえるからです。

女性であれば，スカートを着用することも選択肢の一つです。スカートは，特に夏場では涼しさにつながり，またおしゃれのためにも有効です。トイレ介助で着脱する際にも，ズボンと比べて比較的容易といえます。しかし，スカートを履いたまま車いすでの座位を行うと，場合によってはスカートの裾がめくれてしまう場合もありますから，膝掛けをかけるなどの配慮も必要です。

更　衣

　下衣の更衣においてもやはり「着患脱健」が原則です。ここでは，ズボンをはく方法を紹介します。脱ぐ場合は，原則，この反対になると理解してください。

　臥位姿勢になることができれば，ズボンの脱着も比較的簡単に介助できます。片まひのある利用者がズボンをはく場合には，まず患側のズボンの裾を股下の位置までたくし上げて，患側の足先を完全に通し，脛のあたりまで通しておきます。その状態で健側も足を通します。あとは交互に少しずつ腰まで上げていきます。なお患側下肢をズボンに通す際に，上衣で行ったように介助者の手をズボンの裾側から通しておき，利用者のつま先を握ったあとにズボンを通す（図7−11）と利用者のつま先がズボンの布に引っかかりにくくスムーズに行えます。

　両下肢に障害がある場合には，障害の重いほうから片方ずつズボンを通しますが，最初の一方は足首から脛ぐらいまでを完全に通しておきます。その後，もう一方を完全に通し，あとは先に紹介したように左右交互にズリ上げていきます。特に臀部を通すときには，腰を少し高く浮かせられるように，身体をやや大きく横に傾ける必要があります。

　全身性障害者の座位は，体幹のバランスが保てるように背中側に壁などがあり，身体をもたれかけさせる場所が必要です。その点でブレーキをかけた車いすでの座位姿勢は，背もたれや肘置きがあるため安定して着脱できる場所といえます。

図7−11　臥位におけるズボンの装着

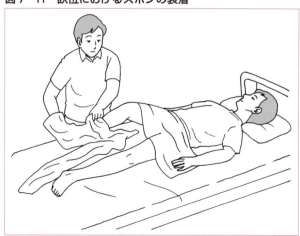

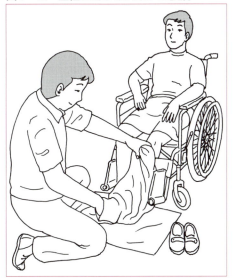

図7-12 座位におけるズボンの装着

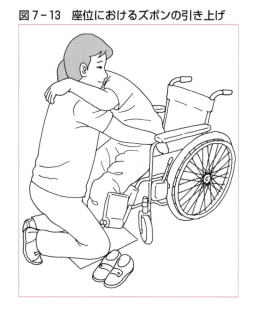

図7-13 座位におけるズボンの引き上げ

　外出先などで土足が可能な場所で更衣する場合は、地面に衣服が触れて汚れてしまわないように、ビニールシートなどを敷いておくと便利です。具体的な方法は、先に紹介したように、特に患側下肢をズボンに通すときに、介助者の腕をズボンの裾側から通しておき、利用者のつま先を握ったあとにズボンを通すと引っかからずスムーズに行えます（図7-12）。臀部を通す際には、ガイドヘルパーが利用者の身体をしっかりと支えて、左右に利用者の身体を大きく傾けながら少しずつ上にズリ上げていきます（図7-13）。

3　その他

膝掛けなど

　座位のままの姿勢は、特に屋外では配慮が必要な場合があります。例えば、利用者がスカートを着用している場合には、前方からの風などにより、スカートの裾がめくれ上がる可能性があります。日差しの強い日では、大腿部の面に日光があたり暑くなりやすいといえます。また寒い日では、地面からの冷えが立っている人以上にあります。

　このような状況が多々あるため、外出の際に気候などを考慮したうえで、最低限必要なものは携帯することが必要でしょう。先の例でいえば、スカートを着用している場合には、膝掛けやバスタオルなどを膝に広げて置いておくと、風などでめくれ上がりにくいといえます。特にバスタオルは、夏の日差しを防いだり、寒いときには保温や風よけにもなります。さらに、汚れてしまった際には洗濯が容易です。

ただ，バスタオルですと，せっかくおしゃれをしても，外出先によってはそぐわないこともあるのが難点といえます。

下からの冷えが非常に予想される場合（例えば冬の屋外での移動など），可能であれば，脚袋（図7-14）やレッグウォーマー（図7-15）などを使用すると，冷えを防ぎやすくなります。車いすに座ったままベルトなどを外すことなく比較的簡単に着脱できるコート（ワンタッチ・ケープ）やボアライナーなども，全身の保温に有効でしょう。なお，使い捨てカイロなどを使用するに当たっては，まひのある場所への使用は絶対に避けなければなりません。それは，まひのある部位は動かせない（動かしにくい）ことで一箇所に熱が集中してしまい，さらにまひがあることで異常な加熱がわからないことが多くあり，やけどをしてしまうためです。その代わりに，脚袋やレッグウォーマーなどによる保温で対応してください。

肌　着

ガイドヘルパーとして直接関わりがないと考えられがちな肌着ですが，こちらもうまく利用すると外出がしやすいといえます。

肌着は，体温を調節するのに非常に有効です。寒い日は，重ね着することで襟口などからの体温の放熱を防ぎます。なお，外出の目的に問題がなければ，肌着の代わりにTシャツを準備しておき，気候がよい日などで汗をかいた後に着替えると，しばらくそのまま涼むこともできます。最近では，体温を保ったり，放熱しやすい肌着が市販されていますので，気候に応じて活用することも有効です。

肌着の予備のパンツなどは，利用者や家族等に確認し，その必要があれば，さほどかさばらないものですので携帯するとよいでしょう。

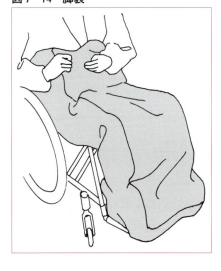

図7-14　脚袋

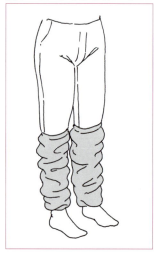

図7-15　レッグウォーマー

その他

　上下の衣服のほかに，帽子，靴，あるいはスカーフやネクタイ，さらに靴下などはおしゃれとしても大切な衣服といえます。これらを組み合わせることにより，雰囲気が違ってきます。これらは，外出に際し利用者がいろいろと考えて組み合わせをすることになりますが，ガイドヘルパーもそのお手伝いができるかもしれません。最近では，歩行には使用できませんが，車いす乗車時に下肢装具の上からも履けるデザイン性のある防寒用足カバー（冬用レザーシューズ）もありますので，利用者に情報提供することも考えられます。利用者が気に入った服装で外出すれば，一緒に外出するガイドヘルパーも楽しく支援できるといえます。

　帽子や靴などは，おしゃれとしての質的機能と同時に，防衛的機能や障害配慮的機能も有しています。帽子は，日差しを防いだり，防寒として機能します。また，頭部を保護するという面もあります。靴も，体温を保つのに機能しているとともに，爪先などの保護にも役立っています。

　このように有効な面もありますが，注意しなければならない場合もあります。例えば，帽子が風に飛ばされ，そのためにガイドヘルパーが利用者の元を離れることがないように，顎紐をしてもらったり，風で飛ばされにくい形状のものを選択してもらったりすることも必要でしょう。また，抱きかかえることが多い利用者であれば，その際に首を絞めてしまわないようにスカーフやネクタイを外してもらうことなども考えられます。

3　外出支援に際しての留意点

　外出は，買い物や通院などの目的を果たすだけではなく，気分転換にもあるいは社会参加という意味においても非常によいといえます。その外出が気分よく，安全に，かつ効率よく行えれば最高です。最高の外出をするためにも，次の点に留意するとよいでしょう。

① 服装を決めるのは利用者本人ですが，安全な介助の支援にあたって必要なことがある場合には，一つひとつ相談することがよいでしょう。なお，おしゃれについてのアドバイスも忘れずに！
② 外出に先立って，着用している衣服を補完するバスタオルや膝掛けのほかに，ビニール袋やビニールシートもあると便利です。なお，利用者とガイドヘルパー本人の雨具（雨合羽が便利）も忘れずに！
③ 外出前には，特に介助による衣服の着脱が必要な利用者では，トイレを済ませられるように相談します。そうすれば，外出先の衣服の着脱を1回減らすことになります。

④ 外出は，あくまでも利用者の目的を果たすものです。ですから，緊急時以外は，利用者の希望を尊重しましょう。また，外出先などで相手の方と話をするのは利用者です。利用者から依頼がない限り，ガイドヘルパーが主体にならないように注意が必要です。

⑤ 衣服は，気候，気温に合わせましょう。寒い気候であったり，クーラーが効きすぎたりしている屋内では，膝掛け，ジャケットなどを着用しましょう。暑ければ，送風や飲料に配慮し，利用者の発汗の状況により下着の交換をしましょう。冬場の下からの冷えばかりではなく，夏の日差しの強い日には，地面からの照り返しにも注意しましょう。

⑥ 利用者自身でできる衣服の着脱はできるだけ尊重します。しかし，あくまでも外出が目的です。利用者ができることでも，時間がかかってしまうなどの場合は，相談のうえ，ガイドヘルパーが適時適切に対応しましょう。

⑦ 車いすに長時間座っていることは，なかなか窮屈といえます。また，衣服が移動中にシワになり，皮膚に部分的な圧力をかけてしまう場合もあります。ときどき声をかけて**姿勢や衣服のシワを直す**なども心がけましょう。

⑧ ガイドヘルパー自身も，気候や気温，あるいは介助による発汗などによる体調不良に気をつけましょう。介助をしているガイドヘルパーと利用者の状況は，同じとは限りません。

参考文献等

国際福祉機器展ホームページ「福祉機器の選び方・使い方」 https://www.hcr.or.jp/howto/（2015年1月5日現在）

ガイドヘルパー技術研究会監『三訂ガイドヘルパー養成研修テキスト 全身性障害者移動介護従業者養成研修課程』中央法規出版，2003年

日本障害者リハビリテーション協会『ガイドヘルパー研修用教材試案』1997年

3 排泄の介助方法

排泄のイメージは，どのようなものですか。どちらかというと，話題にしたくないかもしれませんが，日常生活のなかでは，ほかの行為と比較して回数が多いといえます。食事は3回ですが，排泄は，排尿と排便を合わせるとそれ以上あるでしょう。

ですから，介助される利用者にとっても，煩わしい行為になっているかもしれません。利用者は，「知らない人に介助をしてもらうのは恥ずかしい」とか，「トイレ

はできるだけがまんしたい」などと思うかもしれません。

　この点でも，排泄に関わる介助は，技術的な方法ばかりでなく，気遣いも非常に大切になるといえるでしょう。排泄の心配を最小限にすれば，利用者も安心して外出できるといっても過言ではありません。

1 排泄に関わる施設，器具・用具など

1　車いす対応トイレ

　車いす対応トイレでは，ドアは引き戸で，洋式トイレや可動式の手すり，緊急呼出ボタンなどが設置されています（図7-16）。このような設備を備えた車いす対応トイレは，最近は車いす使用者ばかりではなく，ユニバーサルデザインの一つと

図7-16　車いす対応トイレ

表7-1　オストメイトにとって望ましいパブリックトイレの機能・設備

①	「オストメイトが使える」旨の表示やマークがある
②	便や尿を流せる大便器や汚物洗浄台がある
③	ストーマ部位を洗浄できる温水シャワー（温度調節器付）がある
④	補装具や附属品を置く小さな棚が洗浄台周りにある
⑤	換気設備，手洗い器，手の乾燥器がある
⑥	使用済の補助具を捨てる汚物入れがある
⑦	充分な量のトイレットペーパーがある
⑧	手荷物用置台や壁掛けフック（棚の脇，バッグ掛，コート掛）がある
⑨	補助具の装着に必要な姿見用鏡がある
⑩	身長にあわせて上下移動する踏み台がある

資料：横浜市オストミー協会ホームページ　http://www.normanet.ne.jp/˜yhamajoa/frame.toire.htm より引用

3 排泄の介助方法

して，必要な人が誰でも使えるトイレになっている場合もあります。それは，車いす使用者は当然ながら，乳幼児を連れた親，オストメイトなどの内部障害者にも使いやすいように，乳幼児用ベッドや座席が設置されているものやストーマ部位を洗浄できる温水シャワーなどが併設されているものもあります（表7-1）。

車いす使用者の排泄にあたっては，洋式トイレが必須です。全身性障害者は車いすでの移動であるため，洋式トイレが外出先やその経路にあることが安心して外出できる条件といえます。公衆トイレでも車いす対応トイレが徐々に設置されてきていますので，外出の経路を調べる際に適応するトイレも一緒に調べておくとよいでしょう。

2 おむつとパッド

おむつというと，介護保険施設や病院で職員の手間を省くときに使用されるとい

表7-2 おむつの種類と特徴

	テープタイプ	フラットタイプ	ひょうたんタイプ	パンツタイプ	敷くおむつ
利点	吸収量が多い。おむつカバーがいらない。種類が多い。	鼠径部（足の付け根）がやせていても形を整えやすい。敷いて使用することもできる。大きさの割に単価が安い。	鼠径部に沿うのでフィット感がある。	普通のパンツのように履くことができ，装着が簡単。	身体に密着させるおむつの使用が困難な人が腰に巻いたり，寝具上に敷いたりして使用できる。防水シーツの代わりとしても使用できる。
欠点	単価が高い。蒸れやすい。かぶれることもある。大きなゴミとなる。	大きさの割に吸収量が少ないものが多い。あて方に慣れが必要。	鼠径部がやせていると合わないので横漏れの原因になる。あて方に慣れが必要。	寝たまま使用すると横漏れを起こすことが多い。汚れた場合簡単に破いて脱ぐことはできるが，履く際，ズボン類は脱いでからでないと装着できない。	大きなゴミとなる。
使用上の注意	パルプアレルギーのある人はひどくかぶれるので注意する。おむつカバーではなく，単体でも多吸収能力のあるものとして認識しておく。	おむつがカップ状態になるように吸収面を内側に2つ折りにしてからあてる。おむつカバーを併用する。	おむつカバーやサポーターとの併用をする。カップ状に成形してからあてる。	履いていると非常に温かい。夏場は薄手のタイプを使用しないと蒸れる。	横漏れによってシーツなどの洗濯につかれている場合は，有効に使用できる。

資料：牧野美奈子「国際福祉機器展 H.C.R 2006 福祉機器選び方・使い方 2006年版」および「国際福祉機器展 H.C.R. 2014 福祉機器選び方・使い方副読本 住宅改修編 はじめての住宅改修，入浴，トイレ」一般財団法人保健福祉広報協会・発行より作成

表7-3 パッドの種類と特徴

	男性用	フラットタイプ	インナーパッド（コンパクトタイプ）	多吸収タイプ	T字タイプ	失禁パンツ
利点	男性の場合，尿道口からずれなければ，広い汚染を予防することができる。	一度吸収すると，肌戻り感が少ない。	携帯に便利。生理用品と同じ感覚で使用できる。	男女とも使用できる。便をとることもできる。おむつ使用者のサブパッドとしても使用できる。サブパッド使用で経済的になる。	股関節の外側が開放されているので，歩行障害が起こりにくい。身体機能に影響されずに使用できる。交換が簡単。	外見が普通の下着と変わらない。再利用型なので経済的。
欠点	陰茎がパッドからずれてしまうことも多い。	横漏れ防止のギャザーがないので，漏れの勢いがあると少量でも横漏れする。	単価が高いものが多い。	厚さのあるものや大きいものが多い。	他の製品に比べて高価。	漏れ量による調節はできない。
使用上の注意	成形されているタイプと形を作ってテープ止めするタイプがある。固定のための専用カバーが必要な用品もあるので注意する。	固定するパンツやサポーターと併用する。	固定するパンツやサポーターと併用する。様々な吸収量の用品があるため，自分に合った漏れ量のものを選択する。	吸収量が多いので活動中に使用する場合には，かなりきつめのサポーターが必要になる。	失禁量と交換時間を把握し，適切に使用しないと経済的負担が大きくなる。	股間部に吸収素材を縫い込んであるものや，パッドを差し込んで使うものなどがある。用品の特徴を確認してから使用する。

資料：牧野美奈子「国際福祉機器展H.C.R 2006 福祉機器選び方・使い方 2006年版」および「国際福祉機器展H.C.R. 2014 福祉機器選び方・使い方副読本 住宅改修編 はじめての住宅改修，入浴，トイレ」一般財団法人保健福祉広報協会・発行より作成

うマイナスのイメージがあるかもしれません。しかし，排泄のコントロールができない人にとって，これをうまく使用すれば，安心な外出にもつながります。例えば，下半身にまひがある人のなかには，何かの拍子に腹圧がかかり，失禁してしまう場合もあります。そのようなことに備えて，おむつやパッドを使用することもあります。おむつとパッドについては，ガイドヘルパーがその選択をすることはないといえますが，外出のときに円滑な介助を行うためにも知っていたほうがよいでしょう。いろいろな形状と機能がありますので，表7-2と表7-3に紹介します。

3 ストーマ用装具

　腸や膀胱などの疾患が原因で内部障害などとなり，外科的手術により腹壁にストーマと呼ばれる排泄孔を造設する場合があります。このストーマは，腸の場合は消化管ストーマ，尿路の場合には尿路ストーマと呼ばれます。

尿路ストーマは，腹腔内の腸に接続する場合と腹壁に孔を空ける場合があります。

消化管ストーマからの排泄は，消化管では切除した消化管の場所により，軟便，有形便と水様便になります。排便は，随時排泄される自然排便法と，洗腸による強制排便法があります。なお，後者の洗腸後は，一般的に24時間から48時間は臭いのないガスのみが出て，排便が起こらなくなります。排泄物は，ストーマの周囲に合わせて張られたストーマ用装具の専用袋（蓄便袋・蓄尿袋＝パウチ）に随時流れ出ることになります。

ストーマ用装具

ストーマ用装具には，消化管用（図7-17）と尿路用（図7-18）があります。基本的なストーマ用装具は，ストーマ部位の皮膚に接着される皮膚保護剤のフランジ（面板）に，ストーマからの排泄物を受けるパウチという袋を組み合わせたものになっています。この組み合わせには，フランジとパウチが分かれているツーピースタイプと，フランジがパウチと一体になっているワンピースタイプがあります。

図7-17 消化管ストーマ用装具

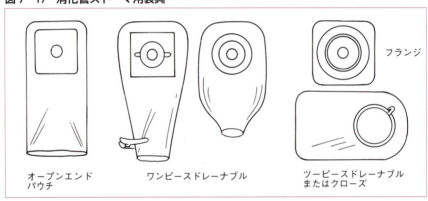

図7-18 尿路ストーマ用装具

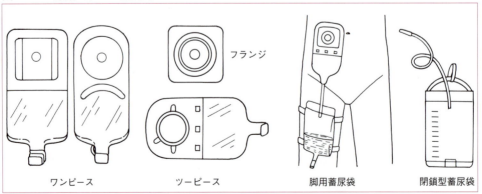

ツーピースタイプは，フランジにパウチをはめ込んで使用します。フランジは3日程度使用でき，パウチのみの交換が可能です。フランジは，ストーマのサイズに合わせて選びますが，パウチの大きさとフランジの大きさが同じでなくてはいけません。ワンピースタイプは，パウチとフランジが一体になっており，通常1日から3日程度で交換します。フランジの厚みが少し薄めになっているため，強わつき感が少ないといえます。尿路ストーマ用パウチは，通常2000mlの蓄尿袋に接続されています。

　なお，外出先では，必要に応じて排泄物をトイレに流します。使用済みとなったストーマ用装具を捨てるときは，利用者のプライバシー保護という観点からも，また，排泄物であり他人に迷惑をかけないという観点からも次の注意が必要です。
① パウチのなかの汚物は残さず必ずトイレへ流す。
② パウチは洗って紙類で固く包み，ポリ袋などに入れて密閉する。
③ 洗えない場合は，周囲を丁寧に拭いてきちんと四角に折りたたみ，ポリ袋などに入れて密閉する。
④ ごみ収集用容器などに廃棄する。
⑤ どんなときでも，パウチのなかに排泄物を残さないように心がける。

4　カテーテル

　カテーテルは，ゴム・金属・プラスチックなどで造られた管状の医療用器具です。体液や内容物の排泄，あるいは薬液などの注入に使用されますが，排尿障害のある障害者も使用することがあります。カテーテルによる排尿は，尿道にカテーテルを入れて行う導尿と，常時，カテーテルが尿道や腹壁に造られた腎瘻や尿管皮膚瘻に挿入されて，随時尿が流れ出る留置カテーテルがあります。

　カテーテルの挿入は，手指に障害のない人であれば専門の教育を受けて自らで行う人がほとんどです。なお，カテーテルの挿入にあたっては尿管などを傷つけてしまう場合もあるため，慣れが必要です。さらに，感染しやすい部位であり，尿道は腎臓につながっていることから，衛生面に特に気をつける必要があります。

5　収尿器

　脊髄損傷，外傷性泌尿器障害や尿路系腫瘍除去手術後などにより尿失禁を伴う男性のための収尿器（図7-19）があります。コンドーム型の部分を陰茎にかぶせ，随時流れ出る尿を収尿器に溜める方法になります。女性用の用具もありますが，男性に比べ排泄器の位置の設定などが難しいため，あまり使用されていないかもしれません。

図7-19 男性用収尿器

　この方法は，衛生面も保ちやすく，また蓄尿の廃棄も蓄尿袋を外しトイレに流すだけであり，取り扱いも容易です。蓄尿袋は様々なものがあり，使い捨てのものや蓋付きのケースを個人で改造して使用したりしている場合もあります。

2 排泄介助の方法

　排泄が一人でできない，あるいは一部できないという場合には，ガイドヘルパーが一緒にトイレに入ることになります。車いす対応トイレであれば，異性のガイドヘルパーであっても違和感が少ないかと思いますが，一般の公衆トイレなどでは男女別に設置されているので配慮が必要です。入るトイレは，利用者の性に合わせるのが原則ですが，利用者が女性でガイドヘルパーが男性の場合（ほとんどないと考えられますが）には，出発前にトイレでの介助も必要なのかをよく相談しておき，そのときの状況で判断します。排泄に関わる介助は，このような気遣いも必要ですが，このことも事前に打ち合わせておくことや，できるだけ車いす対応トイレを使用できるように情報の収集をしておくことが必要でしょう。

　以下に，排泄のほとんどに介助が必要な利用者における具体的な介助の方法を紹介します。

1　洋式トイレでの排泄

① 　トイレの入り口の幅や奥行きなどにもよりますが，可能な限り車いすを便器に近づけ，ブレーキをかけます。ベッドと車いす間の移乗の手順で便座に移乗します。
② 　このとき，手すりや介助者の肩などを借りて立位がとれる人は，便座の位置まで少しずつ移動します。

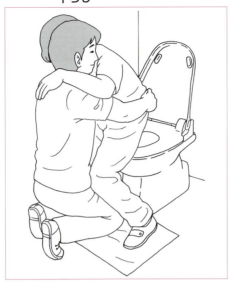

図7-20　洋式トイレにおけるズボンの引き下ろし

③　ズボンなどの衣服を下ろす前の準備として，①の場合では座位になった後，利用者のバランスに十分注意をしながら介助者の手を離し，利用者のズボンの裾を膝のあたりまで折り返しておきます。また②の場合には，立ち上がる前の車いすに座っているときに同じようにズボンの裾を上げておきます。これは，床に衣服が触れて汚れないようにするためです。

④　排泄のためにズボンなどの衣服を下ろしますが，①の場合には，図7-20に示したように，介助者により利用者の身体を左右に傾けながら，浮いた側のベルト部分を少しずつ下げていきます。②の場合には，便座に座る前にベルトなどを外し太ももまで下げておくようにします。

⑤　便座上でできるだけ安定した，かつ排泄しやすい姿勢に修正します。身体の安定は，排泄のしやすさにもつながりますので，特に気をつけましょう。安定すれば介助者の支えも少なく，あるいは必要なくなりますので，このことでお互いに気が楽になるといえます。なお，利用者の位置を直す際に，皮膚が捩れるなどして傷つかないように，できるだけ臀部を浮かせるようにして修正してください。

⑥　脳性まひなどで緊張が非常に高まってしまう利用者で，極端に膝が重なってしまう場合は，両膝の間に丸めたタオルなどを挟むなどにより，尿が下の便器に落ちやすくします。男性の場合には，陰茎を下に向けておきます。

⑦　排泄中は，可能であれば介助者は外で待ちますが，終了時や緊急時の合図を確認しておきます。上体が不安定な利用者の場合には，離れることは勧められません。もし，近くで身体を支えておく必要がある場合は，下半身の露出部をタオルなどで覆うことも必要でしょう。

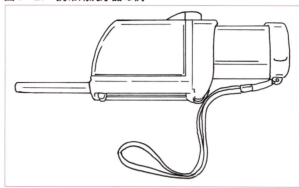
図7-21　携帯用洗浄器の例

　なお，筋肉の緊張が非常に低い筋ジストロフィー症の利用者の場合，上体が下に沈み込んだり両膝が極端に開くなどで非常にバランスが不安定になりますので，多くの場合，身体を支えておく必要があります。

⑧　排泄後の後始末は，トイレットペーパーで拭き取る場合，紙を十分に厚く重ねて持ち，特に女性の利用者では，汚物が膣に回らないように前から後ろに拭き取ります。新しい紙に替えて，何回か拭き取り清潔を保ちます。
　本人自ら拭くことができる場合も，バランスを崩しやすいので注意が必要です。この場合には，拭くのは本人に行ってもらい，介助者はバランスを保つように配慮することもできます。

⑨　外出先の施設などでは，排泄の後始末をするのに温水が出る洗浄機能付きの便座もあるかもしれません。また洗浄器には，乾電池で使用できる携帯用のものもあります（図7-21）。このようなもので洗浄できれば，衛生も保ちやすく，また介助もしやすいといえます。なお，携帯用洗浄器は市販のものではなく，台所洗剤や調味料の容器を使用して作ることもできますので，必要があれば準備するとよいでしょう。使用後は，下着などが湿らないようにトイレットペーパーでよく拭き乾燥させます。

⑩　ズボンなどの衣服を着る場合は，④で紹介した下ろす方法と逆の手順で行います。着る際に，ズボンの裾が床に付かないように，また装着後に下着やズボンなどにシワが寄らないように注意します。障害によっては，排泄後に脱力してしまい，身体のバランスがそれまで以上に悪くなる場合もありますので，利用者を観察しておきます。

⑪　車いすに移乗させ，下肢や上肢のポジションを整えて終わりになります。当然ですが，排泄後は利用者と介助者ともに手を洗い衛生を保つようにしてください。

2 おむつ

　おむつを使用していることは，安心感はあっても決して軽快な感じはないといえます。さらにおむつが汚れた場合には，非常につらい状態になります。排泄物で汚れると排泄臭がして，周囲だけでなく利用者にも精神的な負担をかけることになります。ですから，可能であればおむつに排泄してしまう前に車いす対応トイレがあるところで，少し時間をとって排泄を試みることも必要かもしれません。そのためには，定期的に利用者に尿意などを確認してみるとよいでしょう。一般的に尿意や便意を感じるのは食後から20分から30分ぐらいといえます。食後などには，休憩がてら少し時間をとって様子をみるのもよいかもしれません。

　なお，おむつやパッドの交換も，可能な限り車いす対応トイレで行います。おむつへの排便がされた際に，拭き取り用の使い捨て布（ウェス）や大きく厚めのウェットティッシュを持参しておくとよいでしょう。排泄された便は，おむつに付着しているものも含めトイレの流水によりできるだけきれいに流し取ります。便を流し取ったおむつは折りたたんでビニール袋に入れて，汚物入れに捨てます。これらの処理のため，ビニール袋のほかに，使い捨ての手袋があると便利です。

3 パウチ（オストメイトへの介助）

　オストメイトのパウチの交換は，通常，外出先で取り替えることはほとんどありません。家などを出る際に取り替え，あるいは帰宅して必要に応じて交換されるといえます。ただ，外出先での介助では，排泄物を処理することがあるかもしれません。排泄は，できればオストメイト対応トイレで行うとよいのですが，なければ車いす対応トイレで行うとパウチの洗浄や廃棄がしやすいといえます。

4 その他

　カテーテルの自己導尿も，当然，トイレで行います。身体を支えるなどの介助を必要とする場合には，広い場所を確保しやすい車いす対応トイレがよいでしょう。

3 外出時の留意点

　排泄は，最初に述べたようにほかの日常生活の活動と比べて，自分以外の人が関わると非常に羞恥心が働きます。そのため，技術的なことに加えて，環境の確保や配慮が必要です。以下に，その留意点をあげます。

① 外出に先だって、移動経路を確定し、その経路のなかで車いす対応トイレの場所などを把握しておきます。
② 事前に利用者と排泄に関わる方法を打ち合わせしておきます。その際、誰でも排泄については積極的に語らないといえますので、できればガイドヘルパーから具体的に確認します。
③ 利用者の体重が、ガイドヘルパーより著しく重い場合、洋式トイレへの移乗など一人の介助者では危険が伴うことから、介助者一人での支援が可能かを、外出希望日の数日前には確認するとよいでしょう。
④ トイレに行く回数を少なくするため、飲食を極端に控える人もいます。このことは、体調不良にもつながるため、特に水分の摂取について少なくならないように気をつけ、利用者にも理解を得るようにします。
⑤ もし排泄で失敗してしまった場合には、利用者だけの失敗ではなく共同作業としての失敗です。このような失敗は次の外出時に教訓として生かせばよく、どのようにすればよかったかを利用者と話し合うことも大切です。

参考文献等

国際福祉機器展ホームページ「福祉機器の選び方・使い方」 https://www.hcr.or.jp/howto/（2015年1月5日現在）

ガイドヘルパー技術研究会監『三訂ガイドヘルパー養成研修テキスト 全身性障害者移動介護従業者養成研修課程』中央法規出版、2003年

日本障害者リハビリテーション協会『ガイドヘルパー研修用教材試案』1997年

岩倉博光・岩谷力・土肥信之『臨床リハビリテーション 脊髄損傷Ⅰ 治療と管理』医歯薬出版、1990年

執筆者一覧および執筆分担 （五十音順）

赤塚光子（あかつか・みつこ） ……………………………………………… 第5章第2節
元立教大学コミュニティ福祉学部教授

阿部順子（あべ・じゅんこ） ……………………………………………………… 第4章
岐阜医療科学大学保健科学部看護学科教授

因　利恵（いん・としえ） …………………………………… 第1章第1節3・第2節
日本ホームヘルパー協会会長，筑紫女学園大学非常勤講師

川井伸夫（かわい・のぶお） ………………………………… 第5章第5節・第6節1
前帝京科学大学教授

倉内紀子（くらうち・のりこ） ………………………………………………… 第3章第5節
九州保健福祉大学保健科学部教授

田中信行（たなか・のぶゆき） …………… 第5章第1節・第4節1・2・3-1・第6節2〜4，
日本体育大学体育学部教授（理学療法士）　　　　　第6章，第7章第2節・第3節

遅塚昭彦（ちづか・あきひこ） ……………… 第1章第1節1・2・第2節，第2章
公益社団法人埼玉県社会福祉士会理事

中野千恵（なかの・ちえ） ……………………………………… 第1章第1節3・第2節
公益社団法人福岡県介護福祉士会理事

中村伴子（なかむら・ともこ） ……………… 第5章第4節3-2，第7章第1節3
日本リハビリテーション専門学校作業療法学教員

平木久子（ひらき・ひさこ） …………………… 第5章第3節，第7章第1節1・2・4・5
一般社団法人埼玉県介護福祉士会会長

前坂機江（まえさか・はたえ） …………………………………… 第3章第1節〜第4節
神奈川県結核予防会中央健康相談所

ガイドヘルパー研修テキスト　全身性障害編　第2版

2015年3月20日　初　版　発　行
2023年12月10日　初版第8刷発行

監　修…………ガイドヘルパー技術研究会

発行者…………荘村明彦

発行所…………中央法規出版株式会社
　　　　　　　　〒110-0016　東京都台東区台東3-29-1　中央法規ビル
　　　　　　　　TEL 03-6387-3196
　　　　　　　　https://www.chuohoki.co.jp

印刷・製本………株式会社太洋社
ISBN978-4-8058-5089-3

本書のコピー，スキャン，デジタル化等の無断複製は，著作権法上での例外を除き禁じられています。また，本書を代行業者等の第三者に依頼してコピー，スキャン，デジタル化することは，たとえ個人や家庭内での利用であっても著作権法違反です。

落丁本・乱丁本はお取替えいたします。

本書の内容に関するご質問については，下記URLから「お問い合わせフォーム」にご入力いただきますようお願いいたします。
https://www.chuohoki.co.jp/contact/